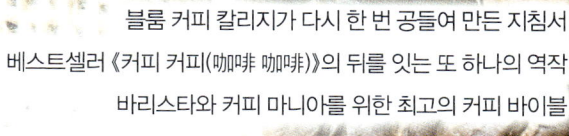

블룸 커피 칼리지가 다시 한 번 공들여 만든 지침서
베스트셀러 《커피 커피(咖啡 咖啡)》의 뒤를 잇는 또 하나의 역작
바리스타와 커피 마니아를 위한 최고의 커피 바이블

바리스타

커피와 사랑에 빠지다

치밍 지음 | 주은주 옮김

커피와 바리스타와 카페, 세 가지의 매력이 한곳에
SCAA, SCAE, COE의 새로운 커피 기술을 더 자세히
바리스타와 카페의 가치 있는 경영 노하우 나누기

爱咖啡师 BY 齐鸣
Copyright © 2014 by 江苏凤凰科学技术出版社有限公司
All rights reserved
Korean copyright © 2016 by 21 CENTURY PUBLISHNG COMPANY
Korean language edition arranged with 江苏凤凰科学技术出版社有限公司
through EntersKorea Co., Ltd.

이 책의 한국어판 저작권은 (주)엔터스코리아를 통한 중국의 江苏凤凰科学技术出版社有限公司 와의 계약으로 21세기사가 소유합니다.
저작권법에 의하여 한국 내에서 보호를 받는 저작물이므로 무단전재와 무단복제를 금합니다.

PREFACE 머리말

　청춘은 한번 펼치면 덮을 수 없는 소설책, 커피는 한번 만나면 헤어질 수 없는 연인!

　우리는 근사한 카페의 시대에 살고 있다. 몸과 영혼이 있는 우리는 가상의 세계가 아닌 현실 속에서 서로 소통하고 교류하고 인생을 공유하려는 욕망을 늘 강하게 느낀다. 눈빛과 가벼운 탄성은 글보다 많은 것을 전달한다. 고상하고 세련되고 친근한 휴식공간이자 식사 공간인 카페의 등장과 함께 떠오른 바리스타들은 카페가 있기에 빛이 나고 돋보인다.

　2013년 3월, 텅쉰차이징(騰訊財經) 채널이 중국의 도시에 사는 소비자를 대상으로 설문조사를 실시했다. 응답자 중 25%는 카페에 두 번 이상 가서 소비를 한 적이 있다고 했고, 카페에 가본 적이 없는 사람은 5%도 되지 않았다. 조사 결과로 알 수 있듯이, 카페는 이미 우리 삶의 일부분이 되었다. 바리스타뿐만 아니라 카페의 소비자들, 심지어 도시에 사는 사람들은 모두 도시 안에서 근사한 카페를 경험하는 즐거움을 누리고 있다. 예전에 어느 작가는 카페에 대한 깊은 애정을 이렇게 표현했다. "우리에게 카페는 커다란 자기장이다. 어디를 가더라도 결국엔 다시 그 자리로 돌아오게 만드는 저항할 수 없는 흡인력이 있다. 홀린 듯 취한 듯, 마치 중독된 것처럼 끊으려야 끊을 수가 없다. 우리는 그곳의 공기와 조명과 소리에 마음을 빼앗겨 시간이 가는 줄도 모르고 거기에 깊이 빠져 있다. 자신과 똑같은 사람들의 무리 속에서, 어쩌면 계속 혼자일 수도 있는 아무도 아는 척하지 않는 곳에서……." 시애틀, 멜버른, 비엔나 같은 '커피의 도시'는 카페 덕분에 사람들에게 좋은 인상을 주고 사람을 끄는 매력도 지니게 되었다. 바리스타는 그런 카페의 주인공이다!

　"인생의 진정한 가치는 자신이 맡은 역할의 중요성에 있지 않고 자신의 역할을 진실하고 충실하게 하는 데 있다." 바리스타는 그야말로 매력이 넘치는 직업이다. 바리스타라는 직업을 당신이 사랑하

게 되면 인생에 활기가 넘치고 진짜 인생을 살 수 있다.

교육의 목적은 생계를 도모하고 이익을 얻기 위한 것이 아니라, 흥미를 불러일으키고 영감을 주고 삶을 아름답게 꾸리기 위한 것이다. 블룸 커피 칼리지는 커피 전문가 양성교육을 시작한 이후로 줄곧 '커피의 가치를 창조하고 삶의 방식을 나눈다'는 취지를 이어오고 있다. 경영에 몰두하여 비즈니스 면에서 성취감을 누리면서 또 한편으로는 지향하는 점이 맞는 사람들과 꾸준히 관계를 유지하며 삶을 새롭게 창조하고 커피의 이상을 실현하고자 한다. 10여 년에 가까운 경력을 쌓은 수준급 바리스타로서, 커피 산업 전반에서 경력이 풍부한 행동가로서, 날마다 커피를 즐기는 사람으로서, 매일 커피에 관한 에피소드를 주변에서 겪을 때마다 바리스타에게 도움을 줄 수 있는 책이 간절히 필요하다고 생각해왔다. 진한 향기를 풍기는 커피의 세계로 더 많은 젊은이들을 인도하여 행복하고 즐거운 사업과 인생의 길을 펼치게 해줄 안내서 말이다.

나는 커피와 관련해서 내가 할 수 있는 모든 역량을 종합하여 바리스타를 대할 것이다. 또한 바리스타의 시각에서 글을 전개하고 바리스타라는 직업, 커피 산업, 커피와 함께하는 생활 등 커피에 관한 모든 것을 펼쳐 보이겠다.

다행스럽게도 동료와 선배들의 허락과 지지가 있었다. 또한 전 세계 곳곳의 카페에서 활약하는 수준급의 화교 바리스타들도 이 책의 내용을 구성하는 데 도움을 주었다. 그들은 바쁜 가운데서도 자신들의 지식을 기꺼이 전수하여 독자들이 더욱 풍성하고 깊이 있는 내용을 최대한 전달받을 수 있도록 함께 애써주었다. 이렇게 여러 전문가들의 의견을 종합하여 완성한 이 책은 화교 바리스타들의 생각을 담은 첫 번째 결과물이 되었다. 나는 그저 곳곳에 흩어진 진주를 주워 담아 하나로 꿰어 많은 사람들과 함께 나누는 역할을 했을 뿐이다.

이 책에는 가볍게 볼 수 있는 사진이 많이 실려 있다. 그 사진들이 조미료처럼 읽는 맛을 더할 것이다. 몇몇 장에서는 커피에 관한 전문적인 지식을 언급했다. 이는 이미 커피에 대해 어느 정도 알고 있는 커피 애호가와 바리스타 또는 카페 경영자 등 업계 사람들의 기준에 맞추어 설명한 것이다. 전작인 《커피 커피》와 다른 점을 꼽자면, 이 책에서는 커피의 역사나 기초적인 지식 등은 다루지 않거나 간단히 언급했다. 또한 바리스타의 성장 과정에서 꼭 필요한 핵심적인 기술을 설명하는 데 중점을 두었다. 커피를 만드는 과정을 상세히 분석하여 그 뒤에 숨겨진 기술의 핵심을 전달했고, 일반적인 기술이나 작은 기교 등은 가능한 서술하지 않았다. 그래서 다행히도 재미없고 따분한 내용들이 없으며, 그렇다 하더라도 중간에 삽입된 사진이나 표 등 여러 자료를 보면 기분전환이 될 것이다. 커피에 처음으로 입문하는 사람들은 《커피 커피》와 함께 읽어보기를 권한다.

CONTENTS 목차

Part 1 바리스타와 사랑에 빠져 새로운 인생을 만나다 ········· 1

1. 수면 위로 떠오른 바리스타 ········· 2
2. 카페를 지키는 사람 ········· 5
3. 바리스타와 사랑에 빠져 새로운 인생을 만나다 ········· 10

Part 2 카페의 주인공이 되어라 ········· 15

1. 카페의 시대 ········· 16
2. 카페와 바리스타 ········· 18
3. 카페에서 일하기 ········· 31
4. 카페의 주인공이 되어라 ········· 36
5. 바리스타의 커리어 플랜 ········· 39
6. 바리스타에서 카페 주인이 되는 카페 창업 ········· 43

Part 3 최고의 바리스타들을 만나다 ········· 47

1. 린뤄즈 : 커피 200만 잔의 전설 ········· 48
2. 리칭펑 : 커피는 나의 피 ········· 49
3. 차이디난 : 꾸준한 취미가 고집이 되다 ········· 50
4. 우야렌 : 커피만 만들지 않는다. ········· 51
5. 장인저 : 학습 능력과 서비스 마인드 ········· 52
6. 리양 : 바리스타계의 론 레인저(Lone Ranger) ········· 54
7. 왕더빈 : 지식과 열정을 커피에 녹아내다 ········· 57
8. 장신 : 커피 한 잔에 최선을 다하다 ········· 59
9. 쉬슈난 : 바리스타에서 작은 카페의 사장이 되기까지 ········· 62
10. 황쥔하오 : 커피가 주인공이 되는 카페 경영법 ········· 64
11. 칸어우리 : 카페 창업으로 골목길 문화를 되살리다 ········· 66
12. 주쥔 : 중국 커피의 대변혁의 시대 ········· 70

Part 4 스페셜티 커피 운동과 제 3의 물결 ········· 73

1. 제1의 물결 ········· 74
2. 제2의 물결 ········· 75
3. 스페셜티 커피 운동 ········· 77
4. 제3의 물결 ········· 82

Part 5 독특한 향미 만들기 : 종자, 품종, 생산지, 선 가공 ... 87

1. 아라비카종과 로부스타종 ... 88
2. 커피나무 품종 이야기 ... 92
3. 세계 주요 생산지의 커피 ... 97
4. 선 가공 방법의 중요성 ... 102

Part 6 독특한 향미 만들기 : 커피 로스팅 개론 ... 107

1. 로스팅에 따른 물리적 변화 ... 108
2. 로스팅에 따른 화학적 변화 ... 110
3. 커피 로스팅 정도 ... 114

Part 7 맛있는 커피를 만드는 만능 공식

1. 맛있는 커피를 만드는 7대 원칙
2. 커피의 '선천적' 단계와 '후천적' 단계
3. 맛있는 커피를 만드는 만능 공식

Part 8 커피의 농도와 바리스타의 만능 공식

1. 커피의 농도
2. 추출비율
3. 핸드드립과 바리스타의 만능공식

Part 9 추출수율, 분쇄, 추출 품질

1. 추출수율과 골든 컵 추출구간
2. 추출수율 조절하기
3. 추출 품질 높이기
4. 원두 분쇄도의 중요성

Part 10 브루잉 커피 : 프렌치 프레스, 사이펀, 에어로 프레스, 드리퍼 ... 153

1. 활기를 되찾은 브루잉 커피 ... 154
2. 스페셜티 카페에 주어진 과제 ... 156
3. 프렌치 프레스 ... 160
4. 사이펀 ... 162
5. 에어로 프레스 ... 165
6. V60 드리퍼 ... 167
7. 브루잉 커피의 기술 체계 ... 170

Part 11 에스프레소 추출 실전 ... 173

1. 에스프레소의 개념과 기본 기술 ... 174
2. 에스프레소 추출용 원두 ... 177
3. 에스프레소 그라인더 ... 179
4. 에스프레소 머신 ... 183
5. 에스프레소와 바리스타 ... 188
6. 에스프레소의 농도 ... 191
7. 더블 에스프레소(Double Espresso) ... 197
8. 에스프레소 테이스팅 ... 200

Part 12 바리스타를 한층 더 성장시키는 커핑 ... 203

1. 커핑의 베일을 벗기다 ... 204
2. SCAA 커핑과 COE 커핑 ... 206
3. 커핑 환경과 커핑 준비 ... 208
4. 커핑 과정 ... 212
5. 커피의 향과 맛 ... 215
6. 커핑의 기타 요소 ... 222

Part 13 커피와 우유 ... 227

커피와 우유 ... 228

Part 1

바리스타와 사랑에 빠져 새로운 인생을 만나다

커피란 무엇일까? 커피가루와 물이 만나면 사랑이 된다!(What is coffee? Grounds and water. The rest is love!)

전 세계적으로 신커피주의가 붐을 이루는 요즈음, 바리스타는 새롭게 주목받는 직업으로서 화려하게 세상에 등장했다. 바리스타들은 커피를 종교처럼 믿고 커피를 능숙하게 다루는 기술을 가진 사람들이다. 그들은 삶의 미학을 실천하고, 카페를 지키고, 남다른 방식으로 삶을 추구하고, 활기 넘치는 태도로 인생을 대한다.

삶이야말로 가장 아름다운 커피 카운터다.

바리스타 커피와 사랑에 빠지다

1. 수면 위로 떠오른 바리스타

2013년 1월 어느 토요일 아침, 영하 7도의 날씨답게 밖에는 살을 에듯 차가운 바람이 불고, 거리에는 인적이 드물다. 고된 일주일을 보내고 힘겹게 맞이한 주말 아침이어서 대부분 침대 위에서 게으름을 피우며 꿈속에 깊이 빠져 있을 것이다.

바리스타의 화려한 등장

그 시각, 베이징(北京) 궈마오(國貿)에 있는 블룸 커피 칼리지(Bloom Coffee College, BCC)는 이미 봄이 찾아온 듯 따뜻하다. 사방에 진한 커피향이 가득한 이곳에는 바리스타 양성 과정을 수강 중인 10여명의 젊은이들이 커피 음료를 만들고 있다. 그들의 표정은 하나같이 즐겁고 행복해 보인다.

그중 앳된 얼굴의 대학 졸업반 학생은 취업을 대비해서 특별한 기술을 배우고 있다. 그는 오래전부터 커피 분야를 동경해 왔다고 했다. 다국적 기업에서 5~6년째 일하며 승승장구하는 유능한 엘리트도 있다. 그는 커피를 즐기고 사람들과 어울리는 것을 좋아해서 커피를 제대로 배우는 중이라고 했다. 또 카페를 창업하여 새로운 인생에 도전하려는 40대 중년도 있다. 모두 자신의 일과 인생을 위해 커피에 관한 전문적인 지식과 기술을 배우며 미래를 준비하는 사람들이다.

　블룸 커피 칼리지는 아주 작은 기관이지만, 그곳의 분위기를 보면 현재 화이트칼라들 사이에서 커피에 관한 학구열이 얼마나 뜨겁게 일고 있는지 분명히 느껴진다. 이는 중국 소비자들이 커피의 진면모를 알기 시작했다는 증거다. 바리스타 자격증 자체는 아마 별게 아니라고 생각할 수도 있다. 그러나 자격증은 하나의 라벨이자 명함이고, 대화의 주제이자 범위며 경험이다. 바리스타라는 이 신선한 단어는 어느새 무대 위에서 조명을 받으며 사람들의 이목을 집중시키고 있다.

바리스타에 대하여

　카페를 주 무대로 활동하는 바리스타는 이색적인 직업이다. 영어로는 'Barista'라고 하고, 커피전문가라고 부르기도 한다. 바리스타는 카페와 같은 영업장소에서 일하며 커피 문화에 대해 잘 안다. 그들은 고객에게 커피 음료와 간단한 식사를 제공하고, 전문가로서 일상적인 서비스와 경영 관리에 참여한다. 한마디로 바리스타는 카페를 운영하는 주체다.

　바리스타는 유럽과 미국에서 이미 100년 가까이 또는 그보다 훨씬 오래전부터 직업의 하나로 존재해왔다. 그러나 최근 10여년 동안 카페가 전 세계적으로 확산되면서 이 직업이 다시 인기를 얻기 시작했고, 수많은 젊은이들이 뜨거운 시선을

보내고 있다. 바리스타는 젊음과 즐거움이 넘치고 매력과 발전 가능성이 충분한 직업이다.

커피 소비량이 많은 유럽과 미국에서 일하는 숙련된 바리스타는 사회적으로 인정받는 지위에 있으며 급여 수준도 금융권의 중간층 직원과 비슷하다. 이런 점은 중국의 바리스타들과 비교하면 한참 먼 이야기다. 하지만 현재 중국의 커피 소비량이 급속도로 증가하고 카페 산업이 건강하게 성장하고 있으므로 성공의 문이 이미 열렸다고 봐도 무방하다. 전국 곳곳에서 카페가 우후죽순처럼 문을 열고 있는 요즈음, 세계적인 브랜드의 체인이나 개인이 독자적으로 경영하는 카페나 모두 실력 있는 바리스타를 간절히 원하고 있다.

현직 바리스타와 바리스타의 꿈을 가진 사람들은 반드시 즐거움을 잃지 않고, 용감하게 모험하며, 꿋꿋이 앞을 향해 나아가는 자세를 가져야 한다.

2. 카페를 지키는 사람

바리스타는 도시에서 갈수록 절실하고 소중해지는 정신적인 고향이자 도시인을 위한 제3의 공간인 카페를 지키고 운영하는 사람이다. 그곳에서 울고, 웃고, 고민하고, 꿈꾸고 …… 그런 우리 곁에는 바리스타만이 미소를 지으며 함께 있다. 그들은 우리를 격려하고 우리에게 믿음을 보낸다. T.S. 엘리엇(T.S.Eliot)의 시 〈J. 알프레드 프루프록의 연가(The Love Song of J. Alfred Prufrock)〉에 이런 대목이 있다. "나는 이미 그들을 알고 있다. 그들 모두를 다 알고 있다. 저녁과 아침과 오후도 알고 있다. 나는 커피 스푼으로 내 인생을 되짚해왔다." 바리스타의 내적 독백 같은 느낌이 짙게 묻어 있다.

바리스타가 실천할 일

바리스타는 기술과 지식을 가졌고, 실천 정신이 투철하며, 서비스 의식을 중시한다. 그들은 경솔하지 않고, 의지가 확고하며, 평온한 마음과 건강한 신체를 지녔다. 커피 카운터 안에서 세련된 모습으로 맛있는 커피를 만드는 데 집중하기도 하고, 고객의 옆에서 미소 띤 얼굴로 대화를 나누며 커피 문화와 지식을 전하기도 한다. 에스프레소를 추출하고, 우유 거

품을 만들고, 핸드드립으로 블랙커피를 우려내고, 10여 가지의 전형적인 커피 음료를 만들고······ 이런 기술들을 기본적인 수준으로 배우는 건 단 며칠이면 충분하다. 그러나 모든 기술을 완벽하게 마스터하려면 효율적이고 최적화된 실습 과정을 거쳐야 한다.

향미가 탁월한 커피 음료를 손 가는 대로 만들고, 커피 문화를 이해하고, 카페와 고객에 대해 애정을 쏟고, 우수한 커피 품질을 일정하게 유지하고, 카페의 이미지와 분위기를 운치 있게 만들려면, 몇 년 동안 밤낮없이 기술과 지식을 배우고 실습하는 힘든 과정을 꾸준히 실천해야 한다.

다른 건 몰라도 하루에 8~10시간씩 서있어야 하는 일은 응석받이로 자란 사람이라면 견디기 힘들 것이다. 그런데도 바리스타들이 늘 행복하고 웃음 띤 표정을 짓고, 커피에 대한 전문적인 이야기를 끝도 없이 할 수 있는 이유는 무엇일까? 그건 바로 커피에 대한 애정 때문이다.

'커피'를 '종교'로 믿는 충실한 신도

현대 마케팅 이론에서 알 수 있듯이, 마케팅 활동의 성패를 결정짓는 것은 바로 제품 자체의 품질과 가치다. 제품 고유의 품질과 세부적인 기술을 중시하고, 커피와 카페의 수준과 이미지를 대변하는 전문가가 바로 바리스타다. 그들은 '커피'를 '종교'처럼 믿고 의지하는 사람들이다.

고객이 집에서 마시던 저가의 커피액상 음료를 마시려고 카페를 찾지 않는다는 것쯤은 바리스타도 잘 알고 있다. 고객은 카페의 환경이나 분위기 외에 커피 품질에 대한 기대를 안고 카페를 선택한다. 만약 카페에서 제공한 커피의 향미가 고객이 집에서 직접 만들어 마시는 것보다 못하면 고객의 감동이나 진심 어린 칭찬을 기대하기 어렵다. 이런 상황이 되면 카페는 존재 가치를 잃고 카페의 앞날에도 먹구름이 낀다. 커피 소비 시장이 자리를 잡은 유럽과 미국에서는 카페가 대중적인 사교 장소의 기능을 한다. 지역사회 구성원들은 카페의 부가가치를 중요하게 여기고, 카페에서 커피를 많이 마시는 것에 비해 커피 품질에 대한 관심은 덜하다. 그러나 중국처럼 커피 소비 시장이 새롭게 형성된 곳에서는 커피 음료 자체에 큰 관심을 갖는 소비자들이 훨씬 많거나 점점 늘고 있다. 물론 저급한 품질의 커피를 제공하더라도 커피에 대한 지식이 부족한 소비자들은 이를 모르고 마시기 때문에 일시적으로 속아 넘어갈 수도 있다. 그러나 바리스타라면 양심의 가책을 조금이라도 느껴야 한다.

커피 미학(美學) 전문가

숙련된 바리스타는 커피 미학 전문가다. 그들은 무늬를 그리고 층층이 색상 대비를 표현하는 뛰어난 라테아트 기술을 가지고 있다. 커피 잔의 좁은 공간을 맘껏 활용하여 고객에게 시각적인 아름다움을 보여줌으로써 미각 외에 다른 감각적 경험을 제공하고 카페의 명성도 얻는다.

'월드 바리스타 챔피언십(WBC, World Barista Championship)' 대회가 중국에서 시작된지 10년이 되는 2013년에 '월드 라테아트 챔피언십(World Latte Art Championship)' 대회가 중국에서 처음으로 개최되었다. '제22회 상하이 국제 호텔용품 박람회(Hotelex Shanghai)' 기간에 열린 WBC 중국 대표 선발 대회에서 바리스타들은 자신들의 기술을 뽐내며 또다시 커피 열풍을 불러일으켰다. '색·향·맛'을 모두 갖춘 미식(美食)을 연구할 때 맛과는 무관한 '색'을 가장 우선순위에 두듯이, 커피의 향미와 질감과는 무관한 라테아트도 바리스타에게는 상당히 중요한 기술 중 하나다. 라테아트는 바리스타에게 새로운 영역이며 커피 미학을 자세히 설명하는 중요한 부분이다. 동시에 차디찬 커피머신과 균형을 이루고, 커피의 따뜻함을 전하고, 사람의 가치를 아름답게 표현하는 수단이다.

바리스타 '유니폼의 매력'

　준수한 외모와 건강한 신체에 멋진 유니폼까지 차려입은 바리스타의 모습은 충분히 사랑에 빠질 만하다. 사실 '유니폼의 매력'은 직업의 멋을 살리는 데 있다. 밝은 얼굴빛은 새하얀 옷깃과 어울려 더욱 돋보이고, 깔끔하게 걷어 올린 옷소매 아래로는 건강한 빛깔의 피부가 드러나 있다. 허리 부분의 굴곡을 따라 깨끗한 앞치마를 두르고, 끈은 허리 뒤쪽에 가지런히 묶어두었다. 영문 이름이 새겨진 이름표가 가슴 한쪽에서 반짝이고, 광택이 나는 구두를 신은 발걸음은 가볍고 경쾌하다 …….

　블룸 커피 칼리지 SNS에는 바리스타 남자친구나 여자 친구를 사귀고 싶다는 비밀 글이 자주 올라온다. 아마 여성들은 바리스타 남자친구가 한국의 인기 드라마 〈커피프린스 1호점〉 속의 주인공처럼 잘생기고 멋있을 거라고 상상하는 모양이다. 또 남성들은 여성 바리스타의 성격이 밝고 순진해서 일반 직장의 화이트컬러 여성들처럼 연애하는 데 어려움이 많지 않을 거라고 생각하는 듯하다.

　나는 2013년 3월에 중앙인민라디오방송(中央人民廣播電台, China National Radio) 〈경제의 소리(經濟之聲)〉 프로그램에 초대 손님으로 출연했다. 젊고 예쁜 여성 진행자는 바리스타에 관한 주제로 여러 가지 질문을 했고, 청취자들에게 바리스타에 관한 책 한두 권을 추천해달라고 했다. 그녀가 알고 있는 바리스타의 모습도 한국 드라마나 미국 드라마 〈프렌즈(Friends)〉 등에서 볼 수 있는 바리스타의 이미지와 같았다.

커피 제조 기술 외에 관심을 가져야 할 것

내 스승님이 이런 말씀을 하셨다. 바리스타는 제품을 만드는 데만 관심을 쏟아서는 안 되며, 착실하게 커피 제조 기술을 마스터한 다음에는 그 밖의 더 많은 것에 관심을 가져야 한다고 말이다. 쏟아지는 스포트라이트를 벗어나 카페 안에서 '융화제'와 '촉매제' 역할을 해야 한다는 것이다. 색다른 서비스나 자신만의 독특한 매력, 또는 풍부한 휴머니즘 감성을 이용해서 고객이 스스로 기쁨과 만족감을 느끼도록 해야 한다.

3. 바리스타와 사랑에 빠져 새로운 인생을 만나다

바리스타는 삶의 방식이 남다르고 인생을 대하는 태도가 분명하다. 직접 실천하고(DIY), 기쁨을 나누고(Sharing Happiness), 상대방을 위해 봉사하는 것(Just for you)이 바리스타의 기본 자질이다. 전업 바리스타가 될 것인지, 평생 커피와 관련된 일을 할 것인지는 별개의 문제다.

커피 여행과 인생

호주에서 온 바리스타 장인저(張寅喆)가 자신의 블로그에 이런 글을 올렸다.

"간혹 사람이 사물에 지나치게 집착하여 인간 본연의 요구를 간과할 때가 있다. 최근 2년 동안 커피 여행과 나의 인생은 거의 완벽하게 하나가 되었다. 어떤 의미로는 좋은 일이라고 할 수 있다. 그 순간만큼은 어떤 방해도 받지 않으면서 생각하고 행동할 수 있었기 때문이다. 그러나 부지불식간에 모든 생활이 커피라는 울타리 안으로 깊이 들어가서 어느 틈에 나 자신도 그 안에서 헤어 나오지 못하고 있고 ……"

이 글은 글쓴이 자신만의 특별한 생각이겠지만 내 생각과 다르지 않아서 빌려왔다. 블룸 커피 칼리지에는 수강생들이 많다. 그들은 석박사 출신의 고학력자이고, 투자은행 매니저, 인적자원개발(HRD) 책임자, 최고재무 책임자(CFO) 등 그럴듯한 본업을 가지고 있다. 그런데 그들은 시간이 나면 집 근처나 여행지의 어느 카페에서 아르바이트를 하려고 한다. 직접 커피를 만들거나, 낯선 이들과 웃으며 대화를 나누거나, 다른 사람의 이야기에 귀를 기울이거나, 짧은 오후를 즐기는 데 여가시간을 사용한다.

삶은 가장 아름다운 커피 카운터

　얼마 전에 한 여자 수강생이 북아프리카 여행 중에 어느 카페에서 아르바이트를 했던 경험을 우리에게 들려주었다. 또 40살 가까이 된 남자 수강생은 반신불수로 침대에 누워 있는 사랑하는 아내를 위해 커피를 배우러 왔다고 했다. 그의 아내는 몸이 아프기 전에 대단한 커피 애호가였다고 한다. IT 종사자들이 몰려 있는 베이징 중관촌(中關村, 중국의 실리콘밸리) 일대의 카페에 가면 가끔 듣는 이야기가 있다. 어느 바리스타가 PHP 개발자로 전업하여 창업 팀에 들어갔다는 이야기, 조용한 걸 싫어하는 어느 프로그래머와 UI 디자이너가 카페의 바리스타가 되었다는 이야기, 또 그렇게 전업한지 몇 달 만에 인생의 두 번째 봄을 맞이해서 얼굴빛이 환해지고 예쁜 여자 친구도 생겼다는 이야기 등 …… 이런 사람들이 많아질수록 이와 비슷한 이야기들을 자주 듣게 되고, 그만큼 바리스타라는 직업도 더 깊이 이해하게 된다.

　바리스타가 늘 카페의 커피 카운터 앞에만 서 있어야 할 필요는 없다. 삶이야말로 가장 아름다운 커피 카운터다. 자신은 그 카운터의 주인이자 자기 삶 속의 바리스타로서 매일, 매 시각, 매 순간에 사랑하는 사람, 가족, 친구, 혹은 낯선 이들을 위해 두 손으로 진한 향과 기쁨을 선사한다. 향기로 가득한 공간에서, 꽃과 과일의 향긋한 냄새가 콧속을 간질이고 캐러멜의 달콤함이 혀끝을 자극하는 그 순간에, 대자연의 깊은 은혜이자 하늘이 준 선물인 커피를 만끽한다. 바리스타로서 느끼는 쾌감과 즐거움이란 바로 이런 것이다.

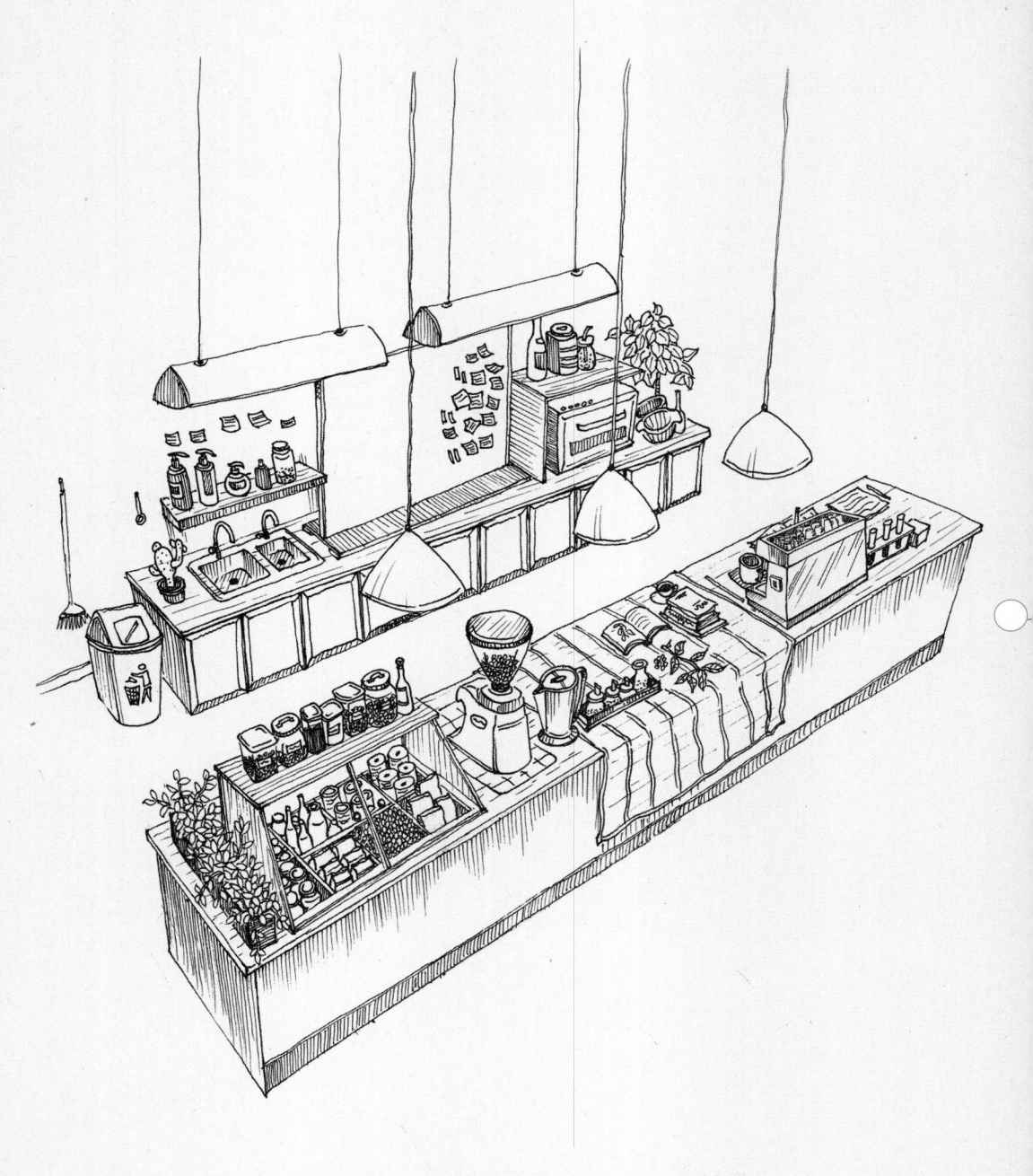

Part 2

카페의 주인공이 되어라

영화 〈시애틀의 잠 못 이루는 밤(Sleepless In Seattle)〉에 나오는 대사가 있다. "누군가에게 끌린다는 건, 너의 잠재의식이 무의식 속에서 상대방의 잠재의식에 이끌린다는 뜻이야. 그러니까 운명이라는 건 말이지, 신경증에 걸린 두 사람이 서로 천생연분이라고 여기는 것일 뿐이야." 훌륭한 바리스타는 어쩌면 커피와 서로 이끌림과 운명을 느껴 인생을 함께하게 된 바보일지도 모른다.

이번 장에서는 바리스타 바이블의 축소판처럼 바리스타의 기술 외적인 부분과 요즘 시대의 카페 경영 방법을 한데 모았다.

커피 마니아들에게 많은 도움이 되기를 바란다.

1. 카페의 시대

중국의 유명 작가 왕쉬(王朔)가 말했다. "사람은 모두 고집불통이고 독선적이다. 서로 다툼 없이 화목하게 잘 지낼 수 있는 유일한 방법은 서로를 속이는 것이다." 나는 이 말이 슬프지만 한편으로는 다행스럽다. 어쩌면 카페가 사람들이 서로를 속이는 '불행'을 끝내고 마음을 활짝 열 수 있게 하는 공간이 될 수 있을지도 모른다는 기대감이 들기 때문이다. 사람들은 모두 서로 가까워지고 사랑하기 위해서 혹은 서로에 대해 알기 위해서 부드럽고 따뜻하며 향기롭고 편안한 카페로 스스로 모여들고 있다.

신(新) 커피주의

1990년대부터 전 세계 곳곳에서 커피 소비의 바람이 강하게 불기 시작했다. 커피에 대한 이런 뜨거운 열기는 세계적인 흐름을 타고 인터넷 신(新)경제와 서로 영향을 주고받으며 '신커피주의' 붐을 일으켰다. 더욱이 '신커피주의'의 본질은 커피 음료와 카페, 이 두 가지에 범위가 제한되지 않았다. '신커피주의'는 참신한 글로벌 문화이자 짙은 향기를 풍기는 매력적인 삶의 방식이었다.

'신커피주의' 붐이 일자 카페 문화도 눈에 띄게 활기를 되찾기 시작했다. 한편으로는 미국의 스타벅스(Starbucks), 영국의 코스타(Costa), 캐나다의 세컨컵(Second Cup) 같은 커피 체인 기업이 우뚝 성장하여 세계를 휩쓸었다. 이 기업들의 성공과 사업 확장은 국제화 발전 과정에도 직접적인 영향을 주었고, 커피 문화와 카페 문화 보급을 촉진했다. 다른 한편으로는 커피의 품질과 휴머니즘을 더욱 중시하는 중소 규모의 개인 카페와 개성적인 카페가 자신들의 콘셉트에 맞는 특별한 소비자 층을 겨냥하여 그들의 사랑을 받았다. 그중에는 빠른 속도로 크게 성장하여 성공적인 비즈니스 모델이 된 곳도 적지 않다.

특히 중국은 커피 소비량이 많은 유럽이나 미국과 비교할 때 커피 문화가 많이 뒤처져 있는 편이다. 그러나 카페 문화의 격차는 오히려 그리 크지 않다. 카페는 커피를 마시는 공간이기도 하지만 물질적 풍요 뒤에 느끼는 쓸쓸함과 공허함을 달래고 사람들과 교류하기 위해 찾는 곳이기도 하다. 이런 매력적인 공간을 좋아하지 않을 수는 없다. 80년대 생의 유명 작가인 한 친구는 자신이 신앙의 위기에 맞설 때 찾는 유일한 장소가 카페라고 했다. 또 자신만의 비밀이자 스트레스 해소법은 카페에서 홀로 눈물범벅이 되도록 우는 것이라고 털어놓았다.

새로운 스타일을 추구하는 카페의 시대가 왔다

　예전에 장시성(江西省) 난창(南昌)에서 카페 부지 선정을 위한 시장 조사를 하던 중에 스무 살 남짓의 한 청년을 만났다. 카페를 자주 찾는 편이라는 그는 고개를 갸웃하고 싱글벙글 웃으며 말했다. "카페요? 자주 가죠. 요즘 연애할 때 길거리에서 먼지 뒤집어쓰면서 돌아다니는 사람이 누가 있어요?" 그의 말이 아직까지도 귀에 생생하다. 커피 소비가 많은 유럽과 미국은 커피에 대한 확실한 수요가 수백 년 동안 누적되어 왔기에 이를 기반으로 커피 산업 전반이 유지되고 있다. 그렇다면 지금 중국은 어떨까? 중국은 카페 문화가 곧 커피 문화의 핵심이자 최대 강점이다. 중국의 커피 문화는 대부분 카페 문화를 바탕으로 형성되었다. 그러므로 카페의 주인공인 바리스타의 가치와 잠재력은 실로 가늠하기 어려울 정도다.

　사람들은 손에 커피 잔을 든 채 미소를 짓거나, 단정히 앉아 있거나, 카운터에 비스듬히 기대거나, 햇볕을 쬐거나, 먼 곳을 응시하며 사색한다. 카페는 이제 그런 장소, 공간, 매개, 무대, 그릇이 되었다. 성경에서 "사랑은 모든 죄악을 포용한다."고 했다. 나는 인류가 창조한 수많은 지혜를 감당할 수 있고 세상의 모든 사랑을 포용할 수 있는 공간이 바로 카페라고 생각한다.

　새로운 스타일을 추구하는 카페의 시대가 왔다!
　바야흐로 바리스타가 사업을 펼칠 최적기가 된 것이다!

바리스타 커피와 사랑에 빠지다

2. 카페와 바리스타

바리스타는 카페에서 커피 음료를 만들지만 커피 외의 다른 음식도 제공한다. 그리고 전문가로서 카페 운영과 고객 서비스에도 관여한다. 그러면 카페란 무엇일까?

나는 세계 각지를 돌며 여러 카페를 탐방했다. 최근 한창 성장하고 있는 스페셜티 카페를 비롯해서 오랜 역사를 지닌 옛날식 카페도 가보았다. 그곳에서 수많은 카페 경영자와 카페 소비자들을 만나 서로의 생각을 듣고 정보를 교환했다. 카페 탐방을 통해 보고 듣는 것이 많아질수록 내 마음의 벽은 차츰 허물어졌고, 더 이상 일방적이고 편협한 생각을 갖지 않게 되었다. 과거에는 카페에 대해 여러 면에서 극단적으로 생각하고 고집을 부렸었는데 지금은 그런 태도를 거의 버렸다. 내가 생각하는 카페란 커피와 그 밖의 다양한 음료, 음식, 부가가치 서비스를 모두 제공하는 곳이다. 또한 소비자가 원하는 종합적인 경험을 만족시키고 휴머니즘을 실현하는 공공의 영업장소다.

카페의 기본적인 기능

공공의 영업장소인 카페의 기본적인 기능은 카페가 위치한 건물, 구역, 단지, 상권에 있는 사람들에게 음식과 음료 및 휴식 서비스를 제공하는 것이다.

카페는 프라이빗 클럽이 아니다

카페는 문을 활짝 열어 각지에서 온 손님을 미소로 맞이하며 영업을 시작한다. 좋은 카페란 프라이빗 클럽처럼 개개인을 위한 독립된 공간이 아니라 주변 손님들이 함께 어울리고 가까워지며 상호작용하는 곳이다. 유럽의 어느 나라에서 작은 카페를 운영하는 친구가 있다. 카페를 연 지 이미 여러 해 되다 보니 단골손님도 많고 입소문도 좋아서 장사가 제법 잘되는 편이다. 그녀는 자신의 카페 카운터에서 딱 1시간만 사람들과 이야기를 나누면 이웃을 많이 사귈 수 있다고 했다. 다들 말이 많아서 누구네 고양이가 발정이 났고 누구네 강아지가 연애를 하는지 훤히 다 알 수 있다고 한다.

카페의 '생체 시계'

공공 서비스를 제공하는 카페의 '생체 시계'는 기본적으로 카페가 위치한 지역 사회, 상권, 건물의 생체 시계와 똑같이 움직여야 한다. 즉, '함께 호흡하고 운명을 같이 해야 한다'는 말이다. 지역 전체 상권이 되살아나서 활기를 띠면 카페도 덩달아 생기가 넘쳐서 고객에게 기쁨을 주고 좋은 서비스를 제공할 수 있다. 이와 반대로 전체 상권이 활기를 잃으면 카페도 적막해지므로 마음을 가다듬고 새로운 미래를 위한 역량을 길러야 한다. 그래서 나는 항상 카페를 개업할 수강생들에게 카페의 영업시간은 개인의 일과보다 고객의 소비 습관과 휴식 시간에 맞춰야 한다고 충고한다. 카페를 특별한 기준 없이 자기 마음대로 운영해서는 안 된다. 그런 곳을 누가 카페라고 하겠는가?

고객이 원하는 소비를 존중하라

카페는 자신의 개성을 충분히 표현하면서도 고객이 원하는 소비를 최대한 존중해야 한다. 무조건 자신의 뜻대로만 하고 고객의 요구를 등한시하는 태도는 현명하지 못하다. 카페 운영은 상업 행위라는 사실을 항상 염두에 두어야 한다. 카페에서 우수한 품질의 커피를 준비하는 건 당연하다. 그 밖에 먹음직스럽고 달콤한 간식도 있어야 할까? 진한 향을 물씬 풍기는 파스타와 피자도 메뉴에 넣어야 할까? 이는 스스로 자신의 능력을 잘 판단해서 결정해야 하며, 동시에 고객의 의견도 반영해야 한다.

바리스타가 자신의 성격이 수줍음 많고 말수가 적다는 이유로 카운터 뒤에 숨어서 커피만 만드는 건 바람직하지 않다. 고객과 소통

하고 교류하는 것도 바리스타가 매일 수행해야 할 과제 중 하나다. 중국 전통 양식의 종합적인 성격을 지닌 카페는 카운터를 높이 세워 안과 밖을 완벽하게 구분해 두었다. 바리스타는 온종일 카운터 안에 머물면서 커피만 만들고, 손님맞이, 주문, 계산, 손님배웅 등에는 아예 관심을 두지 않는다. 마치 카페를 찾는 손님과는 '절대로 접촉하지 않는다.'는 철칙이라도 있는 것처럼 말이다. 이런 카페는 생명력이 없고(최소한의 매력이 없고), 이런 곳에 있는 바리스타도 경쟁력이 떨어진다.

과감하게 고객에게 다가가서 미소를 짓고, 그들과 교류하고 친구가 되어야 한다. 이는 바리스타라면 마땅히 해야 하는 일이다.

휴머니즘을 지향하는 카페

카페가 휴머니즘을 지향한다는 것은 다른 요식업종과 차별화되는 특별한 점이다.

최상의 휴머니즘

유럽의 르네상스와 함께 등장한 휴머니즘은 인간관계에서 존중, 신뢰, 평등, 자유, 나눔을 지향한다. 카페는 이런 휴머니즘 정신을 품고 키우고 성숙시키는 요람이다. 특별한 분위기를 풍기는 카페는 분명 휴머니즘이 충만할 것이다. 사소한 것에도 휴머니즘이 짙게 배어 있어 사람들의 눈과 마음을 즐겁게 한다. 배경으로 흐르는 음악은 사람의 마음을 울리고, 시선이 닿는 곳마다 따뜻하고 부드럽고 감동적이다. 훌륭한 카페는 특별히 꾸미지 않은 작은 장식품들, 서비스 태도, 배경 음악, 메뉴명, 의자의 질감, 테이블 위의 작은 메모 등 그 카페의 모든 것이 감동을 준다. 정답고 친절하며, 억지스러워 보이지 않는다. 마치 내 집에 있는 것처럼 편안하고 자유롭다. 이런 느낌의 카페가 바로 최상의 휴머니즘을 지향하는 곳이다.

그러나 휴머니즘이 결여된 카페는 그곳을 찾는 고객들도 생기 없는 눈빛에 무표정한 얼굴로 소파에 몸을 억지로 끼워 넣은 듯이 앉아 있다. 이런 분위기는 마치 눈에 보이지 않는 어떤 힘이 사람들을 짓누르는 것처럼 고객들을 불편하게 만들고 그래서 결국 모두가 떠나가 버린다. 과연 사람들이 이런 곳을 또 찾게 될까? 어림없는 소리다.

반가운 미소는 카페의 첫 인상이다

 바리스타가 고객에게 미소를 짓는 것은 휴머니즘을 실현하기 위해 가장 먼저 해야 할 일이다. 카페는 당연히 즐거운 곳이어야 한다. 고객을 맞이하는 반가운 미소는 카페의 첫 인상이다.

 세계적인 브랜드의 체인점이나 개인 카페는 모두 잘 웃는 유쾌한 바리스타를 선호한다는 사실을 알고 있는가? 그런 바리스타들은 빨리 성장하고, 기회도 많이 얻고, 미래도 밝다. 멋있는 척하거나 사람들에게 매력을 어필하는 법을 배우기 전에, (물론 훌륭한 카페라도 바리스타가 실제로 고객에게 미소를 짓거나 고객들과 인사를 나눌 틈이 없는 경우도 있다. 그러나 고객들 사이에서는 바리스타가 고객과 친근한 관계를 형성해야 한다는 것이 무언의 약속처럼 되어 있다) 부디 밝은 미소가 가득한 유쾌한 바리스타가 되기를 바란다.

호주 멜버른의 'Cup of Truth' 커피전문점에서 장인저 바리스타가 찍은 사진이다. 이 잔은 손님이 직접 알아서 커피 값을 넣고 잔돈도 챙겨 가도록 하는 용도로 둔 것이다. 큰 잔에는 이렇게 쓰여 있다. "난 아주 바쁘고 소중해요."

 '한 번의 웃음이 백 가지 허물을 덮는다.'는 말이 있다. 카페의 직원들이 밝게 웃는 것은 고객에게 최대한의 성의를 표현하려는 태도이다. 고객들은 이런 태도에 상당한 호감을 느낀다. 그래서 직원들이 작은 부분에서 종종 실수가 있더라도 좋게 이해하고 넘기게 된다. 못 믿겠는가? 그렇다면 한 네티즌이 베이징 노동자경기장(北京工人體育場) 근처의 어느 유명 카페에 대해 높은 점수를 준 코멘트를 소개하겠다. "……커피 맛은 괜찮았어요. 그런데 매장이 큰 탓인지 몰라도 직원들이 손님 테이블을 찾는 데 시간이 오래 걸려서 커피가 좀 식어 있었어요. 전 아주 뜨거운 커피를 좋아하거든요. 이 점은 좀 실망스러웠어요. 저희가 음료 세 잔을 주문했는데 찬 음료와 뜨거운 음료를 함께 주문했더니 직원이 몇 번 왔다 갔다 하면서 실수를 많이 했어요. 그런데도 그 직원은 줄곧 싱글벙글 웃는 얼굴로 부드럽고 상냥하게 행동하더군요. 오히려 그런 모습이 귀여워 보였어요. 하하하……."

카페의 메뉴

카페는 요식업에 속하므로 반드시 요식업의 기본 규정을 따라야 한다. 그리고 반드시 사람들의 입맛을 사로잡을 수 있고 다른 곳과 차별화되는 경쟁력과 생명력이 있는 메뉴가 있어야 한다.

커피는 카페의 존재 이유지만 카페의 모든 것은 아니다

커피는 카페의 메뉴 중에서 단연 주인공이다. 커피에는 카페의 지향점, 영혼, 휴머니즘이 강하게 녹아 있으므로 커피는 카페가 존재하는 이유다. 그러나 커피가 카페의 모든 것이라고 할 수는 없다.

세계 각지를 돌며 개인 카페, 개성 있는 콘셉트 카페, 브랜드 체인점 등 카페의 유형에 관계없이 유명하고 오래된 카페를 두루 다녀봤다. 그곳에서는 커피를 포함한 다양한 메뉴를 제공하고 있었고, 적은 양이지만 카페만의 특별한 메뉴도 준비되어 있었다. 비엔나, 시애틀, 멜버른 같은 카페로 유명한 도시의 스페셜티 카페에서도 커피 외에 약간의 음식을 팔고 있었다. 이는 카페가 상업 경영의 주체로서 수익을 최대한 올려야 하기 때문에 나타난 현상이다. 또한 '음식(飮食)'이라는 단어가 '음(마시다)'과 '식(먹다)' 두 글자가 모여 하나의 의미를 나타낸다는 점과도 관련이 있다. 고객은 하나뿐인 입으로 먹기도 원하고 마시기도 원한다. 먹고 마시는 것에 대한 고객의 요구를 억지로 따로 분리시키려 해서는 안 된다. 자신의 카페를 찾은 고객에게 마실 것만 제공하고 고객의 허기를 달래주지 못한다면 그야말로 터무니없고 우스꽝스러운 일이다. 휴머니즘적인 배려가 전혀 없는 카페이지 않은가.

황당한 '순수' 카페

어느 유별난 카페 경영자는 '단순'하고 '간편함'을 추구한다는 생각으로 자칭 '순수' 카페를 열겠다고 했다. 즉, 고객의 다양한 요구를 고려하지 않고 오로지 커피 음료만 팔겠다는 의도다. 이런 카페는 당연히 실패율이 높다. 물론 어떤 특별한 장소나 특정 부지에 자리 잡은 카페는 커피 음료만 팔아도 높은 수익을 거둘 수 있다. 그러나 대부분의 카페는 그렇지 않다. 먹는 것과 마시는 것은 소비 측면에서 일정 부분 관련성이 있고 서로 판매를 촉진하는 작용을 한다.

또 어느 카페는 일일 매출고가 쥐꼬리만큼 적어서 생존에 대한 부담을 겪으면서도 꿋꿋하게 커피만 판다고 자랑하듯 말한다. 커피 장사꾼인 그들은 스스로를 순수한 커피 애호가라고 치켜세우고, 매일 커피 몇 잔도 팔지 못하면서 소비자의 다양한 요구도 존중하지 않는다. 그러면서 '고객 서비스를 최우선'으로 여긴다고 변함없이 주장한다. 참으로 비상식적이고 황당할 따름이다.

바리스타 커피와 사랑에 빠지다

재주가 많아서 짐이 되는 법은 없다

'재주가 많아서 짐이 되는 법은 없다.'는 말이 있다. 커피에만 전념하며 커피 한 잔 한 잔에 정성을 쏟는 것이 첫 번째 의무라고 생각하는 바리스타들이 있다. 만약 그들이 사업적으로 크게 성공하고 싶다면 지식과 기술을 폭넓게 배우고 익히며 더 많이 노력해야 한다. 예를 들어, 과일 플레이팅하는 법, 샌드위치와 머핀 만드는 법, 칵테일을 만들고 서빙 하는 법, 차를 우리고 따르는 법, 피자 굽는 법, 리조또 만드는 법 …… 등도 배워두어야 한다. 이렇게 배운 기술을 카페에서 활용하면 카페의 가치가 높아질 뿐만 아니라 카페에 대한 애착도 강해지므로 결과적으로 더 큰 이익을 얻을 수 있다.

여러 해 전에는 카페 종사자들끼리 바리스타를 뭉뚱그려서 바텐더라고 불렀다. 당시는 커피 소비량과 주문량이 적어서 메뉴 중에서 커피가 차지하는 비중이 적었다. 게다가 커피를 만드는 사람이 무조건 밀크티, 빙수, 샌드위치 등도 만들고 과일 플레이 팅도 직접 해야 했기 때문일 것이다.

최근 몇 년 동안 대도시의 커피 소비량이 크게 증가하면서 일부 카페의 커피 소비량도 덩달아 대폭 증가했다. 이 때문에 바텐더들의 업무량이 폭증하기 시작했고, '바리스타'라는 칭호도 다시 입에 오르내리며 이목을 끌게 되었다. 참 다행스럽고 기쁜 일이었다. 그런데 이를 계기로 많은 바리스타가 자신은 다른 사람과 다르다는 생각을 갖게 되었고, 자신의 신분 상승과 가치 실현을 위해 오직 커피에만 집중했다. 커피와 관련된 모든 것에 정통해야만 최고의 실력을 갖춘 바리스타가 되는지는 잘 모르겠다. 그러나 분명한 점은, 바리스타가 카페를 위해 더 많은 가치를 창조해야만 바리스타 자신도 성장하고 자기의 가치도 실현할 수 있다는 것이다.

Part 2 카페의 주인공이 되어라

카페의 부가가치 서비스

카페는 제품에만 신경 써서는 안 된다. 부가가치 서비스도 중요하고 고객의 종합적인 경험과 만족감도 충족시켜야 한다.

고객에게 다양한 경험을 제공하고 만족감을 높여라

카페라는 업종의 본성은 바로 '경험'이다. 고객에게 다양한 경험을 제공하고 고객의 만족감을 높이기란 막상 해보면 쉽지 않다. 세세한 곳까지 신경 써야 하고 인테리어, 장식품, 색감, 조명, 배경음악 등 영업과 관련된 일상적인 면에 두루두루 관심을 가져야 한다. 이는 카페의 주인과 바리스타가 반드시 한마음으로 힘을 모아서 날마다 실천하고 노력해야 하는 부분이다. 그렇게 노력하고 실천하면 카페를 찾은 고객은 좋은 커피를 음미하면서 사람들과 자유롭게 소통하고 교류하고, 카페에서 경험하는 모든 것에 만족감을 느낀다.

카페 소비자 심리에 관한 인지모형을 구축하라

경력이 많은 카페 경영자는 카페를 브랜드화 하는 것이 카페 경영의 기본이라고 한다. 즉, 다른 사람 눈에 비친 카페의 모습 혹은 이미지를 이용해서 다수의 표준화된 경영 원칙들을 구체적으로 수립하는 것이다. 이를테면 '30초에서 3분 이미지 법칙', '이미지 경영의 10가지 황금 법칙' 등과 같은 원칙들이다. '이미지 경영의 10가지 황금 법칙'은 고객이 카페의 문을 열고 들어오자마자 카페에 대한 첫 이미지가 생긴다는 점을 강조한다. 문 입구에 걸린 간판의 디자인도 은연중에 이미지 형성에 영향을 준다고 한다. 그리고 카페 안에 들어선 고객은 실내에 가득 퍼진 커피 향, 독특한 디자인의 카운터 진열장, 제품에 붙인 태그, 제 3의 공간이 주는 느낌, 배경음악, 친절한 서비스 등을 하나씩 경험한다. 블룸 커피 칼리지에도 이런 요소들을 고려하여 나름대로 구축한 '카페 소비자 심리에 관한 인지모형'이 있다. 카페 주인과 바리스타가 이런 인지모형을 구체적으로 실천하면 고객의 경험과 만족도를 정확하게 파악하고 고객의 욕구를 충족시킬 수 있다.

바리스타 커피와 사랑에 빠지다

고객에게 다양한 경험을 제공하는 법

실력 있는 바리스타들은 대부분 일상 속에서 고객이 쉽게 관심을 갖는 것과 고객에게 뜻밖의 기쁨을 줄 수 있는 소소한 것들을 찾아서 잘 실천한다. 그런 덕분에 그들의 카페를 찾는 고객은 더 큰 만족감을 느끼고 다양한 경험을 한다.

나는 베이징, 상하이, 광저우(廣州), 샤먼(廈門)에서 이름난 카페를 한 곳씩만 들러 그곳의 바리스타와 이야기를 나누고 여러 가지를 조사했다. 서로 다른 도시의 카페에서 일하는 네 명의 바리스타와 나눈 이야기를 간략하게 옮겨보겠다.

바리스타 A : 커피 하나로 말합니다.

저는 고객에게 최상의 경험을 제공하는 최고의 아이템이 바로 커피라고 생각해요. 저희 카페는 커피 하나로 모든 것을 말하는 명실상부한 스페셜티 카페죠. 그래서 커피와 관련된 전문적인 지식을 갖추는 게 상당히 중요하고, 고객에게 커피에 대해 자세히 설명할 수 있어야 합니다. 이를테면 커피나무의 품종, 생두 원산지, 커피의 향미, 커피를 음미하는 법, 커피 도구를 선택하는 법 등을 반드시 알고 있어야 해요. 언젠가 저와 몇몇 바리스타가 함께 뜻을 모아 커피 전문지식에 관한 소책자도 만들었어요. 고객들을 위해 특별히 제작한 것이죠. 정제된 표준 언어를 사용했고, 한 단락에 150~200자 정도의 분량으로 내용을 구성했어요. 정상 속도로 읽으면 한 단락을 1분 이내에 완독할 수 있어서 그 내용을 듣는 고객들도 지루하지 않을 정도였죠. '커피에 얽힌 전설' 같은 내용도 한 20단락 정도 포함했고요. 실제로 고객들에게 책자를 읽어주니 반응이 꽤 좋았어요. 사장님도 무척 기뻐하셨고요.

바리스타 B : 처음 30초가 중요합니다.

 손님이 카페 문을 들어선 순간부터 1분 이내, 혹은 30초 이내가 가장 중요합니다. 첫인상이 모든 것을 결정한다는 말이 있잖아요. 그래서 저희는 손님이 문을 열자마자 30초 안에 무조건 반갑게, 밝은 표정으로 팔을 크게 흔들며 인사합니다. 그렇게 인사하면 고객의 입장에서 진심으로 환영받는 기분이 들고 마음에도 깊이 남을 거예요. 이게 별게 아니라고 생각할 수도 있습니다. 하지만 절대 그렇지 않아요. 실제로 해보면 효과가 아주 좋습니다. 가장 빠른 시간에 손님을 감동시키는 방법이랍니다. 인터넷에서 저희 카페에 대한 평을 한번 찾아보시면 금방 아시게 될 거예요.

바리스타 C : 손님을 배웅하고 함께 나누는 것이 가장 효과적입니다.

 저희 카페에서 중요하게 강조하는 것은 두 가지입니다. 하나는 손님이 계산을 마치고 카페를 나갈 때 반드시 웃는 얼굴로 배웅하는 거예요. '떠나면 그만'이라는 식으로 고객을 낮추어 보는 느낌을 주면 안 돼요. 분명 다른 카페에서도 손님을 맞이할 때는 반갑게 대하겠죠. 그런

데 손님을 배웅하는 일은 대수롭지 않게 생각하는 경우가 있어요. 사실 손님은 굉장히 쉽게 감동을 받거든요. 꼭 고개를 돌려서 다시 한 번 봐줘야 해요. 또 하나는 카운터 주변에 바처럼 의자를 배치하고 여러 손님이 함께 이용할 수 있는 커다란 공용 테이블을 놓았어요. 그러면 처음 만나는 사람들끼리도 함께 앉아서 이야기를 나누게 되죠. 그러다가 자연스럽게 저희 카페에 대해 입소문도 나고요. 결국 카페를 알리는 효과적인 홍보 수단이 되는 셈이죠. 사람들은 카페에서 있었던 짤막한 이야기와 감상들을 인터넷에 많이 올리거든요. 못 믿겠으면 저희 카페 SNS에 올라온 글을 읽어보세요.

바리스타 D : 유니폼, 채용, 미소, 서빙

저희 카페는 네 가지 면에서 고객에게 다양한 경험을 고루 제공하려고 합니다. 첫째는 유니폼입니다. 저희 유니폼은 모두 한국의 카페 직원들이 입는 유니폼과 비슷한 디자인으로 맞춤 제작됐습니다. 유니폼 덕분에 주변의 다른 카페에 비해 이미지가 훨씬 좋아졌습니다. 한마디로 기선을 제압했다고 할 수 있겠습니다. 둘째는 채용입니다. 사장님이 월급을 많이 주시는 편입니다. 하지만 직원을 채용하는 기준이 상당히 엄격합니다. 좋은 이미지, 훌륭한 자질, 훤칠한 체격 등을 고루 갖춘 인재만 채용합니다. 거기에 멋진 유니폼이 어울리면 이미지가 한층 업그레이드되어 사람들의 관심을 끌 수 있으니까요. 이렇게 단번에 차별화시키는 사장님의 안목이 참 남다릅니다. 셋째는 미소입니다. 미소뿐만 아니라 서비스와 관련된 사소한 태도도 포함됩니다. 친절하고 전문적인 서비스 태도를 갖추되 남들과 다른 면이 있어야 합니다. 넷째는 서빙 하는 방법입니다. 네 가지 중에서 이 점이 가장 특별합니다. 자, 보세요. 저희 카페에서는 커피와 머핀을 이런 식으로 서빙 합니다. 서빙 하는 방법에는 모두 여섯 가지 조합이 있고요, 쟁반을 모두 나무로 만들어서 시각적으로도 보기에 매우 좋습니다. 저희 카페에서는 서빙하는 법을 배우는 데도 시간이 꽤 걸립니다. 저희만의 방식으로 정성껏 서빙하면 고객은 마음과 눈이 즐거워지고 이를 오래도록 기억합니다.

Part 2 카페의 주인공이 되어라

3. 카페에서 일하기

블룸 커피 칼리지의 수강생과 바리스타 친구들은 거의 매일 나에게 묻는다. 자신에게 어울리는 카페는 어떤 곳인지, 또 일을 통해 많은 것을 얻을 수 있는 카페는 어떤 곳인지 추천해달라고 말이다. 우선 분명히 말할 수 있는 점은 커피를 뜨겁게 사랑해야 한다는 것이다. 이는 카페에서 유능한 바리스타가 되기 위한 필수 전제 조건이다. 전자동 커피 머신을 사용하는 세계적인 모 커피 브랜드 측에서도 이렇게 말했다. "커피에 대한 열정이 넘치는 사람만이 우리의 최고 파트너로서 환영을 받을 수 있습니다."

현재 어떤 유형의 카페들이 운영되고 있는지 하나씩 살펴보자.

유형 1 : 테이크아웃 카페

주로 테이크아웃으로 음료를 판매하고, 테이블을 몇 개만 둔 작은 카페를 테이크아웃 카페라고 한다.

테이크아웃 카페는 규모가 작은 편이지만 주변에 인파가 많은 곳으로 위치 선정을 잘하면 일일 판매량이 적지 않다. 도시의 번화가에 가면 이런 유형의 카페가 상당히 많다. 테이크아웃 카페에서 일하면 빠른 시간 안에 커피를 만드는 요령이 생겨서 민첩하면서도 차분하게 음료를 만들어 제공할 수 있다. 중국의 어느 카페는 일일 커피 판매량이 너무 저조해서 매일 카페에서 기본적으로 해야 하는 일조차도 하지 못할 때가 있다. 이렇게 장기간 일을 하지 않다 보면 음료를 만드는 속도가 현저히 느려지고 일의 효율도 떨어져서 전문가적인 소양마저 나날이 퇴보한다. 그러다가 어느 날 갑자기 손님이 늘어나서 주문이 쏟아지면 우왕좌왕하게 되고 결국 커피 품질에도 심각한 문제가 생긴다.

대부분의 카페 사장들은 고품질의 원두를 사용해서 고품질의 커피를 만드는 것이 이윤을 더 많이 남기는 방법이라고 생각한다. 또 좋은 원두를 사는 데 몇 푼 더 쓰는 걸 좀스럽게 따지면 안 된다고 한다. 하지만 카페의 영업 방식을 개선하고 고객에게 색다른 경험을 제공하면 고품질의 원두를 쓰지 않아도 카페의 수익이 늘어난다는 점을 꼭 명심해야 한다.

테이크아웃 카페는 박리다매의 저가 전략으로 시장을 차지했기 때문에 커피 품질에 대한 소비자들의 기대치가 낮다. 그런데 일부 카페의 사장들이 그 수준에 만족하며 안주한다는게 테이크아웃 카페의 가장 큰 문제점이다. 이런 생각을 가지면 '따뜻한 물에서 죽어가는 청개구리'처럼 재난이 언제 닥쳐올지도 모른 채 서서히 내리막길을 가게 된다. 바리스타들은 이런 문제를 반드시 사장에게 조언하고, 사장을 설득해서라도 커피의 품질을 높여서 고객에게 좋은 커피를 제공해야 한다. 그렇게 하면 바리스타 자신의 경쟁력도 생기고 카페의 수익도 늘어나므로 서로 윈윈(wiin-win)하는 결과를 얻을 수 있다.

31

유형 2 : 브랜드 체인점 카페

브랜드 체인점 카페는 세계적인 브랜드의 체인점으로서 소규모 비즈니스를 하는 카페다.

전형적인 브랜드 체인점 카페는 대표적으로 스타벅스와 코스타 등이 있다. 스타벅스가 중국에서 어마어마한 규모로 비즈니스를 확장하기까지는 불과 10여 년(2003년부터 현재까지)밖에 걸리지 않았다. 하지만 스타벅스는 이미 많은 사람들(특히 대도시의 화이트칼라들) 사이에서 '카페의 표본'으로 인식되고 있다. 그들은 스타벅스야말로 진정한 카페고, 스타벅스를 찾는 것은 세련되고 고급스러운 도시 삶의 방식이라고 여긴다. 스타벅스가 중국에서 얼마나 성공했는지 짐작할 수 있는 부분이다.

신입 급여 수준이 낮은 편인데도 불구하고 기꺼이 스타벅스에 '헌신'하겠다고 지원하는 젊은 바리스타들이 상당히 많다. 그 이유에는 크게 네 가지가 있다. 첫째, 선진적인 경영 마인드를 배울 수 있고, 시야가 넓어지며, 경험을 많이 쌓을 수 있고, 카페 전반에 대해 자세히 알 수 있다. 둘째, 고객을 많이 만날 수 있고 더불어 고객과 상호작용할 기회도 많다. 또 매일 많은 양의 커피를 만들기 때문에 기술 숙련도를 향상시키는 데 도움이 된다. 셋째, 다양한 직책을 맡을 수 있고 성장의 기회가 많다. 다시 말해, 인턴 바리스타에서 출발하여 전문 바리스타, 수석 바리스타, 점장, 슈퍼바이저 …… 등 상당히 높은 직책까지 진급할 수 있다. 승진은 직장생활에서 얻는 즐거움 중 하나다. 넷째, 경력 관리에 도움이 된다. 향후 다른 카페로 이직할 때 세계적인 기업에서 일한 경력은 충분히 승산 있는 경쟁 요소다.

스타벅스처럼 성공한 세계적인 브랜드 체인점은 처음 창업하는 바리스타와 커피 애호가들에게는 뛰어넘을 수 없는 강한 상대다. 하지만 멀리 내다볼 때, 커피 산업의 발전 방향은 다원화될 것이 분명하므로, 스타벅스의 독주가 영원히 지속되지는 않을 것이다. 그러므로 브랜드의 영향력, 기술력, 인적자원이 부족하고 매장의 규모가 작은 창업자들은 반드시 다른 카페와 차별화할 수 있는 방안을 끊임없이 찾아야 한다.

Part 2 카페의 주인공이 되어라

유형 3 : 멀티형 카페

브랜드 체인점이나 개인 카페의 형태를 취하면서 중대형 규모의 종합적인 성격을 지닌 카페를 멀티형 카페라고 부른다.

중국의 멀티형 카페는 브랜드가 다양하고 매장수도 굉장히 많다. 대표적인 브랜드로 샹다오커피가 있으며, 디어우커피, 량안커피, 미뤄커피 등도 모두 중국에서 흔히 볼 수 있는 멀티형 카페다. 베이징 같은 대도시는 물론 중소도시와 현(縣)에도 이런 카페들이 들어서 있다. 특히 중소도시의 멀티형 카페는 꽤 안정적으로 운영되고 있으며 생명력도 긴 편이다. 그 밖에 만 커피(Maan coffee), 댜오커스광(雕刻時光) 같은 브랜드가 있다. 이 카페들은 휴머니즘을 표방하고 있지만 비즈니스 모델, 생산 시스템, 매장 구조 등과 같은 핵심적인 요소를 따져보면 역시 멀티형 카페에 속한다.

멀티형 카페 중에는 수십 평 혹은 수백 평쯤 되는 대규모 카페들도 있다. 이런 카페는 다양한 먹거리와 휴식 기능을 갖춘 유람선처럼 식사, 음료, 휴식 등 종합적인 서비스를 제공하며 여러 상권과 도시에서 중요한 공공장소로 자리매김했다. 멀티형 카페 중에는 메뉴가 워낙 풍성해서 카페 속의 레스토랑이라고 불릴 정도로 다채로운 메뉴를 자랑하는 곳도 있다. 어떤 카페는 매장의 안쪽과 바깥쪽이 철저하게 분리됐다. 바깥쪽에는 고객과 대화를 나누는 직원이 있고, 안쪽 주방에는 바쁘게 음식을 준비하는 주방장이 있고, 카운터에는 커피를 정성껏 만드는 바리스타가 있다. 직업도 다르고 직책도 다른 그들은 가깝고도 먼 곳에서 각자 자신의 일에 열중한다.

만약 멀티형 카페에서 일하고 싶다면 반드시 사전에 파악해두어야 할 항목이 몇 가지 있다. 우선 카페의 경영방침, 브랜드 문화, 커피의 품질수준, 경영상태 등이 자신의 조건과 맞는지 잘 살펴야 한다. 멀티형 카페는 확실히 매출이 높다. 규모가 큰 곳은 카운터에서 커피 외에 각종 과일을 제공하거나, 샌드위치, 머핀, 아이스크림 등 사이드 메뉴도 직접 만들어야 한다. 바리스타가 멀티형 카페의 카운터에서 이런 식으로 1년쯤 일하면 다재다능한 바리스타가 될 수 있다. 이 기간 동안 바리스타로서 뛰어난 실력을 보여주어 사장의 눈에 들면 일반 바리스타에서 수석 바리스타로, 또 수석 바리스타에서 점장으로 승진하는 기회를 잡으며 승승장구할 수 있다.

바리스타 커피와 사랑에 빠지다

유형 4 : 개인 카페

테이크아웃이 안 되며 개인이 독자적으로 운영하는 개성 있는 카페가 개인 카페다.

개인 카페는 도시의 카페 중에서 사람들의 관심을 가장 많이 받는 곳이다. 카페 내부에 자신만의 뚜렷한 개성을 표현하여 독특한 분위기를 자아내고 휴머니즘이 깃들어 있다. 또 커피와 사이드 메뉴 판매와는 별도로 커피와 관련이 없어 보이는 아기자기한 물건들도 판다. 개인 카페는 대체로 규모가 크지 않고 대개 사장이 직원이자 바리스타다(사장이 혼자서 카페의 모든 일을 직접 한다). 때로는 3~4개의 테이블에 둘러앉은 손님들이 가게 안을 가득 채우면 분위기는 훨씬 친근해진다. 유럽과 미국의 개인 카페는 평판도 좋고, 수준도 높고, 수익성도 우수해서 현지의 커피 시장을 선도하고 있다. 예상컨대, 중국도 앞으로 5~10년 안에 각 도시마다 뛰어난 발상으로 감탄을 자아낼 개인 카페가 봇물처럼 쏟아져 나와 지역의 자랑거리가 될 것이다.

이런 개인 카페에서 일하는 게 자신에게 맞을지 고민하는 바리스타들이 많다. 개인 카페를 통해 무엇을 얻고 무엇을 잃게 될지 함께 분석해보자.

개인 카페의 장점

중국의 카페 창업자들에게 최선의 선택은 적당한 규모의 매장에서 테이크아웃 판매를 겸하고, 다양한 메뉴와 최고 품질의 커피를 갖추고, 즐거운 분위기와 뚜렷한 개성으로 호감을 주는 개인 카페를 운영하는 것이다. 개인 카페는 중국의 카페 중에서 생명력과 수익성을 모두 갖춘 유형이다.

1. 바리스타는 더 이상 생산라인의 나사못 역할을 하지 않아도 된다. 실제 운영에 꼭 필요한 존재로서 모든 일을 다 처리할 수 있는 멀티 플레이어가 되므로 자기 발전에 유리하다.

2. 인간관계가 단순해서 일명 '카운터 정치'가 없다. 근무 환경이 즐겁고 편안하며, 급여와 복리후생도 규모가 큰 카페에 비해 대우가 좋은 편이다.

3. 바리스타와 사장의 관계가 원만하면 바리스타는 적당한 자유를 누릴 수 있다. 기회가 되면 카페 경영에도 참여하고 다양한 직책을 경험할 수 있다. 극히 드문 경우지만 유명한 바리스타는 카페의 지분을 증여받아 동업자가 되기도 한다.

4. 카페의 경영 상황이 좋으면 바리스타가 직접 커피 산업에 뛰어들거나(예를 들면 자가 로스팅을 하거나) 분점을 개설할 수도 있다. 그러면 바리스타는 넉넉한 월급을 받으면서 사람들의 부러움을 받는 성장의 기회도 가질 수 있다.

개인 카페의 단점

1. 카페의 규모가 너무 작으면 바리스타로서 다양한 경험을 할 수 없고 활동무대도 좁아서 개인의 성장에 한계가 생긴다.

2. 카페 주변의 인파가 적으면 매출도 줄어들고 커피를 만드는 기회도 적어진다. 이런 상황이 오래 지속되면 바리스타는 재능을 썩히게 되고, 카페는 운영에 지장이 생겨서 미래가 불안해진다.

3. 몇몇 개인 카페는 일손에 한계가 있어서 바리스타가 어쩔 수 없이 다른 일을 거들어야 한다. 이를테면, 인터넷 영업을 하거나 필요한 물건을 사러 다닌다. 대다수의 바리스타는 이런 일을 통해 배우는 것도 많다고 생각하지만 소수의 바리스타는 '감당하기 싫은 무게'라고 느낀다.

바리스타 커피와 사랑에 빠지다

4. 카페의 주인공이 되어라

중국에서 유명한 바리스타 양성기관 중 한 곳인 블룸 커피 칼리지는 중국 인력자원·사회보장부의 위탁을 받아 바리스타 양성 프로그램을 운영하고 있다. 나는 매일 그곳에서 많은 바리스타를 만나고 함께 교류한다. 사람들은 항상 내게 묻는다. "어떻게 하면 훌륭한 바리스타가 될 수 있어요?"

중국의 유명한 한학자인 난화이진(南懷瑾) 선생은 최고의 인생에 대해 이렇게 표현했다. "불교를 마음으로 삼고, 도교를 뼈로 삼으며, 유교를 겉모습으로 삼아 넓은 도량으로 세상을 바라보라. 손에는 기술이 있고, 몸에는 능력이 있으며, 머리에는 생각이 있으니 침착하게 생활하라. (佛爲心, 道爲骨, 儒爲表, 大度看世界; 技在手, 能在身, 思在腦, 從容過生活)" 훌륭한 바리스타의 삶도 이와 다르지 않다.

커피는 삶의 방식이다

커피는 정신적인 가치며 사고방식이자 삶의 방식이다. 이런 삶의 방식을 글로 다 표현하기는 쉽지 않으니 대략적으로 예를 들어 윤곽만 설명하면 이렇다. 직접 실천하기를 좋아해서 뒷짐 쥐고 고개만 내민 채로 남들이 하는걸 구경하면서 이러쿵저러쿵 끼어들지 않는다. 사물을 자세히 관찰하기를 좋아하고 사소한 것에서 즐거움을 찾으므로 고개를 빳빳이 들고 일일이 지적하지 않는다. 기술과 디지털의 가치를 중요하게 여겨 현상뿐만 아니라 그 원인도 알려고 한다. 또 생각이 진중하고 논리와 추리를 좋아해서 사물을 형이상학적인 관점으로 보거나 피상적으로 이해하여 자신과 타인을 속이지 않는다. 말주변이 좋고, 소통을 잘하고, 새로운 사람과의 만남을 즐기므로 속내를 몰라서 답답할 일이 없다. 청결과 단정함을 중시하고 개인의 이미지와 미적 감각을 표현하는 데 신경을 많이 써서 되는 대로 구중중한 차림을 하거나 온몸에서 땀내를 풍기지 않는다. 나는 내 카페의 바리스타가 네일아트를 하고, 화려한 색으로 머리를 염색하고, 눈에 띄는 곳에 커다란 문신을 하도록 내버려두지 않는다. 아시아의 바리스타는 민낯의 아름다움과 신선한 매력을 보여줄 줄 알아야 한다.

바리스타에게 앞에서 말한 모든 자질에 부합하도록 행동하길 요구하기엔 그 기준이 높은 편이라는 점은 부인할 수 없다.

스타벅스가 현재 중국에서 채용한 수만 명의 바리스타(스타벅스는 그들을 파트너라고 부른다) 중에서 90%이상이 대학을 졸업한 젊은사람들이다. 대학 졸업자 위주로 채용했다는 것은 곧 바리스타의 자격 기준을 높게 적용했다는 의미다.

'커피'를 '종교' 처럼 믿어라

'커피'를 '종교'처럼 믿어야 한다. 커피를 '종교'에 비유하는 건 분명 과장된 표현이다. 그러나 그만큼 훌륭한 바리스타는 무조건 열정적인 커피 애호가이거나 커피 마니아여야 한다. 만일 커피 세계에 깊이 빠져 카페인을 뼈와 핏속까지 흡수하지 않으면 커피는 그저 취업 수단에 그칠 뿐이다. 그러면 바리스타로서 질적으로 성장하는 데 어려움을 겪는다.

실제로 유명하고 좋은 카페에 가면 커피를 '종교'처럼 믿는 광경을 볼 수 있다. 이를테면, 영업이 끝난 후에 바리스타들이 바에 한데 모여서 실험도 하고 기술적인 부분도 토론하며 최적의 기술을 찾아내려고 노력하는 모습들이다. 작년 어느 날이었다. 예전에 내 카페에서 몇 년 동안 일했던 바리스타가 커피 칼리지로 나를 찾아왔다. 바리스타에서 다른 직업으로 전업했던 그는 2년 만에 커피 머신 앞에 다시 서서 감정이 북받치는 듯이 탬퍼를 집어 들고 손잡이를 가만히 어루만졌다. 그의 눈빛은 따뜻하고 부드러웠고 애정이 뚝뚝 묻어났다. 나는 그 순간만큼은 커피가 그에게 '종교'였고 그는 거기에 빠져 있었다고 확신한다.

경영 관리에 참여하라

나는 커피를 만드는 기술 수준이나 국제대회의 수상 여부로 바리스타의 가치를 평가하지 않는다. 바리스타가 근무하는 카페의 커피 판매량과 평판이 중요한 평가 기준이다. 장군이 전장에서 자신의 실력을 증명해야 하듯이 현실성 없이 헛된 명성만 얻으려 해서는 안 된다.

유능한 바리스타는 카페 경영 관리에도 참여해야 한다. 특히 커피 판매와 마케팅 활동에 관심을 기울여야 한다. 바리스타 수업에서 내가 자주 하는 말이 있다. "커피를 만들 줄만 알고 팔 줄 모르는 바리스타는 절대로 성공할 수 없습니다." 어떤 카페에 있든지 커피 판매 실적이 저조하고 고객들이 커피를 찾지 않으면 바리스타에게는 엄청난 치욕이다. 이런 날이 지속되면 바리스타의 몸값도 점점 떨어진다. 그러므로 바리스타는 맛있는 커피를 만드는 법 말고 커피를 많이 파는 법도 연구해야 한다.

'경영 관리는 점장의 몫'이고 '판매는 사장이 할 일'이라는 생각은 큰 착각이다. 사실 개인 카페의 사장들은 바리스타가 카페 일

에 적극적으로 참여하기를 내심 기대하므로 바리스타도 자발적으로 협력해야 한다. 그렇게 하면 사장과 바리스타 사이에 신뢰가 깊어지고 공감대가 형성되어 최고의 카페를 만들 수 있다.

바리스타의 주요 업무

바리스타가 해야 할 몇 가지 주요 업무가 있다.

첫째, 카페에서 판매하는 제품의 연구개발과 개선 과정에 참여하고 고객의 의견을 수집한다.

둘째, 카페에서 판매하는 제품의 원가 계산, 가격 결정, 프로모션에 참여한다.

셋째, 카페에서 판매하는 제품의 판매량을 통계 분석한다.

넷째, 카페의 설비, 기구, 자재를 점검하고 구입한다.

다섯째, 커피를 만들어 미소 띤 얼굴로 고객에게 직접 서빙하고 고객의 반응을 확인한다.

여섯째, 고객에게 커피에 대해 최대한 잘 설명하고 카페를 대표하는 커피를 적극적으로 추천한다.

일곱째, 원두 구입에 관여하고 로스팅과 같은 사전 작업 과정에도 관심을 가지며 원두의 품질 변화도 관리한다.

5. 바리스타의 커리어 플랜

커리어 플랜은 개인의 발전과 소속된 조직(카페, 커피 회사 등)의 발전을 함께 고려하여 설계하는 것이다. 개인이 가진 것과 내·외적 환경 요인을 종합적으로 분석하여 장점은 취하고 단점은 버림으로써 직업적 발전을 위한 목표를 확정한다. 그리고 확정된 목표를 실현하기 위한 직장, 교육, 시간 전략, 구체적인 절차 등을 선택하고 계획한다.

바리스타는 커리어 플랜이 미흡하다

성공한 직장인은 모두 주도면밀하고 과학적인 커리어 플랜을 가지고 있다. 유능한 바리스타도 물론 예외는 아니다. 그러나 안타깝게도 실제로 자신의 커리어 플랜을 진지하게 설계하는 바리스타는 많지 않다. 그저 바다 위를 떠도는 길 잃은 배처럼 아무런 목표도 방향도 없이 사회의 흐름 속에서 표류하고 있을 따름이다. 그래서 결국엔 수십 년 혹은 평생을 바쳐 일할 수 있는 위대한 사업이 젊어서 하는 한때의 직업으로 막을 내리게 된다.

숙련된 베테랑 바리스타가 부족하다

현재 베이징처럼 큰 도시에서 35살이 넘은 최고의 베테랑 바리스타(카페 주인이 바리스타를 겸하는 경우는 제외)를 찾을 확률은 왕년의 허들 영웅 류샹(劉翔)이 2016년 올림픽에 참가해서 110m 허들 종목의 금메달을 딸 확률과 비슷하다. 현재 카페에서 바리스타로 활동하는 사람들은 대부분 80년대 중반에서 90년대 출생자들이다. 그들은 활력이 넘치고 체력이 좋으며 근심 걱정이 없다. 그러나 인생 경험이 부족하고 커피와 카페에 대한 주관이 뚜렷하지 않아서 공유할 수 있는 이야기거리가 별로 없다. 간혹 고객이 이미 바리스타를 훤히 꿰뚫고 있어서 동등한 조

전문적인 스페셜티 카페에 처음으로 방문한 고객에게는 바리스타로서 커피에 관한 이야기를 흥미롭게 들려주며 고객의 경험을 충족시키고 무한한 기쁨을 선사할 수 있다. 그러나 고객이 두 번째 방문했을 때도 처음 왔을 때처럼 커피 이야기만 장황하게 늘어놓으면 고객의 만족도는 떨어진다. 만약 세 번째, 네 번째 방문 때도 똑같이 커피 이야기만 하면 고객은 식상하다 못해 해도 너무한다는 생각을 한다. 그리고 차츰 그 카페에서 발길을 멀리한다.

바리스타는 영화, 독서, 별자리, 문학, 예술, 인생, 철학에 관한 이야기를 하면 안 되는 걸까? 커피는 카페의 핫 아이템일 뿐이지 카페의 모든 것이 될 수 없다는 점을 꼭 명심해야 한다.

건에서 깊이 있는 대화를 나눌 수 없을 때도 있다. 특히 최고급 카페의 고객은 대부분 서른 살이 넘은 사회 주류층이므로 이런 경향은 갈수록 더 극명하게 나타난다.

사실 스타벅스와 코스타처럼 소비가 빠르게 일어나는 브랜드 체인점 카페에서는 이런 점이 그다지 문제가 되지 않는다. 가끔은 젊은이들의 생기 넘치고 해맑은 표정과 환하게 빛나는 미소가 다른 모든 것들을 충분히 대신할 수 있기 때문이다. 그러나 개성을 강조한 개인 카페라면 아마 틀림없이 꽤 유감스러운 상황이 벌어질지도 모른다.

나이 든 바리스타들이 설 자리

현재 카페의 일선에서 활발히 활동하고 있는 젊은 바리스타들 말고 나이 든 바리스타들은 과연 어디에서 무엇을 하고 있을까? 그들 중에는 꽤 오랫동안 커피 업계에 남아 있는 행운아도 있지만 그 수는 점점 적어지고 있다. 바리스타들이 나이가 들어서 하는 일은 대략 네 가지로 나뉜다.

● 브랜드 체인점 카페에서 일하는 바리스타도 소수 있다. 그들이야말로 진정한 행운아다. 그들은 계속 승진할 기회를 얻을 수 있기 때문에 점장도 되고 슈퍼바이저도 된다.

● 커피 회사로 이직해서 제품을 판매하며 커피 업계에 좀 더 오래 머무른다.

● 극소수지만 바리스타 양성 강사, 커피 로스터, 커피 감정사 등으로 변신하여 계속 커피와 관련된 일을 하면서 새로운 경지를 개척한다.

● 아주 드문 경우, 자신이 모은 자본금에 친척과 친구들의 도움을 받아서(친척과 친구들의 도움을 받는 경우가 더 많다) 직접 카페를 창업하고 카페의 사장이 된다.

실제로 나이 든 바리스타들 가운데 이 네 부류가 차지하는 비율은 아주 낮다. 추정하건대 모두 합쳐도 30%가 되지 않을 것이다. 그렇다면 나머지 70%는 어디에 있을까? 그들은 대부분 전업을 선택했다. 커피에 관한 지식과 기술과 경험을 모두 과거에 묻어두고, 일도 생활도 모두 '0'에서부터 다시 시작한 것이다.

2012년 어느 날, 베이징 쐉징(雙井) 지역의 부동산 중개 사무실에 갔다. 나는 그 조그만 사무실에서 뜻밖에도 '전직 바리스타' 세 명을 만났다. 그들은 모두 목이 쉬어 목소리도 안 나올 정도로 부동산 매매에 열을 올리고 있었다. 국가 부동산 정책의 갖가지 허점을 어떻게 공략해야 하는지 차분하면서도 능수능란하게 설명하는 모습을 보고 있자니 한숨이 나고 가슴이 먹먹했다.

'청춘기 직업'에 대한 분석

'청춘기 직업'은 현재 바리스타 업계에서 나타나는 여러 현상 중 하나다. 그렇다면 이런 현상이 왜 생겼을까? 이는 커피와 카페 산업이 신흥 업종이어서 축적된 노하우가 부족하기 때문이며, 카페 경영의 성공률과도 관계가 있다(여기서는 임대료, 인적자본, 비즈니스 경쟁력 등 전적으로 경영에 관한 것만 언급하고 더 자세히 얘기하지 않겠다). 또 이런 업종을 지도하고 계획하고 감독하는 전문가나 전문 기간이 부족하다는 점도 원인이다.

바리스타 양성 지도자, 커피 업계 종사자, 커피 전문가들은 모두 커피의 품종, 선 가공, 생두 매매, 로스팅에 관한 얘기만 하고 커피 추출과 테이스팅에 대해서는 입을 다문다. 그러고는 자신들이 마치 더없이 완벽한 전문가인 척한다. 커피와 카페를 통해 휴머니즘을 실현하려는 태도는 어디에서도 찾아볼 수 없다. 이런 탓에 바리스타 업계가 여전히 낮은 수준에 머물러 있을 수밖에 없는 것이다. 한층 더 높은 수준으로 끌어올리려는 업계의 노력이 필요하다.

커리어 플랜 세우는 법

효과적인 커리어 플랜은 자아인식, 직업 평가, 목표 확정, 효과적 실행의 4단계로 나뉜다(표 1-1). 블룸 커피 칼리지의 바리스타 양성 프로그램은 이를 도입하여 수강생들이 오랫동안 즐겁게 커피 사업을 해나갈 수 있도록 안내하고 있다.

표 1-1 바리스타 커리어 플랜 4 단계

단계	내용
제 1 단계 자아인식	개인의 성장 과정, 경제적 능력과 사회적 지위, 흥미와 취미 등
	개인의 요구를 종합적으로 분석
	자아 평가 (장점, 단점)
	동료의 평가 (장점, 단점)
	사장의 평가 (장점, 단점)
	친구의 평가 (장점, 단점)
제 2 단계 직업 평가	커피와 카페업의 발전 현황
	바리스타 직업의 전체 개황
	바리스타가 갖추어야 할 직업적인 기술 및 관련 자질
	바리스타의 급여와 복리후생 등
	바리스타의 직업적 성장 가능성 및 전망 분석
제 3 단계 목표 확정	단기 목표 (향후 1년)
	중장기 목표 (3~5년)
	장기 목표 (5~10년)
제 4 단계 효과적 실천	커피 전문 지식과 기술 실천
	커피 관련 경영과 관리 실천
	커피 관련 지원의 통합과 실천
	커피 이외의 분야 학습과 실천

6. 바리스타에서 카페 주인이 되는 카페 창업

경제적으로 여유가 넉넉하고 경험이 풍부한 바리스타는 직접 카페를 운영하는 것도 고려해볼 만하다.

시간과 노력은 물론이고 비용도 많이 들여 각종 바리스타 대회에 열성적으로 참가하는 바리스타들이 있다. 이렇게 각종 대회에 참가하여 자랑할 만한 성적을 거둔 유능한 바리스타들은 '투입·산출 비율'을 고려하여 인생을 종합적으로 계획해야 한다. 바리스타 대회의 참가자들이 뛰어난 기량을 보여주긴 하지만, 결국 그것은 한바탕 쇼에 불과하다는 사실을 그들도 언젠가는 깨닫게 된다. 커피 사업을 제대로 하려면 반드시 평범한 커피 소비자들 틈 속에 폭넓게 뿌리내려야 한다. 스스로 만족할 만한 바리스타로 성장할 수 있는 커피 회사가 많지 않고, 선택할 수 있는 커피 사업 분야에도 이미 한계가 있다. 이때 카페를 창업하면 커피는 '직업의 매개'에서 '사업의 아이템'으로 질적 변화하고, 이로 말미암아 커피 인생은 한층 더 풍요로워진다.

이와 같은 얘기로, 유럽과 미국의 실력 있는 바리스타들도 여러 대회에 참가하여 이름을 알리고 나서야 깨달았다. 현재의 커피 사업은 이미 발전이 최고조에 이르러서 더 이상 발전하기 쉽지 않다는 것을 말이다. 그렇기 때문에 커피 사업을 지속하려면 카페를 창업하는 것이 최선의 방법이다. 게다가 지금은 중국에서는 커피 사업이 한창 빠르게 발전하고 있는 단계이므로 전망이 매우 밝다. 실력 있고 경험이 풍부한 바리스타는 이미 남들이 따라잡을 수 없는 최고의 기술력과 자원을 통합하는 능력을 갖추고 있다. 그러나 기회를 잡아 활용하지 않으면 빠르게 변하는 시대의 흐름에 뒤처지게 되어 눈 깜짝할 사이에 자신의 가치를 잃고 만다.

카페 창업을 위한 네 가지 조언

그러나 유능한 바리스타에서 성공한 카페 주인이 되는 길은 결코 순조롭지 않다. 상상처럼 낭만적이지도 않고 수월하지도 않다. 카페를 창업하기까지 치러야 할 대가도 많고, 창업을 준비하는 동안 좌절하는 사람들도 많다. 이에 바리스타에게 꼭 필요한 조언 몇 가지를 얘기하겠다.

첫째, 하루빨리 '아르바이트생의 마음가짐'에서 벗어나야 한다. 카페 경영자로서의 책임을 과감히 짊어지고 사회적인 책임감을 느끼며 사회를 위해 부와 가치를 창조한다는 생각을 가져야 한다. 커피를 종교처럼 절대적인 존재로 믿고 창업 과정을

즐겨야 하며, 매사에 열중하는 자세를 잃지 않아야 한다. 그리고 일을 시작하기 전에는 신중하게 생각하고, 한번 결정한 것은 어떤 어려움이 있어도 꿋꿋하게 해나가겠다는 각오가 있어야 한다.

둘째, 당사자보다 제삼자가 더 잘 안다는 말이 있듯이, 바리스타의 시각에서 커피를 대하고 카페를 운영해서는 안 된다. 커피 애호가와 커피 소비자는 성격이 전혀 다른 별개의 부류다. 물론 서로 간에 교집합이 있긴 하지만 아주 미미하다. 단순히 커피를 다룬다는 생각으로 카페를 경영하면 오류가 많이 생긴다. 또 고객에게 커피에 대한 전문 지식이나 기술을 구구절절 얘기하면 정작 고객이 카페를 통해 얻고자 하는 다른 것들을 놓치게 되어 웃음거리가 될 수도 있다. 카페의 위치는 차치하고 우선 매장 자체만 볼 때, 고객이 카페의 브랜드, 서비스, 실내 인테리어, 분위기, 메뉴 등 모든 면을 종합적으로 경험할 수 있도록 해야 한다.

이렇게 생각해보자. 좋은 커피를 제공하는 것이 고객을 존중하는 일이라면, 좋은 서비스와 좋은 환경을 제공하는 것도 마찬가지로 고객을 존중하는 일이다. 찾기 어려운 외진 곳보다 찾기 쉬운 곳에 카페를 열어 적극적으로 고객을 수용하는 것도 고객의 경험을 존중하는 또 다른 방식이 아닐까?

셋째, 카페 경영에 관한 지식을 미리 배워두고, 점포 임대료의 가격 변화 추이에도 관심을 가져야 한다. 자격증과 영업허가증을 취득하는 과정과 주의사항을 알아두어야 하고, 카페와 관련 있는 인맥도 형성해야 한다. 카페 고객과 친분을 쌓고 카페를 홍보하는 방법도 알아두어야 한다. 이 모든 요소들이 자신이 가진 커피 전문 지식과 시너지를 이루면 성공적인 창업을 기대할 수 있다.

넷째, 좋은 조건의 임대료와 자본금(가능하면 자본금이 높은 가격대인 도시는 피하는 게 좋으며, 고향에서 창업하는 것도 나쁘지 않다), 폭넓은 인맥, 커피에 관한 진보적인 마인드를 활용하여 카페를 창업하면 창업 성공률이 높아진다. 카페 창업은 고객에게 미묘한 희소성을 경험할 수 있는 환경을 제공하느냐에 따라 성패가 갈린다. 어제까지 인스턴트커피를 마시던 중국인이 최고급 커피를 마시게 된 것은 아마 좋은 커피를 마시는 경험을 하고 싶어서일지도 모른다. 중국의 커피 사업과 카페 사업은 쇠퇴하지 않고 영원히 대중 속에 깊이 자리 잡을 것이다.

Part

최고의 바리스타들을 만나다

　이번 장에서는 유능한 커피 업계 종사자들의 지혜를 한데 모았다. 커피와 관련된 이야기도 듣고, 커피와 바리스타 그리고 카페에 대한 그들의 개인적인 생각도 알 수 있다. 아마 이 장을 통해 뜻밖의 특별한 정보를 많이 얻을 수 있을 것이다.

　그들 중에는 커피 업계의 선배 전문가도 있고, 전 세계 곳곳의 카페에서 활약하는 화교 바리스타도 있고, 바리스타 세계에 갓 입문한 새내기 바리스타도 있고, 이미 카페를 창업한 바리스타도 있다. 그야말로 이색적이고 보기 드문 '최고 바리스타들의 모임'이다.

바리스타 커피와 사랑에 빠지다

1. 린뤼즈(林瑞志) : 커피 200만 잔의 전설

푸젠(福建)성 푸저우(福州) 출신인 린뤼즈(Sammy Lin)는 2000년에 뉴욕으로 갔다. 그는 이탈리안 카페 비아 콰드로노(Via Quadronno)에서 허드렛일을 하던 중에 좋은 기회를 얻어 1주일간 이탈리안 바리스타의 악마 훈련에 동행했다. 그때부터 그의 바리스타 인생이 시작되었다.

그는 다양한 커피 지식을 독학으로 습득한 지 수년 만에 카푸치노에 독창적인 디자인을 선보이며 차츰 유명해졌다. 오랜 경력과 뛰어난 기술을 자랑하는 그는 2004년부터 지금까지 뉴욕의 유명 이탈리안 레스토랑인 보테가 델 비노(Bottega del Vino)에서 베테랑 바리스타로 일하고 있다. 사람들은 그가 만든 커피를 예술 작품이라고 부른다. 그가 바리스타로서 지금까지 만든 커피는 무려 200만 잔이 넘는다고 한다.

바리스타는 두루 많이 배우고 자기개발을 꾸준히 해야 한다

바리스타는 자신의 주된 역할을 분명히 알아야 합니다. 즉, 맛좋은 커피를 만들고 다양한 메뉴와 질 좋은 서비스를 제공함으로써 고객에게 즐거움을 주어야 합니다. 하지만 정작 바리스타 자신은 이 과정에서 큰 즐거움을 누리지 못할 수도 있습니다. 오히려 굉장히 힘겹다고 여길지도 모릅니다. 이게 바로 바리스타와 커피 애호가의 차이점입니다.

현재 중국의 젊은 바리스타들은 자기개발에 대한 욕구가 상당히 강합니다. 이는 참 바람직한 현상입니다. 바리스타는 자신을 위해 끊임없이 새로운 목표를 설정하고 새로운 것을 찾아야 스스로 성장할 수 있습니다. 유능한 바리스타들은 항상 폭넓게 배우며 꾸준히 새로운 것을 창조해 나갑니다. 자신의 필 살기를 연구하는 데만 집중하면 오히려 자신을 한곳에 가두는 꼴이 됩니다. 그러므로 바리스타는 박학다식하고 다재다능해야 하며, 커피 산업 전반에서 적극적으로 기회를 만들고 두루 관심을 가져야 합니다.

2. 리칭펑(李靑朋): 커피는 나의 피

리칭펑은 2011년 바리스타 챔피언십 선전(深圳) 지역 대회에서 2등을 차지했고, 화난(華南) 전역 결승 대회에서 3등을 수상했으며, 전국 대회 16강에 진출했다. 2012년에는 광둥(廣東)·홍콩·마카오 바리스타 챔피언십 대회에서 3등에 입상했다.

이왕 선택한 길이니 기어서라도 끝까지 가야지!

2005년, 아주 우연한 기회에 처음으로 커피를 접했습니다. 8년이라는 길고 긴 배움의 시간을 이제 와 돌이켜보면 기쁨도 있었고 실망도 있었죠. 포기하고 싶다는 생각이 들 때마다 누나가 했던 말을 떠올렸습니다. "네 뜻이 얼마나 큰지, 또 인생의 무대가 얼마나 넓은지 궁금하지 않니? 이왕 선택한 길이니 기어서라도 끝까지 가야지!" 누나의 이 한마디는 힘든 바리스타 생활을 버티게 하는 큰 힘이 되었습니다.

2011년에 친한 친구의 응원에 힘입어 바리스타 챔피언십 대회에 참가했습니다. 대회를 마치고 나서 대회에서의 경험과 느낀 점을 정리하다가 문득 큰 결심을 했습니다. 다양한 능력을 보여줄 수 있는 실력 있는 바리스타가 되어야겠다고 말이죠. 그래서 다니던 카페를 그만두고 12평이 채 안 되는 공간에서 직접 로스팅을 하는 로스터리 카페로 옮겼습니다. 새로 옮긴 카페에서 로스팅을 배우고 직접 해보면서 커피 생두 40종 이상을 알게 되었습니다. 1년 동안 월급을 한 푼도 받지 않고 일했지만 정말 즐거웠습니다. 제가 그곳에서 배운 것들은 결코 돈으로 환산할 수 없는 가치가 있었으니까요. 낮에는 일하고 밤에는 커피 관련 서적을 읽으며 매일 커피 세상에 푹 빠져 지냈습니다. 이런 생활에 이미 익숙해져서 이제는 꿈에서도 커피가 나온답니다.

제가 커피대회에 참가하는 이유는 커피에 대해 배우고 연습하고 사람들과 교류하는 기회를 얻기 위해서입니다. 또 제 능력을 검증하는 하나의 수단이기도 하고요. 커피 전문가가 되는 길이 얼마나 멀고 험한지 잘 알고 있습니다. 평생이라는 시간을 바쳐 공부하고 탐색해야 할 거에요. 하지만 저는 반드시 그 길의 끝에 이르게 될 거라고 확신합니다. 커피는 이미 제 피가 되어 몸속에서 흐르고 있거든요.

3. 차이디난 (蔡廸男) : 꾸준한 취미가 고집이 되다

타이완(臺灣) 윈린(雲林) 출신인 바리스타 차이디난은 현재 베이징에서 일하고 있다. 그는 업계에서 모두가 인정하는 사이펀(Syphon) 커피 전문가이며, 친근하면서도 존경받는 바리스타다. 그는 자신에 대해 이렇게 평가했다. "취미 삼아 커피에 관심을 가졌는데 꾸준히 관심을 갖다 보니 손에서 놓을 수 없게 되었어요."

차이디난은 《타이베이 카페에서 만나요》라는 책을 읽고, 책에서 소개한 카페를 찾아 타이베이 골목길을 돌아다니다가 커피가 좋아졌다고 한다. 그는 당시 대표적인 스페셜티 카페인 샹스리서(相思李舍)에서 2년 동안 자원봉사로 일하면서 커피와 인생을 함께하기로 뜻을 굳혔다. 이후 마르티네스(Martinez) 카페에서 일하면서 6개월 동안 에스프레소(Espresso)를 만들고, 2년 동안 싱글 오리진(Single Origin)을 만들었다. 지금으로서는 참 이해하기 어려운 일이다. 그는 기술적으로도 훈련을 많이 했지만 당시 타이완에서는 생소했던 스페셜티 커피를 주제로 손님들과 이야기하는 걸 즐겼다.

바리스타는 사소한 것에 집중하고 나눔을 즐겨야 한다.

정보와 소스를 쉽게 얻을 수 있는 요즘 시대에, 상업적인 것 때문에 판단력이 흐려져서는 안 됩니다. 좋은 커피를 만들려면 숙련된 기술도 필요하지만 사소한 부분까지 주의를 기울이는 세심함이 더욱 필요합니다. 바리스타는 항상 커피에 대한 열정을 간직해야 하고 외로움도 견뎌야 합니다.

바리스타라는 직업의 매력은 맛있는 커피를 많이 만드는 것이 아니라 카페를 찾은 사람들과 서로의 감정을 나누는 것입니다.

Part 3 최고의 바리스타들을 만나다

4. 우야롄(吳亞蓮) : 커피만 만들지 않는다

우야롄은 샤먼(廈門) 구랑위(鼓浪嶼)에 있는 추자위안(褚家園) 카페의 바리스타로, 2013년 제11회 월드 바리스타 챔피언십(WBC) 중국 대표 선발 대회에서 우승했다.

바리스타의 본분은 고객에게 서비스하는 것

커피 업계에 종사한 지 5년이 된 지금에 이르러 다시 생각해보았습니다. 바리스타는 무엇을 하는 사람일까요?

무의미한 질문일 수도 있겠지만 각자 자신만의 정답이 있을 것입니다. 저는 바리스타의 직업 기능 중에서 가장 기본이 되는 것은 서비스 태도라고 생각합니다. 어쩌면 대꾸할 가치가 없다고 생각하는 사람들도 많을 겁니다. 아니면 제가 바리스타로서의 책임을 엉뚱한 곳으로 떠넘긴다고 여길지도 모릅니다. 하지만 사실은 그렇지 않습니다. 평범한 가운데서 사람의 성격이 다듬어지고, 평범한 가운데서 세세한 것을 볼 수 있으며, 평범한 것 속에 진리가 담겨 있는 법입니다.

쟁반을 받쳐 들고, 잔을 씻고, 주문을 받는 일은 그저 겉으로 보이는 모습일 뿐입니다. 이 과정에서 고객과 교류하고 소통하는 것이야말로 최상의 서비스입니다. 고객과 소통하면서 그들이 어떤

커피를 좋아하는지 알 수 있고, 자신이 알고 있는 커피 지식도 전할 수 있습니다. 또 고객의 평가를 들으면 자신의 부족한 점을 알게 되므로 더 효과적으로 배우고 훌륭하게 성장할 수 있습니다.

제가 생각하는 바리스타는 단순히 커피만 만드는 사람이 아닙니다.

바리스타 커피와 사랑에 빠지다

5. 장인저 (張寅喆) : 학습 능력과 서비스 마인드

장인저는 2014년 제12회 월드 바리스타 챔피언십 중국 대표 선발 대회 우승자다.

바리스타의 흥미와 학습 능력

바리스타는 사실 특수한 직업이 아닙니다. 근본적으로 따지면 서비스업에 속합니다. 고객에게 서비스를 잘하고, 훌륭한 제품을 만들고, 카페의 요구에 맞게 여러 가지 일들을 완수하는 직업입니다. 물론 특별한 면도 있습니다. 커피 맛에 대한 기준이 주관적이고, 어느 정도 기초적인 이론과 기술이 필요하기 때문입니다. 바리스타에 갓 입문한 사람은 특히 기술적인 면에서 문턱이 높다고 느낍니다. 그러나 제가 아는 바로는, 혹은 제가 카페 주인이라면 바리스타에게 가장 중요한 것은 기술이 아니라고 말하고 싶습니다. 그것보다는 관련 지식과 기술을 학습하는 방법과 커피에 대한 열정이 훨씬 중요합니다.

커피 맛에 대한 기준이 까다로운 카페에서 일한다고 해서 바리스타 초창기에 배웠던 여러 전통적인 기술을 다 버릴 필요는 없습니다. 하지만 나날이 새로워지는 기술과 아이디어를 받아들이며 부단히 공부하고 연구해야 합니다. 이런 태도를 계속 유지할 수 있는 비결은 바로 커피에 대한 흥미입니다. 커피에 대한 흥미와 애정은 고객을 대하는 태도에도 영향을 미칩니다.

바리스타의 서비스 마인드

사실 카페는 레스토랑이나 찻집과 본질적으로 다르지 않습니다. 바리스타에게는 맛있는 커피를 만들고 카페 환경을 청결히 하는 일 외에 고객과 소통하는 일도 대단히 중요합니다.

하지만 그런 부분은 가르칠 수 있는 것이 아닙니다.

제가 새로 개업한 몇 곳의 카페에서 바리스타 훈련을 담당했던 적이 있습니다. 그때 정말 하고 싶지 않았던 말은 "고객에게 미소로 인사하세요."였습니다. 미소로 인사하는 것은 사람을 대하는 가장 기본적인 태도이자 바리스타의 직업적 소양이기 때문입니다. 가장 놀라웠던 점은, 바리스타들 모두 커피에 대한 열정은 넘쳤지만 고객과 소통하지 않을 수 있다면 그렇게 하겠다는 생각을 가지고 있었던 것입니다. 어떤 바리스타는 제게 정말로 진지하게 이렇게 말하기도 했습니다. "월급은 중요하지 않아요. 커피를 배울 수 있는 카운터만 제공해주시면 돼요." 사실 이 말은 곧 이런 의미입니다. "카페 영업은 저랑 상관없어요. 사장님은 연습할 원두와 우유만 주시면 돼요." 사장이 과연 이런 사람을 직원으로 채용할까요?

카페 사장들은 이런 말을 자주 합니다. "새로 채용한 모 바리스타는 기술은 좋은데 매너리즘이 심해." 매너리즘이란 새로움을 창조하려는 노력을 하지 않는다는 뜻이기도 하지만 다른 의미로는 사람들과 소통하기를 원하지 않는다는 말입니다.

바리스타 커피와 사랑에 빠지다

6. 리양 (李洋) : 바리스타계의 론 레인저 (Lone Ranger)

톈진(天津) 출신인 리양(Leon)은 현재 미국 캘리포니아(California) 주 로스앤젤레스(Los Angeles)에 살고 있다. 그는 수석 바리스타(Head Barista)이자 라테아티스트(Latte Artist)이며, 생두 바이어(Professional Green Buyer), 큐 그레이더(Q-Grader, 커피감정사), 전문 로스터 (Certificated Roaster) 등 여러 개의 직함을 갖고 있다.

커피와 인연을 맺고 로스앤젤레스의 크고 작은 카페를 두루 다니다

저는 대입시험 성적이 나빠서 대학에 들어가지 못했습니다. 그래서 1년 동안 독학으로 영어 공부를 한 다음에 당당히 해외로 나갔습니다. 키프로스, 터키, 미국 등지로 연이어 가서 호텔 식음료 관리를 전문적으로 공부했습니다. 해외로 나간 직후부터 2007년에 시카고에서 공부한 기간까지, 작은 카페에서 무급으로 일하는 대신 사장의 집 지하실에서 공짜로 거주하며 기본적인 생계를 해결했습니다. 이때 커피를 처음 접했고 라테아트에 차츰 매력을 느끼기 시작하다가 어느 순간 걷잡을 수 없이 커피에 빠져들었습니다.

시카고에서 대학을 졸업한 뒤에는 로스앤젤레스로 가서 규카쿠(Gyu-Kaku)라는 일본식 숯불구이 전문점에서 레스토랑 매니저 보조로 근무했습니다. 그런데 얼마 지나지 않아 레스토랑 일이 저에게 무의미하게 느껴졌습니다. '내가 정말 인생을 낭비하고 있구나.'라는 생각이 들었고, 그래서 당장 일자리를 로스앤젤레스의 카페로 옮겼습니다. Venice grind, Tiago Espresso bar, Spring for coffee, Cognoscenti coffee, Taza Coffee social house 등이 모두 제가 일했던 카페입니다.

Part 3 최고의 바리스타들을 만나다

대회용 커피콩을 고르러 원산지에 가다

2012년에 중국을 대표하여 국제 심사위원단의 자격으로 과테말라에서 열린 COE(Cup Of Excellence)에 참석했습니다. 2013년에는 바리스타라는 직업에 완전히 푹 빠져서 상하이에서 열린 제 11회 바리스타 챔피언십 중국 대표 선발 대회의 결승전에 참가하러 귀국했습니다. 대회가 시작되기 전에는 코스타리카로 가서 대회에서 사용할 커피콩을 직접 골랐습니다. 대회에 참가한 바리스타 중에 그렇게 열정적인 사람은 저밖에 없었습니다.

서비스 마인드와 우수한 제품

소비자에게 커피는 그저 한 잔의 음료일 뿐입니다. 그러니 소비자의 입장에서는 마셔도 그만 마시지 않아도 그만이고,

'2012년 포틀랜드 세계 커피 세미나'에 참석 중인 리양

또 굳이 커피를 깊고 오묘한 것으로 정의할 필요도 없습니다. 그러나 바리스타처럼 직업적으로 커피를 다루는 사람은 좋은 생두를 고르는 법부터 시작하여 로스팅을 잘하는 법, 커피를 우수한 품질로 추출하는 법, 나아가 고객에게 서비스하는 법까지 모든 과정을 상세히 알아야 합니다.

바리스타는 당연히 맛있는 커피를 만드는 솜씨를 지녀야 합니다. 그리고 그보다 훨씬 중요하지만 많은 바리스타들이 소홀히 하는 서비스 마인드도 지녀야 합니다. 카페는 요식업이지만 그 핵심은 직업적인 서비스 마인드와 우수한 제품을 추구하는 것에 있습니다. 이 두 가지는 카페에서 없어서는 안 되는 중요한 요소입니다.

7. 왕더빈(王德彬) : 지식과 열정을 커피에 녹아내다

왕더빈은 광저우 샤오이(小意) 카페의 바리스타다.

저는 일찍부터 커피에 관심이 많았습니다. 하지만 그때는 커피를 단순히 외국의 문화라고 여겼습니다.
그리고 2010년이 되어서야 본격적으로 커피에 대해 공부하기 시작했습니다.

커피에 빠지다

처음에는 가장 원시적인 방법으로 접근했습니다. 매번 물의 온도를 달리하고 추출 방법도 다양하게 시도하며 커피의 품질을 높일 수 있는 비결을 찾으려고 애썼죠. 단맛이 나고 향이 오래 남는 커피를 추출할 때까지 쓰고 떫은 커피를 억지로 참고 마시면서 깨달았습니다. '아, 내가 커피에 완전히 빠졌구나!' 하고 말입니다. 그러고는 다른 사람들까지 커피 마니아로 만들어 인스턴트커피를 멀리하게 했습니다. 커피를 더 많은 사람들에게 알리려면 확실히 인내심과 시간이 필요했습니다. 커피에는 다른 음료와 달리 사람을 끄는 매력이 분명히 있습니다. 당신이 커피를 마시든지 마시지 않든지 커피 향은 당신의 머릿속에 오랫동안 깊이 남아 있을 것입니다.

"커피에 대한 제 열정을 좀 보세요!"

어느 날 갑자기 무언가 잘못되었다는 생각이 들었습니다. 남들이 정해놓은 기준만큼 잘하려고 노력하던 그때, 커피 자체에 대한 감성은 오히려 점점 무뎌지고 있었습니다. 저의 모든 노력은 정해진 기준에 도달하기 위한 행위일 뿐이었고, 정작 제가 좋아하는 커피는 즐기지 못하고 있었던 겁니다.
그래서 직접 커피를 객관적으로 연구하기로 했습니다. 당시

중국에서는 커피에 관한 자료를 구하기가 쉽지 않았고 가진 지식도 부족해서 화학을 좋아하는 지인과 함께 토론하고 연구했습니다. 지금은 여러 방면의 자료가 풍부해진 덕분에 유체역학(流體力學), 열전달, 분자생물학 등을 공부하며 커피를 추출하고 맛을 내는 데 필요한 지식을 습득했습니다.

이렇게 해서 커피에 대해 더 많이 알게 되었고, 추출 방법도 모두 섭렵했습니다. 이 모든 과정이 저에게는 재미있는 화학 실험이었습니다.

사람들은 항상 묻습니다. "커피가 그렇게 맛있어요?" 저는 이렇게 대답합니다. "커피에 대한 제 열정을 좀 보세요!" 바리스타는 무조건 커피만 만들 것이 아니라 커피 안에 자신의 지식과 열정을 녹아내야 합니다. 커피에 바리스타의 지식과 열정이 얼마나 담겨 있느냐 하는 점이 좋은 커피를 판단하는 기준이 됩니다. 그렇지만 단순한 열정만으로는 부족합니다.

바리스타는 끊임없이 고민하고 부지런히 행동하여 커피 속에 감춰진 비밀들을 찾아내고 미소 지은 얼굴로 고객에게 봉사해야 합니다.

8. 장신(章鑫):
커피 한 잔에 최선을 다하다

25살인 장신은 상하이 출신의 프리랜서 바리스타다. 그는 사무직에서 바리스타로 전업했으며 경력은 그리 오래되지 않았다. 또 아직 공부와 일을 병행하고 있고 소속된 카페도 없어서 '프리랜서 바리스타'라고 불린다.

장신처럼 바리스타 경력이 2년 미만인 사람들이 점점 늘고 있다. 이들은 분명 미래에 중국에서 바리스타 분야의 주역이 될 사람들이다. 장신이 커피에 관해 쓴 글 중 몇 단락을 발췌하여 소개하려고 한다. 장신의 글을 통해 그와 같은 사람들의 삶을 엿볼 수 있고, 글 곳곳에서 공감하며 많은 생각을 하게 될 것이다

쓰다 남은 우유와 유통기한이 지난 우유

쓰다 남은 우유와 유통기한이 지난 우유 때문에 하마터면 동료와 말다툼할 뻔했다. 마지막으로 한마디 더 하려다가 꾹 참고 불쾌한 상황을 마무리 지었다. 일의 발단은 이랬다. 영업이 끝나는 시간이 다 되어서 다들 정리하고 있을 때였다. 한 동료가 냉장고 안에서 유통기한이 지난 우유가 많이 남은 걸 발견하고는 꽤 거슬리는 말투로 담당 바리스타를 꾸짖었다. 우유를 남기지 않고 다 쓸 방법을 궁리했어야 하는데 그러지 않았다는 게 이유였다. 만약 점장이나 매니저가 이 사실을 안다면 분명 야단칠 거라는 말도 덧붙였다.

커피 한 잔에 인민폐 20~30위안(한화 4~5천 원)이나 쓰는 소비자가, 자신이 마신 커피에 쓰다 남은 우유가 들어갔다는 걸 알면 뭐라고 생각할까? 또 유통기한이 지난 우유를 사용했다는 걸 알게 된다면 어떻게 생각할까? 보통 사람들은 아마 커피에 든 우유가 쓰다가 남은 것인지 유통기한이 지난 것인지 구별해내지 못하고, 또 얼마나 몸에 해로운지도 모를 것이다. 대부분 맛이 없다고 여기고 다음에 다시 오지 않을 뿐이다.

기업의 원가 절감을 크게 비난할 수는 없다. 하지만 커피 한 잔을 만들면서 우유를 한 방울도 남기지 않는 바리스타가 어

디 있겠는가? 그렇다면 남은 우유와 유통기한이 지난 우유는 어떻게 처리해야 할까? 이에 관한 효과적인 방안을 찾는 것도 기업 관리의 일부다.

바리스타는 모두 햇병아리에서 시작해서 성장해 나간다. 끊임없이 연습하고 노력해야 전문가가 될 수 있다. 쓰다 남은 우유와 유통기한이 지난 우유는 사실 훌륭한 연습 재료다. 바리스타에게 우유 거품 연습용으로 이런 우유를 사용하도록 하면 기업은 직원의 성장을 도우면서 인재도 확보할 수 있다.

고객을 존중하는 법을 배우다

처음 이 일을 시작했을 때, 나는 동료들과 뒤에서 몰래 고객들의 갖가지 행동을 자주 비웃었다. 커피를 티스푼으로 한 스푼씩 떠 마시는 사람, 커피스틱을 빨대 삼아 마시는 사람, 머그잔에 빨대를 꽂아 마시는 사람…….

한 번은 바리스타 훈련 프로그램에 동료들과 함께 참가했는데 호주 멜버른에서 갓 귀국한 강사가 우리에게 물었다. "고객이 커피에 설탕을 넣는 건 어떻게 생각하세요?" 우리는 문제될 게 없다는 뜻으로 고개를 끄덕였다. "하나 더 넣으면 어때요? 2개, 3개 더 넣으면요?" 어리둥절해진 우리는 서로 얼굴만 쳐다보았다. 강사가 말했다. "커피에 설탕과 크림을 많이 넣는 손님을 보고 절대로 비웃으면 안 돼요. 티스푼이나 빨대를 쓰는 사람도 비웃지 마세요. 그런 건 모두 개인의 습관이니까요. 식탁 예절을 중시하는 유럽에서도 개인의 습관에는 간섭하지 않아요. 포크는 왼손에 쥐고 나이프는 오른손에 쥐어야 한다는 규칙도 없어요."

나는 그 이후로 다시는 고객을 비웃지 않았다. 만약 커피에 관한 것이라면 나는 커피 전문가니까 잘못된 행동을 비웃을 수도 있을 것이다. 그러나 반대로 생각해보면, 커피가 아닌 다른 분야에서 나는 문외한이다. 그렇다면 나도 그 분야의 전문가에게 비웃음을 당할 가능성이 있지 않겠는가. 이 점을 잊지 말아야 한다. 고객을 존중하는 법을 배우는 것이야말로 정말 중요한 일이다.

커피 한 잔에는 바리스타의 마음이 담겨 있다.

"칭찬을 들었다고 우쭐거리지 말고, 지적을 당했다고 우울해하지 마라. 특히 신참 바리스타는 더더욱 그럴 필요 없다." 이 말은 한 선배가 내게 해준 충고다. 나는 물론 이 말에 전적으로 동감한다. 스타벅스라고 해도 맛이 완전히 똑같은 커피 두 잔을 만들기는 쉽지 않다. 더구나 사람마다 입맛이 달라서 같은 커피를 마시고도 각자 다르게 평가한다.

그러므로 우리는 무조건 열심히 공부하고 한 잔 한 잔 정성껏 커피를 만들어야 한다. 누군가 말했듯이, 커피 한 잔에는 바리스타의 마음이 담겨 있으니까.

9. 쉬슈난(許秀楠) : 바리스타에서 작은 카페의 사장이 되기까지

쉬슈난은 칭다오(青島) 개발구에 있는 프레셔 카페(Fresher Cafe)의 바리스타다.

바리스타들은 모두 자신의 카페를 갖는 작은 꿈을 꿉니다. 이 꿈은 그들이 커피 업계에 발을 들인 중요한 이유이기도 합니다. 하지만 자신의 카페가 생기면 꿈을 다 이룬 걸까요?

대답은 당연히 NO!!!입니다.

카페를 가졌다면 그 다음엔 고객을 최우선으로 생각해야 합니다. 카페의 품격과 수준도 마땅히 최우선으로 고려해야 할 부분입니다. 그리고 카페에서 판매하는 커피 및 커피와 관련된 모든 세세한 것 하나까지 안정적으로 자리를 잡아야 합니다.

게으르면 안 됩니다. 카페를 경영하면 시간이 여유로울 거라고 생각하는데 그건 착각입니다. 향유와 노동은 엄연히 다릅니다. 카페를 경영하려면 반드시 목표가 있어야 합니다. 목표가 없으면 제자리걸음만 하게 됩니다.

자기 카페에 있는 원두와 커피에 대해 숙지해야 합니다. 원두의 생산지, 맛의 특징, 로스팅 정도, 다양한 커피 제조법과 특징 등을 모두 알아야 합니다.

직원을 아끼고 돌봐야 합니다. 당신은 직원들을 내 형제자매와 똑같이 대하고 있습니까? 직원들을 위한 편의를 충분히 제공하고 있습니까? 사장은 자신의 말에 책임을 져야 합니다. 월급을 인상하고 먹거리를 개선하겠다는 약속을 번번이 어기지 말고, 지키지 못할 말은 아예 내뱉지도 마세요.

기술을 공유해야 합니다. 당신이 좋은 기술을 가지고 있다면 감춰두지 마세요. 만약에 어느 날 당신이 외출했을 때 손님이 때마침 당신이 제일 잘 만드는 커피를 주문한다면 어떡할까요? 다른 직원들은 당신만큼 잘 만들 줄 모르니 난감한 상황이 벌어집니다. 그러면 손님이 카페를 얼마나 우습게 여기겠습니까.

카페 내부의 구석구석과 여러 시설물을 파악하고 있어야 합니다. 한가할 때는 카페 내부의 인테리어에 어떤 변화를 줄지(아주 작은 변화라도) 차분히 생각해 보세요. 당신의 카페는 곧 당신의 내면이니까요.

 계절, 날씨, 기분 등에 따라 카페의 배경음악을 바꾸세요. 1년 4계절, 늘 똑같은 음악을 틀지 마세요. 카페에 잡지를 비치해 두었다면 제때에 신간으로 교체하세요. 손님이 작년에 봤던 잡지를 오늘 또 보지 않도록 말입니다. 카페의 메뉴도 꾸준히 업데이트(주기가 짧지 않아도 됩니다)해서 새로운 메뉴를 추가하는 것이 좋습니다. 손님이 새로운 메뉴가 있냐고 물을 때 없다고 대답하지 말고요.

 만약 당신의 카페가 아주 크고 장사도 잘된다면, 애초에 당신이 무엇 때문에 카페를 열었는지 다시 한 번 되새기세요. 시간이 날 때마다 싱글오리진이나 에스프레소 추출 기술을 부지런히 연습하세요. 더불어 커피를 만드는 과정을 즐기는 법도 함께 배우세요.

10. 황쥔하오(黃俊豪):
커피가 주인공이 되는 카페 경영법

황쥔하오는 상하이 즈관커피(質館咖啡, Essence Cafe)의 점장이다.

☕ 생두

저희는 생두 생산지에 직접 가서 커피의 생산 지역, 가공 방식, 나무의 종류, 재배 방식 등 조건의 차이에 따라 달라지는 커피의 독특한 향미를 모두 조사합니다. 그 과정에서 생산 농가와 친분이 생기면 커피에 관한 더 많은 정보를 고객에게 전달할 수 있어서 고객과의 관계도 돈독해집니다.

☕ 로스팅

커피 향은 스페셜티 커피와 일반 커피를 구분하는 결정적인 요소입니다. 각 커피의 고유한 향은 모두 토양, 농장 위치, 기후 등 재배 환경과 밀접한 관련이 있습니다. 높은 온도에서 긴 시간 로스팅하면 향이 나빠지므로, 짧은 시간에 약하게 로스팅하여 고유의 향을 최대한 보존할 수 있도록 합니다.

☕ 추출

사람들은 커피를 굵게 갈아서 많은 양을 넣고 추출한 커피에 더 구미가 당깁니다. 그러나 저희는 입자가 고운 커피에 높은 온도의 물을 적당한 비율로 투입하여 추출하는 방식을 고집합니다. 그리고 과학적인 측정 기구도 사용하여 반복적으로 계량하고 확인합니다. 저희가 이런 태도를 고집하는 이유는, 커피의 향미를 완벽하게 추출해서 커피의 모든 장단점을 커피 잔 안에서 숨김없이 다 보여주기 위해서입니다.

☕ 마시기

저희는 커피의 본래 향미를 해칠 수 있는 첨가물은 어떤 것도 허용하지 않습니다. 그래서 테이블 위에 마음껏 집어 갈 수 있는 설탕도 두지 않았고, 커피 속에서 보기 좋게 소용돌이를 그릴 우유도 드리지 않습니다. 왜냐하면 저희는 아무것도 섞지 않은 '커피' 자체의 고급스럽고 품위 있는 향기로 고객을 사로잡고 싶으니까요.

커피의 본질을 새로 정의하다

일반적으로 카페는 바리스타의 기교와 경험을 중시합니다. 이를테면, 사이펀으로 추출할 때 커피와 물이 잘 섞이게 젓는 방법, 핸드드립 할 때 물을 따르는 방식과 물줄기의 세기를 조절하는 법 등을 말이죠. 다른 카페에서는 바리스타의 이 같은 능력이 커피의 향미를 만들어낸다고 합니다.

저희 카페는 그렇지 않습니다. 저희는 원두가 커피의 향미를 결정짓는다고 생각합니다. 한 잔의 커피가 고객 앞에 놓일 때까지의 모든 과정을 거슬러 올라가면 생산의 시작점에 원두가 있습니다. 그 원두가 바로 커피의 본질입니다.

선양(瀋陽)의 와이포더란마오(外婆的懶貓) 카페

바리스타 커피와 사랑에 빠지다

11. 칸어우리 (闞歐禮) : 카페 창업으로 골목길 문화를 되살리다

칸어우리는 베이징 출신 바리스타로 카페를 창업했다.

바리스타의 자유

저는 27살이고, 오디오 믹싱 엔지니어이자 기고가입니다. 몇 년 전에 여러 카페를 전전하며 장시간 카페를 이용했던 적이 있습니다. 당시는 연극 제작에 참여할 때였는데, 카페에서 제작진들과 밤샘 회의를 하다가 날이 밝으면 베이징 곳곳을 돌며 아침 식사를 하기 위해 유명한 식당을 찾아다녔습니다. 그때부터 카페는 제 생활의 일부가 되었습니다. 저는 카페가 주는 느낌이 참 좋았고, 카페의 분위기는 아이디어를 내는 데 자극이 되었습니다. 그래서 책도 읽고 원고도 쓸 수 있는 편안하고 친근한 카페를 항상 찾아다닙니다.

동갑인 아내와 처음 만났을 때, 아내는 스위스에서 호텔 경영을 공부하면서 레스토랑에서 아르바이트를 하고 있었습니다. 그 이후에 영국 런던으로 옮겨 한 호텔에서 일했습니다. 영국이나 스위스나 어떤 레스토랑이든지 커피가 없는 곳은 없습니다. 카페는 도시 생활에서 꼭 필요한 곳이며, 커피는 단순한 음료가 아닌 삶의 방식이며 하나의 문화이자 감정입

니다. 아내는 영국을 떠나기 한 달 전에 영국에서 가장 유명한 10대 카페를 순례하듯이 돌아다녔습니다. 이곳저곳의 거리와 골목을 누비며 얼마나 즐거워했는지 모릅니다. 아내가 귀국해서 창업하기로 결심하게 된 것도 바로 그때의 즐거움 때문이었습니다.

카페 창업의 꿈

일찌감치 여러 인터넷 서점을 뒤져서 커피와 관련된 책들을 알아보고 살 수 있는 책들은 모두 쓸어 담다시피 했습니다. 그리고 반년 동안 약 100만 자가 넘는 자료를 읽었습니다. 그때 《커피 커피(咖啡 咖啡)》라는 책을 읽고 치밍(齊鳴) 선생님과 블룸 커피 칼리지에 대해 처음으로 알게 되었습니다. 그래서 아내가 귀국하자마자 아내를 데리고 블룸 커피 칼리지로 가서 프로그램을 신청했습니다. 커피에 대해서도 배우고 냉정한 태도로 카페 사업의 동향도 살피고 싶었습니다.

저는 그곳에서 성공을 위해 꿈을 키워야 한다는 사실을 분명히 깨달았습니다. 자본금을 웬만큼 가지고 떳떳하게 생활하며 가족들을 먹여 살릴 수 있어야 매일 아침 떠오르는 태양이 찬란하게 보인다는 것도 알았습니다. 치밍 선생님이 커피 칼리지의 원장으로서 수강생들에게 찬물을 끼얹는 얘기를 그렇게 과감하게 할 수 있다는 건 정말 대단하다고 생각합니다.

카페 창업자에게 카페의 휴머니즘적인 매력을 지나치게 어필하는 것은 도리가 아닙니다. 그건 카페 업계의 자세한 실정을 모르는 많은 사람들을 곤경에 빠뜨릴 뿐입니다.

외국에서 요식업의 가장 밑바닥에서 일했던 아내도 카페 경영은 쉬운 일이 아니라고 했습니다. 외국에서의 경험을 베이징에서 그대로 적용할 수도 없었습니다. 그래서 아내는 바리스타 양성 프로그램을 열심히 수강하는 한편, 어느 유명 커피 브랜드의 체인점에서 아르바이트를 하며 중국인의 주문 습관과 경영 방식을 배웠습니다. 중국의 커피 시장에 대해 많은 것을 알고 자신감을 얻는 좋은 기회였습니다. 아내가 항상 밝은 얼굴로 친절하게 손님을 대한 덕분에 카페를 찾은 손님들도 모두 아내를 좋아했습니다. 결과적으로 모든 게 만족스러웠습니다.

바리스타 커피와 사랑에 빠지다

카페의 버팀목, 골목길 문화를 되살리다

　기술적인 부분은 이미 다 갖추었다는 생각이 들어 카페 부지를 고르는 단계로 넘어갔습니다. 그런데 마음속에 무언가 풀리지 않는 답답함이 있었습니다. 사실 카페 경영의 버팀목이 될 만한 특별한 것을 찾지 못했기 때문이었습니다. 그 특별한 것으로 전문적인 기술이나 지역적인 경쟁력을 내세울 수는 없었습니다. 또 카페 업계에는 자본이 넉넉한 큰손들이 많아서 돈으로 해결할 수 있는 것도 주 무기가 될 수 없었습니다.

　제가 호주로 커피에 대해 배우고 조사하러 갔을 때, 그제야 비로소 불현듯 깨달았습니다.

　비록 그들과 언어는 달랐지만 모든 것이 어디선가 본 듯이 익숙했습니다. 어느 외진 골목길 안에 사람 소리로 떠들썩한 카페가 있었습니다. 카페의 바리스타는 거의 모든 손님을 다 알고 있었고, 마치 서로 이웃처럼 친근하고 다정하게 대화를 나누었습니다. 카페에서 사용하는 원두와 커피를 추출하는 방법 등을 자랑스럽게 설명하며 대화에 집중하는 바리스타의 표정은 상기되어 있었습니다. 이런 광경을 보고 나니 도시의 번화가에 자리 잡은 커피 체인점은 더 이상 재미있지도 않고 매력적이지도 않았습니다.

　골목을 중심으로 생활하는 베이징 사람들에게는 그곳 카페의 분위기가 전혀 낯설지 않은 풍경입니다.

아내와 저는 마침내 체인점이 절대로 따라할 수 없는 우리 카페만의 버팀목을 찾았습니다. 익숙한 사람 몇몇이 오랫동안 한 가게에서 한 가지 일만 쭉 해오고 있는 멋진 모습을 떠올려보십시오. 이 모습은 우리의 추억, 심지어 우리의 청춘과 어린 시절까지 모두 하나로 연결합니다. 이웃들은 모두 자기네 가게인 것처럼 그곳을 자랑하고, 가게에 온 사람들은 모두 친구라며 뿌듯해합니다. 마치 어린 시절에 자주 들르던 이웃의 자장면, 해장국, 순두부, 주전부리 가게처럼 말입니다. 지역 문화는 바로 이렇게 형성되는 것입니다.

저희는 어쩌면 더 이상 볼 수 없을지도 모르는 이런 골목길의 지역 문화를 다시 창조하고 싶었습니다. 여태껏 고객을 왕처럼 모신 적도 없고, 스스로를 서비스나 하는 하찮은 인생이라고 여기며 열등감을 느낀 적도 없습니다. 저희에겐 친구가 필요합니다. 그래서 아침저녁으로 마주쳐도, 오랜만에 만나도, 친구들과 함께하는 모든 순간에 세상에서 가장 밝은 미소로 그들을 대합니다.

8비트 카페

카페 이름은 8비트 카페(8BIT CAFE)라고 지었습니다. 8비트는 사실 80년대에 나온 닌텐도의 패밀리 컴퓨터(가정용 게임기)에서 아이디어를 얻었습니다. 패밀리 컴퓨터는 8비트의 초라한 능력에 화면과 소리가 거칠고 투박했지만 그 시대 사람들에게는 최고의 기쁨을 준 물건이었습니다. 저희 작은 카페도 그 시대처럼 소박하면서 즐겁고, 친근하면서 자랑스럽고, OLD BUT COOL한 곳이 되기를 바랍니다.

이것이 바로 카페를 창업한 진짜 이유입니다.

12. 주쥔 (朱軍) : 중국 커피의 대변혁의 시대

주쥔은 1989년에 호주로 이주하여 현재까지 카페를 경영하고 학생들을 가르치고 있다. 에스프레소 커피를 주로 만들고 이미 여러 개의 카페를 성공적으로 창업했다. 쉰 살이 넘은 그가 지금까지 만든 커피는 400만 잔이 넘으며, 지금도 매일 600잔 씩 만들고 꾸준히 성장하는 실력 있는 바리스타다.

'엘리트 문화' 와 '풀뿌리 문화'

제가 커피 업계에 종사한 지 이미 20년이 되었습니다. 커피, 바리스타, 카페에 대해 이야기하자면 '사람'이라는 단어가 먼저 떠오릅니다. 호주에서 여섯 개의 카페를 운영하면서 카페 주인이자 바리스타라는 두 가지 직책을 겸하다 보니 중국과 호주의 차이를 쉽게 파악할 수 있었습니다. 중국에서 커피는 일종의 '엘리트 문화'를 상징합니다. 세계적인 거물(스타벅스 등)이 등장하고 세계로 시야를 넓혔던 커피 전문가들이 본국으로 돌아오면서 중국 사회에 커피가 널리 알려지게 되었습니다. 그러나 호주에서 커피는 일반 대중들 사이에 깊이 뿌리내린 전형적인 '풀뿌리 문화'이며, 기껏해야 '지역 공동체 문화'의 일부일 뿐입니다.

커피 문화의 차이는 곧 바리스타의 차이로 이어집니다. 중국 사람들은 바리스타를 트렌디하고 멋있는 직업이라고 생각합니다. 바리스타 수업에 참석한 사람들을 보면 미남미녀들이 많고, 특히 미남보다 미녀가 월등히 많습니다. 그러나 호주에서 바리스타라는 직업은 생계 수단에 가깝기 때문에 경쟁도 심하고 일적인 부담도 크며 기술이나 체력적인 면에서도 요구 수준이 높습니다. 이런 이유로 남자 바리스타의 비율이 80% 이상을 차지합니다.

카페 경영면에서도 중국과 호주는 뚜렷한 차이를 보입니다. 중국의 카페 주인들은 유행과 꿈을 좇으려는 경향이 매우 강합니다. 그래서 카페 설계와 경영 방식도 '자신' 위주로 구상하고 자신이 모든 것을 움직이려고 합니다. 반면에 호주에서는 대부분 '인간 중심'을 바탕으로 고객의 시각에서 취사선택을 하고, 생계와 이윤 추구를 위해 '시장이 우선'이라고 여깁니다.

중국 커피의 대변혁의 시대

중국의 커피 시장을 전반적으로 살펴보면 바리스타라는 직업은 낭만적이지만 임금이 너무 적다고 합니다. 또 꿈을 실현하려고 카페 창업을 계획해도 자본금이 많이 들어서 매번 현실의 벽에 부딪힌다고 합니다. 하지만 아십니까? 중국에서 커피 문화가 일반 대중에까지 퍼지고, 바리스타가 매일 평균 4~5천 그램의 원두를 소비하고, 매장 판매량보다 테이크아웃 판매량이 많고, 에스프레소 커피가 세계 커피 판매량의 80%를 차지하는 이유도 알게 되었다면, 이미 중국 커피의 대변혁의 시대가 온 것입니다.

세계는 작습니다. 추세가 그렇게 흘러가는 이상 피할 수도 없습니다. 다 함께 손잡고 중국 커피의 대변혁의 시대를 맞이해야 합니다.

Part

스페셜티 커피 운동과 제3의 물결

영화〈포레스트 검프(Forrest Gump)〉에 "과거를 떨쳐버려야 앞으로 나갈 수 있어!"라는 대사가 나온다. 현재 커피업계는 폭풍전야와 같은 격동의 시기를 겪고 있다. 스페셜티 커피 운동과 제3의 물결이 무수한 새로운 기술, 새로운 개념, 새로운 비즈니스로 업계를 휩쓸며 거세게 내달리고 있고, 바리스타들은 큰 위기감에 빠져 있다. 과거의 지식과 기술은 이미 시대에 맞지 않는 낡은 것이 되었다. 어떻게 공부하고 실력을 쌓아서 좋은 기회와 도전을 맞이할 것인가. 이는 바리스타에게 새롭게 주어진 중요한 논제다.

1. 제1의 물결

커피 업계는 전 세계적인 커피 소비의 흐름을 세 단계로 나누어 보고 있다. 차례대로 제1의 물결, 제2의 물결, 제3의 물결이라고 부른다. 그 출발은 세계 1위의 커피 소비 대국인 미국과 밀접한 관계가 있다.

제1의 물결

19세기 중후반 혹은 20세기에 시작된 인스턴트커피의 소비 열풍이 제1의 물결의 발단이 되었다. 그러나 직접적으로는 제2차 세계대전 직후에 전쟁으로 방치되었던 일들이 모두 회복되고 평화를 되찾으려는 시대의 분위기가 반영되었다고 보는 것이 더 적절하다. 당시의 커피 소비 경향은 품질보다 양을 중시하여 낮은 품질의 커피를 다량으로 마셨다. 특히 커피를 통해 카페인을 섭취하는 데 무엇보다 중점을 두었던 탓에 커피는 남성미의 상징이 되었다. 제2차 세계대전이 끝나고 미국에서는 전국적으로 대규모 고속도로망 건설 공사가 한창이었다. 그때 건설 현장의 노동자들은 굉장히 큰 잔에 커피를 담아서 힘이 넘치도록 벌컥벌컥 들이켰다.

제1의 물결 시기에는 이른바 '아메리칸 로스팅'이 등장했다. 이는 커피콩을 아주 약하게 로스팅하는 방법으로, 로스팅한 커피콩은 육계나무(계피) 색을 띠었다. 로스팅을 약하게 한 이유는 커피콩 고유의 향미를 살리기 위해서가 아니었다. 로스팅을 강하게 하면 수분이 많이 증발되어 커피콩의 무게가 가벼워지므로 이를 방지하기 위해서였다. 단위 수량당 커피

Part 4 스페셜티 커피 운동과 제3의 물결

콩의 무게가 많이 나가면 그만큼 돈을 많이 벌 수 있었기 때문이다. 유럽을 비롯한 여러 나라 사람들은 '미국 커피는 품질이 낮다'거나 '미국인은 커피를 모른다'고 한다. 이는 모두 커피의 오랜 역사를 모르고서 하는 잘못된 생각이다.

'나쁜 커피가 좋은 커피를 몰아내다'

사실상 수십 년 동안 제1의 물결이 지속되면서 커피의 부정적인 측면이 크게 두드러졌다. 카페인의 각성 작용에 집착하는 사람들은 오로지 판매 가격(쌀수록 좋다)에만 신경을 곤두세웠고, 커피 음료의 품질이나 향미에 대해서는 전혀 관심이 없었다. 이 때문에 커피 시장에는 경제학에서 그레샴의 법칙(Gresham's Law)이라고 불리는 '악화(惡貨)가 양화(良貨)를 구축(驅逐)한다.(Bad money drives out good)'는 현상이 나타나기 시작했다. 다시 말해, 좋은 품질의 커피가 자리할 틈이 없어지고 저급한 품질의 커피가 활발하게 유통되어 커피 시장을 장악한 것이다.

하지만 향미와 미각을 중시하는 음식문화에서 커피는 다른 음료와 경쟁하면서 차츰 밀리기 시작했고 전반적으로 열세에 놓이게 되었다. 요컨대, 커피를 마시지 않고 탄산음료, 차, 와인 등 자신의 취향에 맞는 음료를 선택하는 소비자들이 갈수록 늘어났던 것이다. 게다가 과거에 비해 부쩍 건강에 대한 관심이 커지면서 카페인의 위해성이 부각되고 커피를 많이 마시면 건강에 해롭다는 부정적인 인식이 강해졌다. 그로 말미암아 사람들은 커피 음료를 멀리하기 시작했고 커피 판매량도 계속 감소하여 커피 사업의 경기가 나빠졌다.

커피 산업을 부활시켜야 할 때가 된 것이다.

미국 드라마〈매드 맨(Mad Men)〉은 1960년대 미국 뉴욕의 광고업계를 중심으로 일어나는 이야기를 그렸다. 그중에 스물다섯 살 이하의 사람들이 커피를 마시지 않아서 어느 커피 기업이 어려움에 처했다는 이야기가 나온다. 이 대목이 바로 사람들이 커피를 멀리하기 시작한 제1의 물결 후반기의 실상을 그대로 묘사한 부분이다.

2. 제2의 물결

제2의 물결은 1960년대 말부터 30년 동안 지속되었고, 스타벅스가 이때 등장하여 큰 성공을 거두었다.

이 시기는 스타벅스를 선두로 하여 에스프레소 위주의 커피 브랜드 기업이 성장을 이룬 시대이며, 주류가 인스턴트커피에서 스페셜티 커피로 변화하는 과도기적인 시대였다. 에스프레소와 에스프레소 머신 등 이탈리아 거리의 카페를 구성하는 요소에 글로벌 비즈니스 자본이

투입되었고, 막 발전하기 시작한 스페셜티 커피 붐이 제2의 물결에 합세했다.(스페셜티 커피 운동은 제2의 물결 시기에 시작되었다. 당시는 대부분 커피를 브라질 커피, 콜롬비아 커피, 케냐 커피 등과 같이 생산 국가별로 구분했고, 향미와 품질 등은 세분화하지는 않았다.) 그 결과 스페셜티 커피는 빠른 속도로 전 세계의 커피 시장을 석권하는 성과를 이루었고, 그 과정에서 커피의 품질도 상당한 수준으로 향상되었다.

'스타벅스'의 뛰어난 업적

바리스타는 흥미롭고도 중요한 직업이어서 자신을 드러내 보일 기회가 많다. 나는 평소에 수강생들에게 바리스타에 입문하자마자 농장 커피(Estate Coffee, 특정 농장에서 수확되는 커피)와 스페셜티 커피를 접하는 것에 대해서 늘 주의를 준다. 동시에 '스타벅스'가 커피 업계에 공헌한 점을 아무것도 모르는 신참 바리스타에게 설명한다. 스타벅스는 커피 음료의 품질을 대폭 향상시켰고 신선하고 건강한 커피를 판매했다. 원두 판매에 주력하기보다 부가가치이익이 높은 커피 음료를 판매했고, 커피 카운터를 카페의 중심으로 내세웠다. 또 트렌드와 창의성을 중시하고 카페와 고객 간의 상호작용을 강조했다. 그런 덕분에 바리스타들이 자신을 보여줄 수 있는 무대가 많아졌고 훌륭하게 성장할 수 있는 기회도 얻었다. 이 업계에 종사한 지 10년이 넘는 사람들도 스타벅스의 공격과 보호를 동시에 받으면서 아프지만 기쁘게 성장해나가고 있다.

인간과 기계의 결합을 완성시킨 바리스타

2013년에 전 세계의 커피 소비 트렌드는 제2의 물결의 영향 속에 있었다. 에스프레소 머신이 커피 카운터의 중심을 차지한 현대식 카페는 앞선 기술로 커피를 만들었고, 소비자들은 대부분 나라별로 커피 생산지를 구분했다. 제2의 물결은 꽤 오랫동안 생명력을 유지했다. 바리스타에게는 에스프레소 머신과 그라인더가 여전히 가장 중요한 '무기'였고, 그들은 그것을 이용해서 인간과 기계의 결합을 완성시켰다. 이는 반박할 수 없는 사실이다. 바리스타라는 직업의 상징적인 도구가 바로 에스프레소 커피를 추출할 때 커피를 다지는 탬퍼이기 때문이다.

3. 스페셜티 커피 운동

제2의 물결의 시기에 새로운 커피 기술과 아이디어, 그리고 새로운 비즈니스 모델이 보이지 않는 곳에서 움트고 있었다. 1980년대 중후반부터 점차 발전하기 시작한 스페셜티 커피 운동(Specialty Coffee Movement)은 중대한 의미가 있다. 이를 계기로 제3의 물결이 시작되어 커피 소비 트렌드가 빠르게 변화했다.

스페셜티 커피 운동은 이미 시대의 큰 흐름이 되었고 전 세계의 커피 산업 발전을 지속적으로 촉진시키는 '핵심 구동력'이 되었다. 여기에선 스페셜티 커피의 개념에 대해서 상세하게 설명하고 스페셜티 커피의 중요한 점 몇 가지만 상세히 설명하겠다.

커피에 대한 새로운 개념

나는 SCAA(Specialty Coffee Association of America, 미국 스페셜티 커피협회)의 전문가가 자신을 Coffee Science Manager(커피 과학 매니저)라고 소개할 때부터 이미 커피에서 과학적인 냄새를 강하게 느꼈다. 그렇다. 스페셜티 커피는 분명 커피에 대한 새로운 개념이다.

스페셜티 커피에서 각 나라별로 커피의 품질에 대해 장황하고 복잡하게 설정한 등급 기준은 더 이상 중요하지 않았다. 해발 고도, 불량 점수, 입자의 크기 등도 고려되지 않았다. 소비자가 마시는 커피는 그저 품질이 떨어지는 '일반 커피'와 품질이 좋은 '스페셜티 커피' 딱 두 등급으로만 나뉜다. 커피 업계에서 폭넓게 인정받고 사용되는 평가 방식인 SCAA와 COE의 커핑 평가표(Cupping Form)에서 100점 만점에 80점 이상 받으면 스페셜티 커피로 인정된다.

그리고 사람들은 돋보기로 보듯이 색다른 커피를 샅샅이 살피기 시작했다. 농장의 특별한 미세 환경(해발, 토양, 일조량, 일교차 등)까지 세세하게 관찰하고, 커피의 향미를 음미하고, 품질을 파악하고, 커피의 숨은 이야기에 경청했다.

스페셜티 커피를 연구하는 각 개인과 기관들은 스페셜티 커피의 개념에 대해 서로 다르게 이해하는 부분이 있다. 스페셜

티 커피 전문가들도 이런 이해의 차이를 인정했다. 이를테면, SCAA는 생두의 품질에 주안점을 두지만 SCAJ(일본 스페셜티 커피협회)는 커피의 최종적인 향미에 주안점을 두는 것처럼 말이다. 그러므로 스페셜티 커피 시대에 들어선 커피 생산자, 로스터, 커피 감정사, 바리스타들도 모두 스페셜티 커피를 과학적으로 이해해야 한다.

커피 소비자의 힘을 대변하다

스페셜티 커피는 커피 소비자가 커피 생산자와 힘겨루기를 하여 이긴 결과물이며, 전 세계 커피 소비자의 힘이 얼마나 강한지 보여주는 상징적인 의미가 있다. 커피 생산국가에서 설정한 단순하고 허술하고 기술력이 부족한 등급 기준에 대한 전면적인 도전이기도 하다. 과거에는 커피콩 낱알의 크기, 재배지의 해발 고도, 결점 두의 비율 등 단순한 기준으로 커피 품질 등급을 감별하고 판매 가격을 정했다. 물론 일반적으로 적용 가능한 기준이었지만 커피를 마시는 소비자의 감각적 경험은 전혀 고려하지 않았다. 돈을 내고 커피를 마시는 소비자에게 선택의 기회를 주지 않았던 것이다.

"커피 제조 공정의 가장 마지막 단계에서 느낄 수 있는 향미와 질감이야말로 돈을 지불하고 커피를 마시는 사람의 최대 관심사다." 이것이 바로 스페셜티 커피 운동을 한 이들의 주장이다. 즉, 소비자가 궁극적으로 원하는 것은 고품질의 커피 한 잔(Exceptional cup quality)이라는 말이다.

2013년에 이미 미국, 호주, 북유럽 등 커피 소비가 활발한 지역에서는 스페셜티 커피를 판매하는 카페가 보편화되었고, 미국인의 60% 이상이 스페셜티 커피를 마셔보았다고 한다. 그러나 중국에서는 스페셜티 커피가 알려진 지 얼마 되지 않아서, 커피 소비량이 비교적 많은 10여 개의 대도시에서만 스페셜티 카페를 찾아볼 수 있다. 현재 중국에서 스페셜티 카페를 운영하는 사람들의 가장 큰 바람이자 유일한 목표는 도중에 문을 닫지 않고 끝까지 살아남는 것이다.

커피 농장과의 직거래

　스페셜티 커피 운동 초반에는 소비자와 생산자가 간혹 부딪치는 때도 있었다. 스페셜티 커피 운동이 무르익으면서 관련 기술들도 점차 완벽한 모습으로 자리를 잡았고, 거래 규칙도 공정해지고 판로도 확장되었다. 스페셜티 커피 생산자들은 자신들이 많은 노력을 기울이고 정성을 쏟을수록 더 많은 보상을 얻게 되자 생산에 더욱 박차를 가했다. 그리고 더 많은 생산자들이 이에 동참하도록 적극 권장했다. 예를 들어, 중국의 윈난(雲南) 지역에서 품종을 개량하고 세심하고 정성스럽게 농사를 지어 재미를 봤다는 소문이 농가에 돌면 그 효과는 짐작대로 상당히 긍정적이었다.

　스페셜티 커피는 이제 커피 소비자와 생산자가 서로 영향을 주고받으며 함께 이익을 추구하는 단계(소비자와 생산 농가의 직거래)로 성장했다. 더불어 수매가가 대폭 상승한 덕분에 농가에서는 고된 생산 활동에 대한 충분한 보상을 받을 수 있게 되었다. 이에 맛있는 커피를 장기간 지속적으로 공급(홍콩과 타이완에서는 '지속가능한 커피' 즉, 'Sustainable Coffee'라고 한다)받을 수 있는 문제도 해결되어 스페셜티 커피 사업의 전망도 밝아졌다.

씨앗에서 잔까지

　스페셜티 커피의 개념은 와인 감별 이론을 기초로 하여 체계적이고 종합적으로 정립되었다. 뿐만 아니라 와인, 차, 초콜릿 미식가들의 의견도 반영되었고, 기타 미식에 대한 이론도 담겨 있다. 이 같은 스페셜티 커피 이론은 커피 산업 체인의 진행 순서대로 스페셜티 커피에 대해 설명하고, 커피나무 품종, 토양, 기후, 재배기술, 선 가공 방법, 로스팅 기술 등 모든 선공정 과정은 커피의 품질과 밀접한 관계가 있다고 강조하고 있다. 이렇게 커피 산업 체인의 전반에 관심을 두는 것은 전체 공급망의 투명성(Supply chain transparency)을 중요하게 여긴다는 뜻이다.

커피나무 품종을 특정 기후와 풍토에서 재배하여 독특한 향미가 생긴 것을 스페셜티 커피라고 할 수 있다. 스페셜티 커피를 마시는 것은 곧 커피의 '독특한 품종 + 지역의 풍미'를 마시는 일이며, 대자연이 준 선물을 누리는 일이다. 스페셜티 커피는 '씨앗에서 잔까지(from seed to cup)'의 과정을 중요하게 여기므로, 생산하고 가공하고 추출하는 모든 과정을 투명하게 추적하고 설명할 수 있어야 한다. 스페셜티 커피는 선 공정을 거쳐 최종적으로 소비자의 손에 들어가기 까지의 과정을 평가한 성적표다. 또한 커피의 선 공정 과정을 책임지는 사람들의 노고를 인정하고 그에 대한 경의를 나타낸 결과물이다.

간단히 말해서 스페셜티 커피는 우수한 종자(커피나무 품종과 우수하고 알맞은 재배환경), 정교한 로스팅, 탁월한 추출, 이 세 가지 요건을 모두 갖춘 '모범' 커피다. 바리스타는 커피의 품종과 로스팅을 엄격히 점검해야 하고, 스페셜티 커피의 품질을 살리는 '결정적인' 추출 실력을 발휘해야 한다. 커피를 만들고 카페를 운영할 때는 과학적인 정신과 휴머니즘이 바탕이 되어야 하고 책임감도 있어야 한다.

'0'에서 출발하여 즐겁게 배우다

스페셜티 커피 운동도 당연히 상업적 이익을 기반으로 하고 있다. 쉽게 얘기해서, 스페셜티 커피 운동은 앞선 생각과 창조적인 생각을 가진 커피 업계 종사자들이 함께 '공모'하여 거둔 성공이라는 말이다. 나도 수익자 중 한 사람이므로 폄하하려는 의도로 하는 말은 결코 아니다.

최근 30년 동안 꾸준히 입지를 다진 스페셜티 커피는 개념, 기술, 제품, 테이스팅, 훈련, 도구 등이 날로 발전하면서 머지않아 기존 커피 업계를 대체하는 새로운 흐름이 될 것이다. 스페셜티 커피는 커피 산업을 한 단계 업그레이드시켰고 커피 소비 수준도 향상시켰다. 또한 새로운 종류의 커피가 사람들의 관심을 받고 이익도 내는 환경을 조성했다. 스페셜티 커피 시장에서는 업계 경력만으로는 경쟁력이 부족하므로 새로운 지식을 계속 습득해야 하는 부담이 있다. 가끔은 지금처럼 이렇게 신기한 시대를 맞이했다는 것이 감탄스럽기도 하다. 업계에서 도태되지 않으려면 50년대생, 60년대생, 90년대생 할 것 없이 모두 용기를 내서 출발선으로 다시 돌아가야 한다. 그리고 '0'에서 다시 시작하여 즐겁게 배우고 열심히 노력하고 꾸준히 발전해야 한다.

이렇게 건강하게 경쟁하고, 적극적이고 진취적으로 서로 윈윈하는 업계 질서는 분명 다른 분야에서 부러워할 만한 점이다.

바리스타 커피와 사랑에 빠지다

4. 제 3의 물결

　제3의 물결(Third Wave Coffee)이라는 말이 처음 등장한 것은 2002년이다. 커피는 이때부터 과거의 투박한 남성적인 이미지를 완전히 벗고 섬세하고 치밀하고 흥미로운 이미지로 탈바꿈했다. 사람들은 커피 품종, 재배 환경, 선 가공 방식, 로스팅 기술, 수질과 수온, 추출 방법, 추출수율 등 커피가 추출되기까지 필요한 각 요소를 체계적이고 종합적으로 고찰했다. 흩어져 있던 진주를 하나로 꿰어 목걸이를 만들 듯이 커피 산업의 전 공정에서 서로 협력함으로써 직거래가 더 활발해졌다.

　커피는 예술성과 휴머니즘을 담은 최초의 음료(An artistic beverage)다. 그래서 바리스타들은 제3의 물결 덕분에 자신을 잘 표현할 수 있는 좋은 커피를 만들 수 있게 되었다고 여긴다. 즉, 그들은 '커피 자체만 가지고 논하겠다.(Allows the coffee to speak for itself)'는 것이다.

바리스타의 위상이 높아져야 한다.

　제3의 물결은 바리스타의 위상을 높이는 데 의미가 있다. 바리스타는 커피가 씨앗에서 한 잔의 커피가 되는 전 과정을 체계적으로 이해하고, 커피 품종, 수확, 로스팅 등 가공에 관한 지식을 배워야 한다. 커피 산업 체인에는 관심이 없고 오로지 커피를 만드는 데만 집중하던 샌님 같은 바리스타에게는 제3의 물결이 사형선고가 된 셈이다.

　그러나 '가로로 보면 고개로 보이고 옆에서 보면 봉우리로 보인다.'는 시구처럼 커피 산업 체인에서는 한 가지 문제에 대해 서로 다른 입장과 시각을 견지하고 있으므로 의견을 일치시키기도 어렵다. 커피 로스터와 바리스타를 예로 들어보자. 로스터와 바리스타의 입장은 분명히 다를 수밖에 없다. 바리스타는 고객의 입장에서 생각해야 할 점이 많고, 또 고객에게 어떤 경험을 제공할 것인가에 초점을 둔다. 그러므로 로스터가 하는 대로 따르기만 해서는 안 되며 로스팅 기술이 개선되도록 로스터에게 당당하게 요구하고 안내할 필요도 있다. 소비자와 가장 가까이에 있는 바리스타가 소비자를 가장 잘 알기 때문에 커피 생산 체인에서 목소리를 많이 내고 고집도 부릴 줄 알아야 한다.

에스프레소의 시대는 끝났을까?

　제3의 물결 시대는 바리스타가 커피를 만드는 데 더 많고 새롭고 완벽한 기술을 마스터하기를 요구한다. 바리스타는 손 기술을 더욱 섬세하게 하고 물을 부을 때도 혼을 담아야 한다. 두 손으로 품질이 우수한 커피를 직접 만들어냄으로써 갈수록 지능화되는 자동 커피 머신에 대응해야 한다.

사실 몇 년 전에 북미 바리스타들 사이에서 "Espresso is dead!(에스프레소는 죽었다!)"는 소리가 끊임없이 들려왔다. 하지만 이런 생각에는 어느 정도 과장된 부분도 있고 실제와 다른 부분도 있다. 스페셜티 커피는 특정한 추출 기술과는 상관이 없다. 에스프레소도 충분히 스페셜티 커피로 주목받을 수 있다. 간혹 카페의 커피 카운터에서 에스프레소 머신을 치우고 그 자리에 갖가지 정밀한 추출 도구들을 늘어놓은 곳을 볼 수 있다. 고객들은 카운터 주위에 둘러앉아 있고, 바리스타는 직접 핸드드립으로 커피를 추출하면서 고객들과 소통하고 교류한다. 이렇게 카페에서 에스프레소 머신을 치우면 인간적인 정은 깊어지지만 상업적으로는 큰 손실을 떠안게 된다. 이런 점은 충분히 고민해봐야 할 문제다.

엄청난 행운과 가혹한 시련이 동시에 존재한다.

수작업으로 추출한 커피만 스페셜티 커피라고 정의하는 건 아니며, 제3의 물결도 에스프레소 머신 자체를 거부하지는 않는다.

바리스타 커피와 사랑에 빠지다

에스프레소 커피도 충분한 자격을 갖추면 스페셜티 커피를 보급하는 데 중요한 역할을 할 수 있고 수익도 낼 수 있다.

유혹적인 꽃향과 과일향이 풍부하고 달콤한 뒷맛이 느껴지는 에스프레소를 만드는 것은 많은 바리스타들이 추구해야 할 새로운 과제다.

제3의 물결 시대는 바리스타에게 엄청난 행운을 주기도 하지만 동시에 가혹한 시련도 준다. 바리스타는 생존 경쟁에서 이기고 새로운 환경에 적응해야 살아남을 수 있다. 끊임없이 배우고 실천하며 자기개발을 부지런히 하는 사람에게는 틀림없이 성장의 기회가 더 많이 주어진다. 하루가 다르게 변해가는 커피 업계에서 성장의 한계는 없다. 그러나 제자리걸음만 반복하는 사람은 잔혹한 현실과 마주할 수밖에 없고 결국 그 자리에 멈춰 서게 된다. 설령 신참 바리스타에게 뒤지지 않을 실력이라고 해도 노력을 게을리 하면 빠르고 냉정한 커피 머신에게 무자비하게 밀려날 것이다.

커피에 관한 무어의 법칙

인텔(Intel)의 공동설립자인 고든 무어(Gordon Moore)가 만든 무어의 법칙(Moore's Law)에는 IT 시대의 발전 속도와 잔혹함이 그대로 드러나 있다. 무어의 법칙은 가격 변동이 없어도 18개월마다 칩에 저장할 수 있는 데이터의 양이 두 배씩 증가하고 성능도 두 배로 증가한다는 법칙이다. IT 업계 종사자도 이 속도를 따라가거나 추월하려면 쉼 없이 공부하며 자기개발에 매진해야 한다.

사실 발전 속도가 빠른 커피 업계에도 무어의 법칙과 비슷한 법칙이 있다.

한때 유행했던 커피 추출 방법은 이미 거들떠보지도 않게 되었고, 수년 전에 인기를 끌었던 카페 경영 방법은 이제 경쟁자들 사이에서 비웃음거리가 되었다. 일찌감치 사람들의 기억에서 잊혀진 커피 추출 도구도 지금은 완전히 다른 모습으로 바뀌어 새로운 인기를 얻고 있다. 커피 분야의 지식, 기술, 설비, 도구, 비즈니스 모델 등에는 몇 년 단위로 계속해서 혁신이 일어나고 있다. 낡은 것은 버려지고 새로운 엘리트와 유명 기업들이 한꺼번에 쏟아져 나오고 있다. 반면에 노력하지 않는 사람은 소리 없이 사라

지고 있다. 10년 전에 출판된 간판급 커피 전문 서적들도 수정판을 내놓지 않으면 실질적인 가치가 떨어진다. 5~6년 전에 기술을 익힌 바리스타들은 반드시 재교육을 받아 새롭게 출발해야 한다.

Part

독특한 향미 만들기 : 종자, 품종, 생산지, 선 가공

유명 작가 왕샤오보(王小波)가 말했다. "인생은 자연의 소리이므로 정신을 집중하여 조용히 귀를 기울여야 한다." 사실 좋은 커피도 대자연의 은혜이자 조물주의 선물이므로 섬세하게 음미해야 한다.

이번 장에서는 커피 종자, 커피나무 품종, 전 세계 커피 생산지, 커피 선 가공 기술 등 커피 산업의 선 공정에 대해 얘기하려고 한다. 거시적인 내용이지만 사소한 부분도 놓치지 않았고, 기술적인 면도 부족함 없이 생생하게 담았다. 바리스타와 커피 애호가들이 커피에 대한 지식을 보충하고 커피에 대해 더 깊이 이해할 수 있는 좋은 자료가 될 것이다.

바리스타 커피와 사랑에 빠지다

1. 아라비카종과 로부스타종

커피 씨앗에서 커피 로스팅 단계까지, 커피가 새로운 생명을 얻게 되는 과정을 '선천적 단계'라고 한다. 이 단계의 각 과정에서 커피의 향미와 특색이 최종적으로 형성되고 결정된다. 모든 과정을 깊이 있게 파악하기에는 시간이 충분하지 않을 것이다. 그러나 그중에서 가장 핵심적인 원칙과 중요한 지식을 정확히 아는 것은 상당히 중요하다.

커피의 혈통과 종자

식물 분류학에서 코페아(Coffea) 속(屬)은 유코페아(Eucoffea) 등 4개의 아속(亞屬)으로 나뉘고, 유코페아 아속은 다시 이리트로코페아(Erythrocoffea), 패키코페아(Pachycoffea), 모잠비코페아(Mozambicoffea) 등 여러 개의 소그룹(Section)으로 나뉜다. 그중에서 이리트로코페아에 주목해야 한다. 우리가 연구하는 커피나무의 종자(Species)는 대부분 이리트로코페아에 속한다. 대표적으로 코페아 아라비카(Coffea Arabica)와 코페아 카네포라(Coffea canephora)가 있다. 코페아 카네포라는 상업 무역 과정에서 그것의 한 품종인 코페아 로부스타(Coffea robusta, 로부스타종)라는 이름으로 오랫동안 불려왔고 지금까지도 그렇게 불리고 있다. 이것이 바로 우리가 아는 커피의 2대 종자 아라비카(Arabica)종과 로부스타(Robusta)종이다.

현재 아라비카종이 고급 커피 시장을 독점하고 있으며, 스페셜티 커피로 분류되는 원두도 대부분 아라비카종에 속한다. 그러나 아라비카종에도 좋은 점만 있는 것은 아니므로 사람들은 로부스타종에서 새로운 희망을 찾으려는 기대를 버리지 않고 있다. 그런 가운데 2013년 3월, 인도산 로부스타종 커피 몇 종류가 미국 CQI(Coffee Quality Institute 커피품질연구소)로부터 커핑 점수 80점 이상을 획득해 R 인증(R Certificate 로부스타 인증)을 받았다. 품종 교배 기술이 좋아지고 선 가공 수준이 향상되고 있으므로 머지않은 미래에 로부스타종 스페셜티 커피의 수요가 분명히 늘어날 것이다.

Part 5 독특한 향미 만들기 : 종자, 품종, 생산지, 선 가공

아라비카종 커피를 사용하는 이유

아라비카종은 현재 세계적으로 재배 면적이 가장 넓고 총 생산량도 가장 많은 최고급 종자다. 유명한 커피 품종은 대부분 아라비카종이므로 '명문 혈통'이라고 할 수 있다. 인스턴트 커피, 캔 커피, 자동판매기 커피도 보통 '100% 아라비카 사용'이라는 문구로 스스로의 가치를 높이고 있다.

유전자는 특정 유전 기능이 있는 DNA 의 일부분이며 유전의 기본 단위다. 유전자의 염기서열에는 유전 정보가 담겨 있다.

DNA 는 핵산의 일종인 데옥시리보 핵산(Deoxyribonucleic acid) 으로, 염색체를 구성하는 물질이다. 생물의 유전 형질에 관한 정보를 저장하고 있으며 생물의 발육과 생체 기능에 관여한다. DNA 에는 수많은 유전자가 있다. 염기서열이 바뀌면 DNA 특성이 변하고 염기의 특정한 순서에 따라 DNA 의 특성이 결정된다.

데옥시리보 핵산과 단백질로 구성된 염색체는 세포의 핵 속에 있는 유전 정보 물질(유전자 저장 장치) 이다. 복제되지 않은 각각의 염색체에 DNA 가 있고, 사람의 세포에는 22 쌍의 상염색체(암수가 모두 가지고 있는 염색체) 와 1 쌍의 성염색체(X 염색체와 Y 염색체) 를 포함해 모두 23 쌍의 염색체가 있다. 사람은 전형적인 이배체(二倍體, 염색체 수가 기본수의 두 배인 세포나 개체) 동물이다. 사람의 염색체는 두 부분으로 나뉘는데, 하나는 아버지에게 받은 정자 속 유전자이고, 다른 하나는 어머니에게 받은 난자 속 유전자다. 정자와 난자는 각각 23 개의 염색체를 가진 단 배체(單倍體) 다. 식물 중에는 적은 수지만 사 배체(四倍體) 도 있는데, 아라비카종 커피와 바나나 등이 이에 해당한다. 사배체는 기본수의 네 배의 염색체를 가진 것으로, 사배체의 정자와 난자는 모두 이배체다.

● 아라비카종 생두의 카페인 함량은 1~1.4%(이를 근거로 보통 1.2%라고 말한다)로, 로부스타종 카페인 함량의 절반에 해당한다. 건강 전문가들은 성인의 1일 카페인 섭취량을 적정 범위 이내(300mg 이하)로 제한하는 것이 좋으며 과다 섭취(500mg 이상)하면 건강에 해롭다고 충고한다. 매일 많은 양의 커피를 마시는 사람(특히 유럽과 미국 사람)은 카페인 섭취량에 신경을 쓸 수밖에 없다. 그런 면에서는 아라비카종이 로부스타종보다 단연 우세다.

● 아라비카종은 코페아 속중에서도 독특한 종자에 속하며 로부스타종보다 두 배 많은 44개의 염색체로 이루어져 있다. 커피나무는 암수한몸으로, 자화수분(自花受粉, 암술이 자기 꽃의 꽃가루를 받음)을 주로 하고, 타화수분(他花受粉, 암술이 같은 종류 나무의 다른 꽃이나 다른 나무의 꽃에서 꽃가루를 받음)으로 보조한다. 커피콩의 조직은 곱고 부드러우며 방향 물질이 풍부하다.

● 아라비카종 커피는 주석산(tartaric acid)이 풍부하고 미세한 변화가 많이 일어나며 쓴맛이 약하다. 당분 함량이 높아서 캐러멜향이 진하며(아라비카종 커피의 자당(蔗糖, 사탕무와 사탕수수에 함유되어 있는 당) 함량 7~9%, 로부스타종 커피의 자당 함량 4.5~7%), 향미가 고상하고 섬세하다.

로부스타종 커피를 사용하는 이유

● 로부스타종 커피는 생산 자본이 적게 드는 반면 생산량은 많다. 완숙한 커피콩에서 추출되는 물질도 많아서 커피의 생산 원가가 크게 낮아진다. 로부스타종 커피도 인스턴트커피와 캔 커피로 많이 사용된다.

● 로부스타종 커피에는 쓴맛을 내는 물질이 많아서 보리차의 쓴맛이 약간 느껴진다. 독특한 쓴맛을 찾는 소비자에게는 로부스타

세척 방식(Washed)으로 선가공한 베트남의 로부스타종 커피

종이 알맞다. 커피의 신맛을 적당히 억제하려고 할 때(이를테면 에스프레소 블랜딩을 할 때) 로부스타종 커피를 일정 비율 추가하면 원하는 맛을 낼 수 있다. 중국인들은 몇 천 년 동안 한약재를 복용한 탓인지 몰라도 다른 나라 사람들에 비해서 적당히 쓴 커피도 잘 마시는 듯하다.

● 인체의 자연 산화 과정에서 생성되는 불안정한 물질인 프리라디칼(free radical, 활성산소)은 질병과 노화의 '주범'이다. 호흡하는 동안 체내로 들어간 산소가 산화되는 과정이므로 피할 수도 없다. 프리라디칼을 안정된 물질이나 항산화물질로 변화시킬 능력이 있다면 그 사람은 아마 영웅이 될 것이다. 사람은 매일 음식 섭취를 통해 항산화물질을 충분히 흡수해야 한다. 그런데 뜻밖에도 커피에 과일, 채소, 차, 와인보다 훨씬 많은 양의 항산화물질이 함유되어 있다. 커피는 유럽과 미국 사람들이 항산화물질을 섭취하는 첫 번째 공급원이다. 커피에 함유된 항산화물질 중에는 클로로겐산(Chlorogenic acid, 폴리페놀 화합물의 일종)과 커피 로스팅 후에 생긴 분해 물질이 절대적으로 많다. 클로로겐산은 아라비카종 원두에 5~8%, 로부스타종 원두에 7~11% 함유되어 있다.

● 로부스타종 커피는 아라비카종에 비해 카페스톨(Cafestol)과 카와웰(Kahweol) 함량이 낮다. 카페스톨과 카와웰을 섭취하면 혈중 LDL콜레스테롤이 증가되므로 건강에 지장을 줄 수 있다.

● 현재 로부스타종 스페셜티 커피 운동이 왕성하게 전개되고 있다. 아프리카의 우간다에서 아시아의 인도까지 스페셜티 커피로 인정받는 로부스타종 커피가 점점 많아지고 있으므로 로부스타종 커피의 전망은 밝다.

2. 커피나무 품종 이야기

품종은 종자가 교배와 돌연변이 등의 과정을 거쳐서 최종적으로 안정된 것을 말한다. 따라서 유전적으로 안정되어 있고 생물학적 특성이 동일하다.

품종은 가치를 의미하고 가격을 결정짓는다.

《신약성경》에 "좋은 나무는 좋은 열매를 맺고, 나쁜 나무는 나쁜 열매를 맺는다."는 구절이 있다. 이 말은 품종의 중요성을 잘 설명하고 있다. 커피나무의 품종에도 이런 이치가 적용된다.

최근 몇 년 동안 COE 대회와 SCAA 생두 대회에서 수상한 커피콩은 대부분 게이샤(Geisha)와 부르봉 커피(Bourbon Pointu) 같은 최상급의 명품이다. 현재 중국 윈난 지역에서 주력 품종으로 재배하는 카티모르(Catimor)는 아직 두각을 나타내지 못하고 있다. 윈난의 커피 농가에서도 스페셜티 커피로 인정받기 위해 노력하고 있지만 더 중대한 결단을 해야 한다. 커피 품종 개량을 포함하여 기초적이고 기술적인 작업에 더 많은 노력을 기울여야만 스페셜티 커피로 인정받을 수 있다.

게이샤 커피처럼 특별한 최상급 품종 외에 나머지 대부분의 품종은 고유의 향미에 큰 차이가 없다. 그러나 자연환경, 재배 기술, 수확 방법에 따라서, 또 선 가공, 로스팅 등의 과정을 거치면서 차이가 두드러지게 나타난다. 독자들은 자연에서 자란 농작물인 커피를 산업 체인과 연결 지어 분석적으로 사고해야 한다. 그러나 품종 자체의 차이를 지나치게 확대하지 않기를 바란다.

　현재 전 세계적으로 가장 인기 있는 커피나무의 품종을 아래 표에서 살펴보자. (표 5-1)

표 5-1 인기 있는 커피나무의 품종

품종 명칭	기본 설명
블루마운틴 티피카 (Blue Mountain Typica)	자메이카 블루산맥에서 재배되는 주력 품종이다. 생산 역사가 길고, 자메이카의 토양과 기후에 완벽히 최적화되어 있다. 부드럽고 섬세한 신맛, 깊고 그윽한 향, 탁월한 균형감, 산뜻한 바디감(Body, 커피를 마셨을 때 입안 전체에서 느껴지는 무게감과 밀도감), 오래 남는 뒷맛이 특징이며, 카리브 해 섬 지역에서 나는 커피의 장점을 모두 지니고 있다.
코나 티피카 (Kona Typica)	주 생산지는 미국 하와이 섬이며 역사가 깊은 완벽한 현지 재래종이다. 자메이카 블루마운틴과 비교해도 신맛, 단맛, 바디감 등 모든 면에서 전혀 손색이 없다. 섬 지역 커피 중에서 특출한 품종이며, 생두의 모양도 상당히 예쁘다.
마라고지페 (Maragogype)	티피카의 돌연변이종이다. 생두 크기가 스크린(Screen, 생두 크기를 재는 여과망. 망 구멍의 지름에 따라 숫자로 사이즈 부여. 1 스크린 = 0.4mm- 역주) 사이즈 19를 초과하여 코끼리 콩(Elephant bean) 또는 초대형 커피콩이라고도 부른다. 현재 멕시코, 과테말라, 브라질, 온두라스, 쿠바, 니카라과 등지에서 생산된다. 오랜 역사를 지닌 마라고지페는 20세기 초반에 유럽의 소비자들이 가장 좋아했던 커피며, 향기가 좋고 부드럽고 균형 잡힌 맛이 특징이다. 풍부한 느낌이나 개성은 약하지만 생두의 외관이 좋아서 소비자들의 특별한 관심을 받고 있다.
게이샤 (Geisha)	티피카의 돌연변이종으로 현재 가격이 가장 비싼 품종이다. 원래 에티오피아에서 처음 발견되었지만 오히려 멀리 떨어진 파나마의 게이샤가 가장 유명하고, 콜롬비아 카우카(Cauca) 의 게이샤도 유명하다. 생두 모양은 가늘고 길다. 감귤, 꽃, 꿀, 기타 과일 향이 풍부하며 섬세하고 산뜻한 신맛이 난다.
SL28	케냐의 커피연구소에서 개발한 버번(Bourbon) 품종으로, 케냐의 기후와 토양에 적합하다. 케냐의 SL28 은 사람들이 좋아하는 베리의 강한 신맛이 있어서 과즙 음료 같다. 케냐에는 SL28 과 향미가 비슷한 SL34 도 있는데 이 두 가지가 케냐의 가장 대표적인 품종이다.
카투라 (Caturra)	버번의 돌연변이종으로, 현재 브라질과 콜롬비아에서 많이 생산된다. 적응성이 뛰어나고 그늘이 필요하지 않다. 나무의 크기가 작은 편이어서 수확하기에 편리하고, 수확량이 많고 향미가 좋다.
버번 아마렐로 (Bourbon Amarello)	버번의 돌연변이종이며, 커피체리(열매) 가 다 익으면 외피의 색깔이 짙은 노란색을 띠어 아마렐로(노란색) 라는 이름을 붙였다. 스페셜티 커피로 인기를 얻는 품종이며, 브라실산 버번 아마엘로가 가장 유명하다. 주로 로스팅을 약하게 한 싱글 오리진 커피와 에스프레소의 원두로 쓰인다.
파카마라 (Pacamara)	아라비카종 중에서 파카스(Pacas) 와 마라고지페를 인공 교배하여 개발한 우수 품종이다. 엘살바도르의 파카마라는 부드러우면서 신맛이 뛰어나고 자스민 향이 나서 최근 몇 년 동안 스페셜티 커피로 인기를 얻고 있다.

품종 명칭	기본 설명
문도 노보 (Mundo Novo)	아라비카종끼리 교배한 것으로 브라질의 주력 품종이다. 브라질 사람의 새로운 희망을 걸었다고 해서 문도 노보(새로운 세상)라고 부른다. 문도 노보는 나무의 키가 커서 수확하기에 불편하지만 생산량이 많고 향미가 뛰어나며 병충해에 강하다.
카투아이 (Catuai)	문도 노보처럼 아라비카종끼리 교배한 브라질의 주력 품종이지만 문도 노보만큼 나무의 키가 크지 않아서 수확하기에 수월하다.
티모르 (Timor)	티피카와 로부스타종의 교배종이다. 스페셜티 커피 업자들이 선호하는 품종은 아니지만 인도네시아 수마트라 북부와 티모르의 주력 품종이다.
카티모르 (Catimor)	1959년에 포르투갈 사람들이 아라비카종 3/4과 로부스타종 1/4를 교배한 것(티모르와 카투라의 교배종)이다. 인도네시아 수마트라의 만델링(Mandheling)이 대표적이며, 품명은 아텡(Ateng)이라고 부른다. 알맹이가 크고 두꺼우며 잎녹병(Leaf Rust)에 강한 것이 특징이다. 생산량, 숙성 기간, 병충해 저항력, 향미 등이 상업적인 면에서 매우 이상적인 품종이다. 중국 윈난의 절대적인 주력 품종이지만 유감스럽게도 스페셜티 커피 대회의 명단에는 들지 못했다.

바리스타 커피와 사랑에 빠지다

🍂 재배환경과 재배기술의 중요성

커피는 하늘이 준 선물이다. 커피는 적절한 온도에서 토양 속의 영양 물질과 수분을 뿌리로 흡수하고, 가지와 잎으로 햇빛을 흡수하며 성장에 필요한 영양 물질을 스스로 합성한다.

옛말에 '귤이 회남(淮南)에서 나면 귤이 되고, 회북(淮北)에서 나면 탱자가 된다.'고 했다. 아무리 우수한 품종이라도 적절한 환경 조건과 좋은 기술이 뒷받침되지 않으면 최상의 향미를 지닌 커피를 생산할 수 없다.

아라비카종 커피의 최대 생산국인 콜롬비아의 예를 들어보겠다. 콜롬비아의 서부와 중앙 산맥 지역의 토양은 대부분 화산성이어서 유황 같은 황화물이 다량 함유되어 있다. 그래서 커피의 신맛이 강한 편이고, 바디감은 중간이나 중간보다 조금 가벼우며 과일향이 풍부하다. 이와 반대로 동부 산맥 지역의 토양은 석회와 퇴적층이 많아서 서부와 중앙 산맥 지역과 비교할 때 신맛이 좀 약하고 바디감도 중간이나 중간보다 조금 무거운 느낌이다. 그리고 캐러멜과 초콜릿 등의 단향이 풍부하다.

Part 5 독특한 향미 만들기 : 종자, 품종, 생산지, 선 가공

3. 세계 주요 생산지의 커피

커피의 생산지역은 아시아, 아프리카, 중남미, 도서 지역 등 크게 네 가지로 분류된다.

아시아 커피

아시아의 커피 생산 국가는 주로 인도네시아, 인도, 베트남, 네팔, 미얀마, 중국 윈난, 타이완 등이다. 아시아 지역은 세계 최대의 로부스타종 커피 생산지다. 그중에서 베트남, 인도, 인도네시아는 전 세계에서 로부스타종 커피의 생산량이 가장 많은 나라다.

로부스타종의 가격이 상대적으로 저렴하다고 해서 로부스타종은 전부 품질이 낮은 커피라고 단정해서는 안 된다. 약한 신맛, 카페인, 클로로겐산, 지방 성분, 독특한 쓴맛 등을 원하는 사람들에게는 안성맞춤이다.

아시아 커피에는 로부스타종 외에도 좋은 커피들이 많이 있다. 간단히 몇 가지만 소개하겠다.

● 보통 인도네시아 수마트라에서 생산되는 아라비카종 커피를 만델링(Mandheling)이라고 부른다. 더 정확하게 정의하면, 수마트라 섬 북단의 아체 특별행정구와 북수마트라 주에서 재배되는 아라비카종 커피를 만델링이라고 한다. 만델링 커피는 바디감이 좋고 신맛이 약하며, 향기가 그윽하고 밀도감이 적당하다는 특징이 있다.

인도네시아 수마트라 섬의 토바 호수 지역에 있는 커피 공장에서 직원들이 핸드픽(Hand Pick, 결점이 있는 생두를 직접 손으로 골라내는 일) 작업을 하고 있다.

● 관광지로 유명한 인도네시아의 발리 섬에서 향미가 뛰어난 커피콩이 재배된다는 사실을 모르는 사람이 많을 것이다. 발리의 커피콩은 예전에는 주로 세척 방식으로 가공했지만 지금은 수마트라의 전통적인 방법인 길링 바사(Giling Basah, 영어로 Wet-Hulling) 방식으로 선가공하는 경우가 점점 늘고 있다. 향미는 수마트라의 만델링과 비슷하지만 레몬 계열의 과일향이 조금 더 강해서 좋아하는 사람들이 많다.

● 인도도 아주 오래전부터 다양한 향미의 커피콩을 생산해오고 있다. 인도 커피는 균형감이 좋고 신맛이 약하며 맛이 깔끔하고 진하다. 또 와인향이 약간 섞인 복합적인 향이 은근히 풍긴다. 전반적으로 소박하고 무난하며 에스프레소용으로 사용하면 좋다.

● 중국 윈난은 자연조건이 뛰어나고 농민들도 부지런해서 최근 몇 년 동안 꾸준히 커피나무 품종 개량하여 커피 품질을 한 단계 업그레이드시켰다. 커핑(Cupping 커피의 향미와 품질을 감별하는 것) 실력이 좋은 사람은 아마 윈난 커피의 탁월한 향미를 찾아낼 수 있을 것이다. 나는 개인적으로 티피카 외에 윈난 누장(怒江) 유역의 고지대에서 생산되는 카티모르 원두를 좋아한다. 원두를 세척 방식으로 가공하고 로스팅을 두 번 하여 1차 크랙이 끝난 뒤에 드럼에서 꺼내면 잡맛이 하나도 나지 않는다. 적당히 깔끔하고 진한 맛이 나며 주석산의 신맛이 탁월하고 균형감이 뛰어나며, 사람들이 좋아하는 쓴맛도 약간 난다.

길링 바사 방식으로 가공한 인도네시아 발리의 G1

Part 5 독특한 향미 만들기 : 종자, 품종, 생산지, 선 가공

세척 방식으로 가공한 에티오피아 예가체프의 G2

아프리카 커피

에티오피아, 케냐, 탄자니아, 르완다 등지에서 주로 생산되는 아프리카 커피는 스페셜티 커피 목록에서 절대 빠질 수 없는 명품이다. 이 지역에는 보배 같은 커피가 무궁무진하다.

● 커피의 고향인 에티오피아는 신비한 베일을 쓴 커피 유전자의 보물창고. 아프리카 커피의 향미는 놀라울 정도로 다양해서 모든 커피 종사자들이 꼭 한 번쯤 아프리카에 가보고 싶어 한다. 동아프리카 지구대(East African Rift Valley)를 따라 양옆에 위치한 에티오피아의 하라(Harrar), 시다모(Sidamo), 예가체프(Yirgacheffe), 레캠티(Lekempti), 짐마(Jimma) 등지에서 커피가 생산된다. 지구대 동쪽의 하라, 시다모, 예가체프 지역은 미네랄이 풍부한 화산성 토양이고 우기가 1년에 두 번 있어서 원두의 품질이 출중하며 세계 최고의 스페셜티 커피 생산지로 손꼽힌다.

● 하라 지역은 기후가 건조해서 관개 시설이 필요하다. 주로 자연건조(Natural) 방식으로 가공하며 모카의 전형적인 향미를 지니고 있다. 딸기 향과 블루베리향 등 과일향이 강하고, 미묘하고 따뜻한 느낌의 향이 섞여 여성의 아름다움과 부드러움을 연상시킨다.

● 시다모 및 시다모에 인접한 예가체프의 커피는 최고의 명성을 자랑한다. 이 두 지역의 커피는 재배 품종, 해발 고도, 토양 특징, 선 가공 방법 등 대부분의 조건이 비슷해서 향미도 비슷

바리스타 커피와 사랑에 빠지다

하지만 세부적인 면에서는 예가체프가 훨씬 뛰어나다. 세척 방식으로 가공한 예가체프의 커피는 자스민, 감귤, 레몬 향이 나고 질감이 가볍고 부드럽다. 자연건조 방식으로 가공하면 감귤, 살구, 복숭아, 딸기, 향신료 향이 도드라지고 밀도감과 질감이 훌륭하다.

● 케냐는 고급 커피를 생산하는 에티오피아에 뒤지지 않는 커피 대국이다. 케냐 커피는 신맛이 좋고 과일향, 술향, 매운 향 등이 묘하게 복합적으로 섞인 향미가 나서 세계적으로 유명하다.

중남미 커피

중남미 지역은 세계 최대의 커피 생산지로, 스페셜티 커피로 인정받은 커피가 셀 수 없을 만큼 많다. 콜롬비아, 과테말라, 브라질 등 각 나라의 좋은 커피들이 눈을 현혹한다.

● 콜롬비아는 전 세계에서 우수한 품질의 커피를 가장 많이 생산하는 나라로, 세계 커피 시장의 보석 같은 존재이며 신의 보살핌을 받는 커피의 땅이다. 남북으로 뻗은 안데스 산맥 중 세 개의 산맥이 콜롬비아 영토를 관통하는데, 아라비카종 커피는 이 산맥들의 해발 800~1,900m 산기슭의 험준한 비탈에서 재배한다. 또한 손으로 직접 수확하여 세척 방식으로 가공한다. 토양은 화산성이고 습도가 높으며, 큰 그늘을 만들어주는 바나나 나무도 있어서 그늘 재배와 관개를 위한 별도의 시설이 필요하지 않다. 중

콜롬비아 우일라 지역의 커피 재배지

Part 5 독특한 향미 만들기 : 종자, 품종, 생산지, 선 가공

부 산맥에 자리 잡은 도시 메데인은 18세기 초부터 커피를 생산한 전통적인 고품질 커피의 생산지다. 이 지역의 커피는 균형감이 탁월하고 맛이 진하며 주석산의 신맛이 뛰어나다.

콜롬비아 남부에 위치한 우일라 와 카일라는 스페셜티 커피의 주요 생산지다.

● 비옥한 토양, 알맞은 해발 고도, 훌륭한 기후 조건, 대를 잇는 재배 기술, 우수한 종자는 모두 엘살바도르의 커피 품질을 높이는 요건들이다. 엘살바도르의 커피는 다른 커피와 비교할 수 없는 독특한 향미를 지니고 있다. 균형이 잘 잡혀 있고, 산뜻하면서도 부드럽고 달콤해서 '깨끗하고 아름다운 대자연의 향기'라고 불린다.

● 300종 이상의 미세 환경(micro environment)과 미기후(microclimate), 크고 높은 산맥, 태평양, 대서양, 거대한 화산 호수, 멕시코 평원 …… 등 풍부한 지리 및 기후 조건을 갖춘 과테말라는 반드시 주목해야 할 커피 생산지다. 과테말라에서는 개성적인 향미를 갖춘 커피가 다양하게 생산된다. 해발 고도가 높은 곳에서 생산되는 과테말라 SHB(Strictly Harder Bean) 커피는 누구나 아는 최고급 커피의 대명사다. 과테말라의 스페셜 커피는 우에우에테낭고에서 안티구아까지, 또 아티틀란과 프라이하네스까지 생산되지 않는 곳이 없다. 그러나 변화무쌍한 기후, 각종 원가 상승, 병충해와 잎녹병 빈발, 인력난 문제 등이 과테말라의 커피 산업에 지장을 줄 수 있으므로 해결 방안을 찾는 도전이 필요하다.

● 최근에는 파나마 커피인 게이샤가 세계적으로 유명한데, 이는 파나마의 우월한 자연지리 조건 과 관련이 깊다. 적당한 바디감, 부드러운 질감, 섬세한 신맛, 균형 잡힌 맛이 특징이고, 캐러멜, 초콜릿, 감귤, 자스민 향 등 독특한 향미가 은은하게 풍긴다. 파나마 커피의 이런 독특한 향미를 어떤 사람은 '봄빛에 흠뻑 빠진 푸르른 전원'이라고 묘사했다.

도서 지역 커피

세계적으로 자메이카, 하와이, 쿠바처럼 풍광이 아름다운 작은 섬에서도 커피가 많이 생산되고 있다. 도서 지역의 커피는 부드럽고 산뜻하며 뒷맛이 오래 남고, 향이 섬세하고 균형감이 뛰어나다. 도서 지역 커피 중에서 자메이카 블루마운틴, 하와이 코나 등이 최고로 손꼽힌다.

하와이 코나 엑스트라 팬시(Extra Fancy) 자메이카 블루마운틴 넘버원(No.1)

4. 선 가공 방법의 중요성

리스타와 커피 애호가들이 이 단계를 소홀히 하는 경우가 있는데 절대로 그러면 안 된다.

세척 방식과 자연건조 방식

세척 방식과 자연건조 방식은 가장 많이 사용되는 대표적인 커피 선 가공 방법이다. 세척 방식은 18세기 중반에 네덜란드 사람이 처음으로 생각해냈다. 1kg의 커피체리를 세척하려면 50~100kg의 물이 필요하므로 환경보호 측면에서는 적절하지 않은 방법이다. 그러나 세척 방식으로 가공하면 커피 맛이 부드럽고 산뜻해서 지금까지도 가장 폭넓게 사용되고 있다.

자연건조 방식은 전통적이고 오래된 가공 방식이다. 작업이 간편하고 환경보호에도 도움이 되지만 커피 맛이 투박하고 떫고 무겁고 진해진다. 하지만 항상 그렇지는 않다. 결점두를 계속 골라내고, 자리를 옮겨가며 햇볕에 말리고, 비를 맞지 않는 곳에 두고 자연건조를 시키면 깜짝 놀랄 정도로 완전히 다른 맛이 난다.

Part 5 독특한 향미 만들기 : 종자, 품종, 생산지, 선 가공

커피콩을 비닐하우스에서 널어 말리는 작업

펄프드 내추럴 방식

1990년대에 원가를 절감하고 물 소비를 줄이면서 품질을 향상시킬 방법이 필요했다. 그때 브라질 사람들이 고안해낸 것이 바로 펄프드 내추럴(Pulped-Natural) 방식이다. 펄프드 내추럴 방식은 커피체리의 외피를 벗기고 과육이 파치먼트(내과피)에 붙어 있는 상태로 가볍게 세척한 후에 햇볕에 말리는 방식이다. 이렇게 하면 물을 상당히 절약할 수 있고(커피체리 1kg당 물 5kg 절약) 브라질 커피의 품질을 전반적으로 향상시키는 데도 도움이 된다. 현재 브라질에서 생산하여 건조법으로 가공했다는 표시가 있는 커피콩은 사실은 모두 펄프드 내추럴 방식으로 가공한 것들이다.

세척 방식으로 가공한 파치먼트 상태의 커피콩

수마트라의 길링 바사

인도네시아 수마트라 섬 북부지역은 우기와 커피 수확 시기가 겹쳐서 커피 농가를 비롯해 수매상과 가공업체들은 모두 날마다 하늘만 쳐다본다. 그러다가 가끔씩 날씨가 맑아지면 그 틈을 타서 커피를 수확하고 가공한다. 수확한 커피체리는 건조시키기 전에 우선 껍질부터 벗긴다. 껍질을 완전히 벗긴 상태로 햇볕에 말리면 건조 시간이 단축되기 때문이다. 수마트라 사람들은 이처럼 기후조건에 알맞게 자신들만의 독창적인 커피 가공법인 길링 바사 방식을 고안하여 사용했다.

아래에서 수마트라 커피의 생산과 유통 과정을 그림으로 알아보자. (그림 5-1)

그림 5-1 인도네시아 수마트라 커피의 생산과 유통 과정

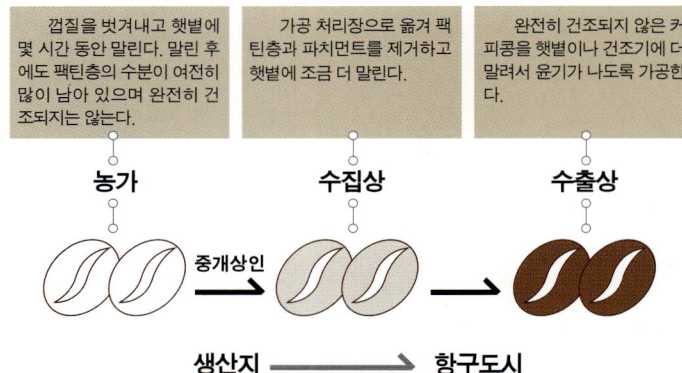

길링 바사 방식으로 가공하면 만델링 커피처럼 모양이 투박하고 특이하지만(모양이 넓적하고 센터컷(원두의 가운데 갈라진 부분)에 미세하게 쪼개진 흔적이 있는 것도 있다) 의외로 독특한 향미가 있다. 맛이 깔끔하고 진하며, 신맛이 약하고 과일향이 풍부하다. 캐러멜 맛이 두드러지며 약간의 풀 향과 적당한 쓴맛도 난다.

허니 프로세스

허니 프로세스(Honey processed)는 최근 몇 년 사이에 중남미 국가의 생산 농가에서 주로 선호하는 가공 방법이다. 2013년 6월 초, 중국의 시진핑(習近平) 국가주석이 부인과 함께 코스타리카의 커피 농장을 방문하여 업계의 큰 관심을 받았다. 코스타리카의 커피 농가에서 허니 프로세스 방법을 가장 잘 활용하고 있다. 허니 프로세스는 브라질의 펄프드 내추럴 방식에서 아이디어를 얻어 고안한 방식이다. 간단히 말해, 파치먼트를 감싸고 있는 팩틴층을 최대한 많이 남겨둔 상태로 커피체리의 껍질을 벗긴 뒤 햇볕에 정성껏 말리는 방법이다. 이 과정에서 물은 한 방울도 묻히지 않는다. 허니 프로세스 방식으로 가공하면 당도가 높아지고 바디감도 좋아지며, 신맛이 개선되어 목넘김도 좋다.

현재 중국 윈난의 몇몇 커피 농가에서도 허니 프로세스 방식을 시도하고 있지만 이 방식으로 원하는 성과를 얻으려면 아직 시간이 더 필요하다.

내부 발효 방식

마지막으로 '내부 발효 방식'이 있다. 고양이 똥 커피(루왁 (Luwak) 커피라고도 하며 원숭이 똥 커피, 새 똥 커피도 있다)라고 많이 들어봤을 텐데, 이 커피의 생두가 바로 내부 발효 방식으로 얻은 것이다.

커피체리가 완전히 익는 시기가 되면, 식욕이 왕성한 잡식성 동물들이 간식거리를 찾아 커피 농장으로 몰래 들어와서 잘 익은 달콤한 커피체리를 따 먹는다. 동물의 입속으로 들어간 커피체리는 체내에서 소화 과정을 거쳐 파치먼트가 남은 상태로 배설물과 함께 몸 밖으로 빠져나온다. 이를 깨끗하게 씻어 말려 얻은 생두가 루왁 커피다. 이렇게 정선된 루왁 커피는 당연히 품질이 탁월하고 향미가 뛰어나다. 그러나 일부러 동물을 가두어놓고 커피체리를 먹여 사육한 경우는 자연적으로 얻은 것에 비해 품질이 떨어진다. 동물의 소화기관 내에 있는 소화효소는 커피체리에 함유된 단백질을 분해하여 향미를 더욱 좋게 만드는 작용을 한다.

끝으로, 자주 사용되는 커피 선 가공 방법의 표기를 알아보자. (표 5-2)

주 : 중남미 지역에서 기후가 건조한 생산지는 다른 방법을 사용하는데, 내추럴 프로세스드 커피 (Natural processed coffee) 혹은 스페인어로 파사 (Pasa) 라고 한다. 이것은 완숙한 커피체리를 가지에 그대로 걸어두고 바람으로 건조시킨 다음에 수확하여 생두를 얻는 방법이다.

표 5-2 커피 선 가공 방법의 표기 대조표

선 가공 방법	방법
세척 (Washed)	W
자연건조 (Natural)	N
허니 프로세스 (Honey processed)	H
길링 바사 (Giling Basah)	GB
반세척 (Semi-Washed)	SW
펄프드 내추럴 (Pulped-Natural)	PN

Part

독특한 향미 만들기 :
커피 로스팅 개론

 이번 장에서는 커피 산업 체인의 중간 단계인 커피 로스팅에 대해서 알아보겠다. 로스팅은 커피의 향미를 결정짓는 중요한 단계이자 커피 산업의 선 공정 단계 및 카페와 직결되는 핵심 단계다.
 요즘은 바리스타들도 로스팅 과정에 꽤 관심을 많이 보이고 있다.

1. 로스팅에 따른 물리적 변화

커피 로스팅은 커피콩을 고온에서 볶는 과정이다. 커피콩을 볶으면 커피콩에 물리적인 변화가 일어나서 색과 향과 맛이 생긴다. 이렇게 커피콩에 향미와 지방 성분이 생기는 과정을 로스팅 이라고 한다.

커피를 로스팅하면 신기한 현상을 경험할 수 있다. 로스팅 과정에서는 물리적 변화만 일어나는 것이 아니라 상당히 복잡하고 어려운 화학적 변화도 일어난다.

커피의 맛과 향에 대한 소비자의 요구 수준이 갈수록 높아지자 업계 종사자들은 커피 가공 과정의 각 단계를 분석하고 연구하기 시작했다. 사람들은 과학기술의 발달로 로스팅 과정에 엄청난 비밀이 숨어 있고, 로스팅 기술이 커피의 최종적인 품질에 중요한 영향을 미친다는 사실을 깨달았다. 그래서 커피 로스팅에 관한 이론이 생겨났으며, 로스팅은 커피의 향미에 영향을 주는 결정적인 요소가 되었다.

블룸 커피 칼리지가 중국 인력자원·사회보장부의 위탁을 받아 운영하는 고급 바리스타 양성 프로그램에서도 로스팅을 다룰 예정이다.

커피 로스팅 과정에서 어떤 물리적 변화가 일어나는지 알아보자.

색이 진해진다.

황록색이던 커피콩의 색깔이 처음에는 연한 갈색으로 변했다가 로스팅이 진행되면서 점점 갈색, 진한 갈색, 흑갈색으로 진해진다. 커피콩 속의 전분이 당분으로 변화하고 시간이 지남에 따라 당분이 다시 탄화되어 색깔에 변화가 나타나는 것이다. 색의 변화는 로스팅 과정에서 가장 쉽게 발견할 수 있는 현상이어서 사람들의 의견이 매우 다양하다. 미국 에그트론(Agtron Inc)사에서 개발한 로스팅 정도 분석기(Agtron Coffee Roast Analyzer)가 나오기 전까지는 커피콩의 표면에 비치는 반사광으로 로스팅 정도를 파악했다. 로스팅 정도가 강할수록 커피콩의 색깔이 짙어지고, 흡광도가 높아지고, 반사광이 약해지고, 분석기의 수치가 낮아진다. 이와 반대로 로스팅 정도가 약하면 커피콩의 색깔이 연하고, 흡광도가 낮고, 반사광이 강하고, 분석기의 수치가 높다. 로스팅 표준 색도판(Agtron Roast Classification System)으로도 로스팅 정도를 확인할 수 있다.

그러나 에그트론의 로스팅 색도 기준은 로스팅에 참고로

Part 6 독특한 향미 만들기 : 커피 로스팅 개론

삼을 뿐이지 그 외에 다른 기능은 없다. 똑같은 커피콩을 두 편으로 나누어 각각 색도 수치가 같은 정도로 로스팅을 하더라도 로스팅 프로파일(roasting profile 로스팅 진행 과정을 시간과 온도의 추이에 따라 상세히 기록한 그래프-역주)이 달라지면 향미와 특성이 다르게 나타난다. 전문적으로 로스팅을 할 때는 빛깔과 광택을 비교하는 건 당연하고 향기도 맡고, 소리도 귀 기울여 듣고, 시간도 재고, 로스팅 프로파일도 분석하는 등 여러 요소를 종합적으로 고려해야 한다.

수분이 증발하고 중량이 감소한다.

커피콩은 수분 함량이 매우 높다. 커피콩 속의 수분은 이동이 자유로운 자유수와 유기물과 결합하여 세포 내에 존재하는 결합수로 나뉜다. 결합수는 커피콩의 세포를 구성하는 성분 중 하나다.

로스팅 과정에서 자유수가 먼저 증발하기 시작하여 서서히 결합수까지 모두 증발하면 커피콩의 중량이 10~15% 감소한다. 원두는 로스팅 과정에서 비용과 기술이 투입되므로 생두보다 가격이 훨씬 비싸다. 또 로스팅을 할수록 생두의 수분이 증발하여 중량이 감소하므로 중량당 생두의 가격보다 로스팅한 원두의 가격이 비싸다.

부피가 팽창한다.

로스팅이 진행될수록 이산화탄소 등 무거운 기체가 다량으로 배출되고 커피콩 내부의 압력이 강해져서 심한 경우는 20~25기압까지 오른다. 그 결과 커피콩이 팝콘처럼 터지면서 부피가 25~60%까지 팽창한다(그러나 팝콘 기기와 로스터기의 원리는 전혀 다르다).

조직이 약해진다.

로스팅을 하면 커피콩의 견고한 섬유 조직이 팽창하고 변화하여 현미경으로 볼 수 있는 작은 구멍이 많이 생긴다. 이 불규칙한 구멍을 통해 이산화탄소와 휘발성 방향 물질(Volatile Aromatics)이 빠져나오고, 치밀하고 견고했던 생두

는 쉽게 부서질 정도로 바삭하게 변한다. 확대경으로 관찰하면 스펀지나 활성탄 또는 벌집 모양의 조직이 뚜렷하게 보이는데, 이 조직의 틈 사이로 산소가 침투하면 커피의 향미가 금방 나빠진다.

2. 로스팅에 따른 화학적 변화

로스팅 과정에서는 화학적 변화도 일어난다. 거시적으로 말하면 새로운 물질이 생성되는 것이고, 미시적으로 말하면 화합, 분해, 치환, 복분해 등의 화학반응이 일어나는 것이다. 사실 원두 총중량의 약 30%는 모두 로스팅 과정에서 생성된 물질이다. 그중에서 새로 생성된 휘발성 물질 약 700종이 주가 되어 후각, 미각, 입안의 촉각, 시각을 통해 감지된다.

화학적 변화와 함께 에너지 변화도 일어난다. 로스팅의 첫 단계에서 수분이 증발하는 물리적 변화가 중점적으로 진행되고 뒤이어 격렬한 화학적 변화가 일어나면서 에너지가 축적된다.

연구에 따르면, 로스팅하는 동안 1차 크랙(crack, 생두가 팽창하면서 터지는 소리)과 2차 크랙이 시작되는 시간이 일정하면 이 과정에서 생기는 카르보닐기화합물(알데히드, 케톤, 에스테르, 카르보닐산, 카르보닐산 파생물 등)의 종류도 비슷하다고 한다. 다만 농도의 차이는 있다. 두 번의 크랙이 시작되는 시간에 변화가 생기면 생성되는 카르보닐기화합물의 종류와 농도도 현저히 달라진다. 그러므로 1차 크랙과 2차 크랙이 시작되는 시간은 커피의 향미에 상당히 중요한 영향을 끼친다.

특별하고 중요한 화학적 변화 몇 가지를 살펴보자.

로스팅 표준 색도판 (Agtron Roast Classification System)

캐러멜화 반응

당류 중에서 특히 단당류를 아미노기화합물이 없는 상태에서 녹는점 이상(녹는점 : 당류 140~190℃, 포도당 146~150℃, 자당 185℃ 내외)으로 가열하면 수분이 증발하고 분해되는 과정을 거치면서 갈변 반응이 일어난다. 이를 캐러멜화 반응(Caramelization)이라고 한다.

캐러멜화 반응에는 두 가지가 있다. 하나는 수분이 증발하면서 캐러멜 같은 산물이 생기는 반응이고, 다른 하나는 수분이 분해되면서 휘발성 물질인 알데히드와 케톤이 생기는 반응이다. 이 물질들이 축합하고 중합하면서 최종적으로 짙은 색깔의 물질이 생긴다. 캐러멜화 반응은 산성과 알칼리성에서 모두 반응하지만 알칼리성일 때는 로스팅을 빠르게 진행해야 한다. 이런 캐러멜화 반응은 효소의 관여 없이 일어나는 비효소적 갈변 반응이다. 캐러멜화 과정에서 당의 분해로 생긴 물질은 담뱃잎 향 같은 독특한 향미를 지니는데, 이 또한 로스팅 과정에서 생기는 좋은 변화다.

마이야르 반응

마이야르(Maillard) 반응은 카르보닐기화합물(탄수화물)이 함유된 당류와 아미노산(단백질)이 함유된 아미노기화합물이 축합하고 중합하면서 멜라노이딘(melanoidin)을 생성하는 반응이다. 이 과정에서 갈색물질이 생길 때 효소가 촉매작용을 하지 않으므로 캐러멜화 반응과 마찬가지로 비효소적 갈변 반응이라고 할 수 있다.

마이야르 반응의 진행 과정은 초기, 중기, 말기 3단계를 거치므로 매우 복잡하다. 초기 단계에는 아미노카르보닐 축합반응과 분자의 재배열 반응이 일어난다. 중기 단계에는 분자의 재배열 반응으로 생성된 물질이 다시 분해되어 히드록시메탈푸르푸랄이 생성된다. 마지막 단계에는 중기에서 생성된 물질이 한 번 더 축합하고 중합하여 복잡한 고분자 색소

를 형성한다. 반응 초기에 일어나는 아미노카르보닐 축합반응은 마이야르 반응 전 과정에 상당한 영향을 미친다.

  마이야르 반응은 일상생활에서도 흔히 볼 수 있으며, 특히 식품공업 분야에서 응용 범위가 넓다. 이런 종류의 반응은 식품의 색(멜라노이딘)을 변화시킬 뿐만 아니라 방향 물질도 대량으로 생성하여 식품의 향기에도 영향을 준다. 예를 들어, 빵이나 고기를 구울 때 군침이 도는 좋은 냄새가 나고 생선이나 해산물을 보관할 때 역한 냄새가 나는 것은 모두 마이야르 반응과 관련이 있다.

  다행히도 커피 로스팅 과정에서는 좋은 향기를 만들어낸다. 커피콩을 160~230℃ 사이의 온도에서 볶으면 마이야르 반응이 일어나서 기체(이산화탄소 등)가 대량으로 방출된다.

  이 기체는 커피콩의 세포 안에서 계속 에너지를 축적하다가 일정 단계에 이르면 세포벽을 뚫고 밖으로 나오는데, 이것이 바로 1차 크랙이다.

갈색 물질인 멜라노이딘은 마이야르 반응의 최종 산물이며, 불규칙한 고분자로 구성되어 있어서 각기 다른 방식으로 존재한다. 또한 커피 로스팅 과정에서 생긴 항산화활성도 멜라노이딘을 통해 나타나고, 멜라노이딘은 항산화활성의 고분자량화합물(HMM)과 저분자량화합물(LMM)을 함유하고 있다. 이는 모두 마이야르 반응의 결과다. 멜라노이딘은 마이야르 반응에서 생성된 주요 항산화 성분이다.

제3의 물결 커피 마니아들이 고집하는 약한 로스팅이나 예전의 로스팅 전문가들이 선호하던 강한 로스팅이 아닌 중간 로스팅을 할 때 항산화활성이 가장 강해진다.

건열반응

건열반응(Dry Distillation)은 탄화(炭化 Carbonization)라고도 한다. 공기를 차단한 상태에서 열분해가 일어나는 복잡한 과정을 거치는 반응이며, 이때 각종 기체와 고체의 잔여물이 생성된다. 코크스와 콜타르가 바로 건열반응을 통해 생성된 물질이다. 커피 로스팅에서 일어나는 건열반응은 산소를 완전히 차단하지는 않으므로 적당한 정도의 저온에서 진행된다고 할 수 있다. 로스팅을 약하게 할 때 많이 발산되는 나무 진향, 탄소향, 향신료의 매운 향 등이 바로 건열반응으로 생긴 향이다.

3. 커피 로스팅 정도

● 로스팅을 강하게 할수록 커피콩의 수분은 증발하고 중량은 가벼워진다. 또 이산화탄소 같은 기체가 다량으로 배출되어 커피콩의 부피가 팽창하므로 딱딱했던 콩이 파삭하게 변한다. 비유하자면, 힘이 센 운동선수만 맨손으로 부술 수 있는 단단한 생두가 어린아이의 힘에도 부수어질 정도로 조직이 약해진다는 말이다.

● 로스팅 과정 초반에는 커피콩에 풍부한 맛의 산성 물질이 대량으로 생성된다. 그러나 로스팅이 진행될수록 커피콩에 생긴 산성 물질이 차츰 분해되고, 전분이 변화하면서 생긴 당분이 탄화되어 쓴맛이 점점 강해진다. 즉, 로스팅을 할수록 커피콩의 신맛은 약해지고 쓴맛은 강해진다. 커피콩 고유의 신맛이 강한 것은 로스팅을 약하게 하면 안 되고, 커피콩 고유의 쓴맛이 강한 것은 로스팅을 강하게 하면 안 된다. 로스팅 정도를 적절히 잘 조절하면 신맛과 쓴맛이 균형을 이룬다. 뒤에 나오는 커핑 부분에서 이에 대해 좀 더 자세히 설명하겠다.

● 로스팅 시간이 길어지면 더 강한 쓴맛과 깔끔하고 진한 맛을 느낄 수 있다. 즉 흔히 말하는 '바디감'이 느껴진다. 또 커피의 지방 성분도 많이 배출되어 입안에서 느껴지는 질감이 전반적으로 좋아진다.

● 커피콩의 고유의 특성(이른바 장점과 단점은 사람들이 주관적인 호불호에 따라 커피콩 고유의 특성을 정의한 인위적인 구분에 불과하다)은 로스팅 과정에서 점점 약화되어 커피콩의 떫은맛과 잡맛이 사라지고 입안에서 느껴지는 균형감과 바디감이 점점 좋아진다.

저 품질의 커피콩은 로스팅을 약하게 하면 안 좋은 점이 더 심하게 드러난다. 마치 뚱뚱한 사람한테 억지로 비키니를 입혀서 울룩불룩한 몸매의 곡선을 노출시킨 것처럼 말이다. 반면에 로스팅을 강하게 하면 떫은맛과 잡맛이 상당히 감춰진다. 그러나 로스팅을 강하게 했다고 모두 저 품질의 커피콩이라고 단정해서는 안 된다. 균형감과 진한 맛 또는 지방 성분의 배출량을 높이기 위해 로스팅을 강하게 하는 경우도 있기 때문에 이 점을 주의해야 한다.

● 열전도율이 낮은 물도 로스팅에 영향을 미치므로, 로스터들은 주의해야 한다. 수분 함량이 높거나 과육부가 두터운 커피콩은 로스팅을 비

블룸 커피 칼리지에서는 로스팅을 할 때마다 에그트론 (Agtron) 캐러멜화 측정 도구를 사용하여 로스팅 컬러를 측정하고 기록한다.

교적 강하게 한다. 이와 반대로 수분 함량이 낮거나 과육부가 얇은 커피콩은 로스팅을 약하게 해야 맛이 좋다. 만약 같은 산지의 동일한 품종이라고 해도 새로 수확한 생두는 진녹색을 띠고 수분 함량이 높지만, 묵은 생두는 색깔이 옅으면서 누런 빛깔을 띠며 수분 함량이 낮다(한 나무에서 수확한 것이라도 그렇다). 이 두 종류의 커피가 신맛과 쓴맛의 균형이 잡힌 향미를 균일하게 내도록 하려면, 새로 수확한 생두는 약간 강하게 로스팅해야 한다.

로스팅을 처음 배우는 사람은 수분 함량이 낮은 커피콩(수년 동안 묵혀두어 수분 함량이 떨어진 묵은 것이나 햇볕에 말린 것)으로 로스팅 연습을 하는 것이 좋다.

● 로스팅이 진행되면 서서히 향이 생긴다. 로스팅 초기 단계(약하게 볶을 때)는 향을 구성하는 저분자 화합물의 움직임이 가장 활발한 시기로, 향이 다량으로 생성되어 후각을 자극한다. 이때는 주로 꽃, 풀, 과일 향이 생성된다. 로스팅이 중간 단계에 이르면, 향을 내는 물질은 중간분자량 화합물이 다수를 차지하여 캐러멜, 크림, 초콜릿, 견과류 등의 향이 뚜렷해진다. 로스팅 정도가 강해지면 향을 구성하는 물질은 고분자 화합물이 되고, 활동성이 현저히 떨어져 느릿느릿 움직인다. 이때는 나뭇진, 향료, 숯 등과 같은 향이 강하게 난다.

커피콩이 로스팅 정도에 따라 기본적으로 어떤 특징을 나타내는지 다시 살펴보자. (표 6-1)

표 6-1 커피 로스팅 정도

로스팅 단계	세부 단계	크랙 시점	설명
약 로스팅 Light Roast	라이트 로스트 Light Roast	1차 크랙 시작	클로로겐산이 많이 남아 있고 방향 물질이 적어서 신맛과 떫은맛이 강하다. 목넘김이 나빠서 좋아하는 사람이 별로 없다.
	시나몬 로스트 Cinnamon Roast	1차 크랙 활발히 진행	주로 저 분자량의 방향 물질이 방출된다. 밀도감이 낮고 날카롭고 떫은맛이 나서 원두를 드럼에서 천천히 꺼내도 이 맛을 싫어하는 사람이 있다. 그러나 로스터가 특별한 로스팅 프로파일을 설계하면 놀랍게도 맛이 확 달라지기도 한다.
중 로스팅 Medium	미디엄 로스트 Medium Roast	1차 크랙 종료	저 분자량의 방향 물질이 다량 방출되어, 꽃, 과일, 풀 향 등 향기를 분명히 식별할 수 있다. 보통 시중에서 '약 로스팅'으로 표기된 스페셜티 커피 원두는 여기에 해당한다. 이때는 원두를 드럼에서 천천히 꺼내면 바디감과 단맛이 좋아지고 신맛과 떫은맛은 약해진다. 커핑에서 나쁜 맛을 찾아낼 때 미디엄 로스트 원두를 주로 사용한다.
	하이 로스트 High Roast	1차 크랙 종료 후, 2차 크랙 시작 전 휴지기	마이야르 반응이 일어나서 중분자량 기체가 많이 방출된다. 요즘 인기 있는 스페셜티 커피의 원두가 바로 '휴지기' 약 2분 사이에 드럼에서 꺼낸 것이다. 맛이 깔끔하고 산뜻하며, 캐러멜의 단맛이 난다.
중강 로스팅 Moderately Dark Roast	시티 로스트 City Roast	2차 크랙 시작 직전	주로 중분자량 기체가 방출되며, 새콤한 향에 캐러멜, 견과, 초콜릿 향이 섞여 있다. 이 단계도 스페셜티 커피 업계에서 선호하는 로스팅이다. 모든 향미가 최상의 균형을 유지하고 있어서 'Full Flavor Roast'라고 부르기도 한다. SCAA가 제안한 커핑 기준에 적합하며, 복합적이면서 매력적인 캐러멜 향이 두드러진다.
	풀 시티 로스트 Full City Roast	2차 크랙 시작	고분자량 기체가 방출되기 시작하면서 로스팅 정도가 점점 강해진다. 원두의 표면에 윤기와 광택이 나고 기름기가 약간 돌며, 캐러멜 향이 풍부해진다. 에스프레소 원두로 많이 사용하며, 이탈리아 북부 지역의 로스팅 정도와 비슷하다.
강 로스팅 Dark Roast	프렌치 로스트 French Roast	2차 크랙 활발히 진행	나뭇진, 향료, 탄소 향이 나며 맛이 깊고 중후하다. 이탈리아 남부 지역의 로스팅 정도와 같으며, 전통 로스팅 전문가가 가장 선호하는 단계이다. 원두 표면에 기름기가 많아지고 바디감이 풍부하며 뒷맛에서 단맛이 오래 남는다. 전통적인 더치커피를 추출할 때 적합하다.
	이탈리안 로스트 Italian Roast	2차 크랙 종료	원두 표면에 기름기가 반지르르하고 탄화가 두드러지게 나타난다. 소수의 로스터와 마니아들만 이 단계에 도전한다.

Part 6 독특한 향미 만들기 : 커피 로스팅 개론

블룸 커피 칼리지에서는 중국 윈난 바오산(保山) 누장 유역의 해발 1,300m 지역에서 생산되는 카티모르 생두를 로스팅 테스트 샘플로 사용한다. 각각 다른 정도로 로스팅한 원두의 표면을 전자 현미경으로 관찰하면 로스팅에 대해 더 깊이 이해할 수 있다.

로스팅 정도에 따른 원두 표면의 상태를 전자 현미경으로 관찰한 모습

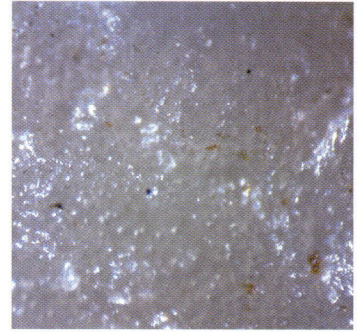

커피 생두의 표면 (540 배 전자 현미경으로 관찰)

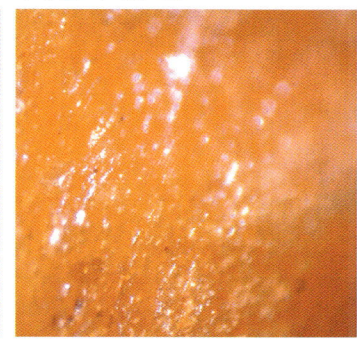

160℃에서 로스팅한 원두의 표면 (540 배 전자 현미경으로 관찰)

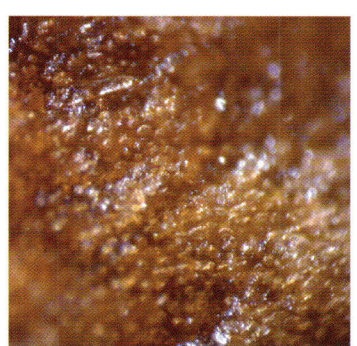

180℃에서 로스팅한 원두의 표면 (540 배 전자 현미경으로 관찰)

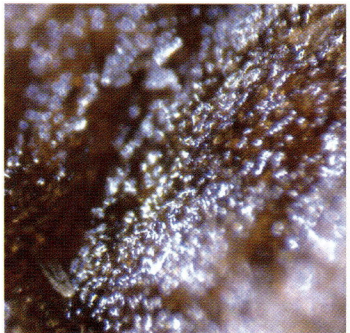

190℃에서 로스팅한 원두의 표면 (540 배 전자 현미경으로 관찰)

200℃에서 로스팅한 원두의 표면 (540 배 전자 현미경으로 관찰)

210℃에서 로스팅한 원두의 표면 (540 배 전자 현미경으로 관찰)

220℃에서 로스팅한 원두의 표면 (540 배 전자 현미경으로 관찰)

로스터가 갖추어야 할 기본적인 기술

로스터에게 필요한 기술을 간단히 언급하겠다.
1. 각 생두의 품질과 향미의 특성을 안다.
2. 커피 블렌딩 기술을 파악하고 계획한다.
3. 로스팅 정도를 정확하게 조절한다.
4. 로스팅 프로파일을 정밀하게 작성한다.
5. 원두(블렌딩 또는 싱글 오리진)의 독특한 향미를 정확하게 파악한다.
6. 바리스타 및 고객과 소통하고, 수시로 위의 다섯 가지 사항을 실천하고 보완한다.

Part

맛있는 커피를 만드는 만능 공식

이번 장에서는 커피 산업 체인을 전반적으로 분석하고, 커피의 선천적 단계와 후천적 단계에 대해 얘기하려고 한다. 바리스타나 커피 애호가나 누구 할 것 없이 모두 커피의 만능 공식을 알면 커피의 맛을 평가하는 기본 전략과 분석 모델을 설정할 수 있다.

바리스타 커피와 사랑에 빠지다

1. 맛있는 커피를 만드는 7대 원칙

☕ 맛있는 커피

언변이 뛰어나고 생각이 깊고 대단한 경지에 이르렀다고 해서 무조건 훌륭한 사람이라고 하지는 않는다. 사람을 대할 때는 상대방이 편안함을 느끼도록 언행이 자연스럽고 의젓해야 한다. 또 자신의 모난 곳을 드러내지 않고 타인을 수용하는 원숙함과 지혜로움을 지녀야 훌륭한 사람이다.

미식도 그렇다. 사람마다 입맛이 다르니 각자의 입맛을 다 맞추기는 어렵다. 테이스터의 취향이 저마다 다르고, 향미의 좋고 나쁨을 평가할 수 있는 절대적인 기준도 없다. 이런 점이 음식의 매력이기도 하다. 그러므로 맛있는 커피를 정의할 때는 커피의 가격이 얼마인지 또는 얼마나 색다른지는 중요하지 않다. 무엇보다

Part 7 맛있는 커피를 만드는 만능 공식

오염되지 않은 건강한 커피여야 하며, 독특한 향미로 가능한 많은 사람의 입맛을 사로잡을 수 있어야 한다. 또 테이스터들의 침샘을 자극하고 몸과 마음이 즐거운 감각적인 경험을 할 수 있어야 맛있는 커피다.

맛있는 커피를 만드는 7대 원칙

이전에 출간한 《커피 커피》에서 '맛있는 커피 브루잉(Brewing)'이라는 제목으로 맛있는 커피를 만드는 브루잉 7대 원칙에 대해 정리하였다. 여기서는 그 내용을 보강하여 다시 설명하겠다.

원칙 1 : 고품질의 신선한 생두를 선택한다. 생두를 최적의 조건에서 보관한다고 해도 시간이 지나면 향미가 나빠진다는 점은 커핑 과정에서 분명히 느껴진다. 스페셜티 커피 생두라도 완전무결하지는 않다. 그러므로 커피 본연의 향미를 왜곡시키거나 감각적인 경험을 방해할 우려가 있는 결점 두는 반드시 골라내야 한다. 특히 검은 것, 썩은 것, 곰팡이 낀 것, 벌레 먹은 것 등 변질이 심각한 콩을 제거한다.

원칙 2 : 로스팅한 지 오래되지 않은 원두를 선택한다. 로스팅 후에 짧은 숙성 기간을 거쳐서 원두가 최상의 상태가 되었을 때 되도록 빨리 커핑을 한다.

원칙 3 : 원두를 정확하고 기술적으로 분쇄한다. 가능한 한 커피를 만들기 직전에 분쇄하는 것이 좋다. 분쇄한 커피를 구입하거나 커피 전문점에 분쇄 서비스를 부탁하면 향미가 현저히 나빠지고 품질도 떨어진다. 바리스타라면 절대로 해서는 안 되는 행동이다.

원칙 4 : 수질이 좋아야 한다. 신선하지 않거나 특별한 맛이 느껴지는 물은 사용하면 안 된다. 물의 경도(硬度)가 높은 경수(硬水)도 좋지 않고 경도가 낮은 연수(軟水)도 좋지 않다. 바리스타는 항상 브루잉에 사용할 물의 pH 수치와 TDS(Total Dissolved Solids, 총용존고형물) 수치에 주의를 기울여야 하고, 경우에 따라서 정수와 연수 장치를 구입한다.

원칙 5 : 물의 온도가 알맞아야 한다. 원두의 로스팅 정도가 약한 경우는 물과 커피 가루가 접촉하는 순간의 수온이 91~94℃를 유지해야 한다. 그러나 로스팅 정도가 강한 경우는 커피의 세포

조직이 심각하게 훼손될 가능성이 있으므로 물의 온도를 좀 낮추는 것이 좋다.

원칙 6 : 자신의 입맛에 맞는 커피와 물의 비율을 정하고, 사용하기 편리한 도구를 선택하여 꾸준히 테스트하면 최적의 방법을 찾을 수 있다. 다양한 브루잉 도구에 대해 알게 되는 것도 큰 즐거움이다.

원칙 7 : 브루잉은 짧은 시간에 고도의 기술이 필요하다. 최대한 정확하면서도 부드럽게 해야 하고, 브루잉 시간이 지나치게 길면 좋지 않다. 커피에 함유된 좋은 물질을 많이 얻으려면 추출 수율을 적절한 범위 내로 제한해야 한다.

이 일곱 가지 원칙은 바리스타와 커피 전문점의 관점에서 비교적 완벽하고 상세하게 설명했으므로 실용적인 가이드가 될 것이다.

그러나 전문 바리스타라면 보다 거시적인 시각이 필요하고 전반적으로 꼼꼼하고 세심하게 살펴야 한다. 그래야만 꾸준히 개인의 발전도 추구하고, 카페도 유지하고, 고객의 소비도 유도할 수 있다. 내가 본 바리스타들 중 많은 사람이 업계에 발을 들인지 여러 해가 지났는데도 여전히 독창성 없이 고만고만한 수준에 머물러 있다. 바리스타 훈련 당시 배웠던 기술들을 날마다 반복하기만 한다. 얼마나 능숙한 기술을 가졌는지 몰라도 자신감만 가지고 한 울타리 안에서 맴돌기만 하면 발전 가능성도 제한되고 사업의 성공을 논하기도 어렵지 않겠는가?

맛있는 커피란, 독특한 향미를 지닌 동시에 되도록 많은 사람의 입맛을 사로잡을 수 있고, 테이스터의 몸과 마음을 즐겁게 할 수 있는 것이어야 한다.

2. 커피의 '선천적' 단계와 '후천적' 단계

맛있는 커피를 만드는 방법을 계속 이야기하기 전에, 먼저 커피가 '씨앗에서 한 잔의 커피로' 재탄생하는 과정에 대해 알아야 한다.

'선천적' 단계와 '후천적' 단계

중국 전통 문화에는 선천팔괘(先天八卦)와 후천팔괘(後天八卦)처럼 '선천적'과 '후천적'이라는 말이 있다. 선천팔괘는 자연의 이치를 따르는 것이고, 후천팔괘는 자연의 이치를 바탕에 두고 인위적인 것을 개입시켜 변화 발전하는 것으로 문왕팔괘(文王八卦)라고도 한다.

여기서 이 개념을 커피에 적용해보려고 한다. 커피가 '씨앗에서 한 잔의 커피로' 재탄생하는 전 과정(혹은 커피 산업체인)은 크게 '선천적' 단계와 '후천적' 단계로 나뉜다. 선천적 단계는 보다 본질적인 것으로 산업 체인의 전반부 과정에 해당하며, 기본적으로 커피의 생산지에서 이루어진다. 이를테면 커피나무 품종, 재배 방식, 자연 환경, 토양 조건, 수확 방법, 선 가공 방법 등이다. 후천적 단계는 산업 체인의 후반부(마지막)에 해당하며, 커피 소비 지역(상하이, 시애틀, 타이베이, 멜버른 등)에서 이루어진다. 이때는 선천적인 단계에 이어서 로스팅, 분쇄, 추출 등 신기한 과정이 전개된다.

로스팅 단계의 특수성

자세히 보면 위에서 말한 분류에 문제가 있다는 것을 알아차릴 수 있다. 문제는 바로 로스팅 단계다. 요즘 시대는 과학기술의 발전과 함께 커피에 대한 지식과 경험이 풍부해지면서 커피 로스팅의 숨겨진 비밀이 속속 밝혀지고 있다. 로스팅은 보통 커피 소비 지역에서(심지어 카페에서도) 이루어지는데, 그 과정에서 물리적 변화와 복잡한 화학적 변화가 일어나 전형적인 커피의 향미가 형성(Creation)된다.

그러므로 로스팅 단계는 커피가 새로운 생명을 얻는 과정인 '선천적 단계'에 포함시키는 것이 바람직하다.

바리스타 커피와 사랑에 빠지다

바리스타의 신성한 사명

앞에서 얘기한 것처럼 커피 씨앗에서 출발하여 로스팅 단계까지 독특한 향미를 얻기 위한 과정을 '선천적 단계'라고 한다. 커피 농가, 커피 품질 감정사, 커피 로스터 등의 전문가들은 이 단계에서 개인의 지혜와 가치를 모두 투입한다. 이 단계는 바리스타와 거리가 먼 일이어서 특별히 해야 할 일은 없지만 그래도 한 가지 중요한 역할을 할 수 있다. 바로 커피를 추출하여 고객에게 제공하고 고객의 평가를 피드백 하는 것이다. 바리스타가 커피 추출 결과와 고객의 평가를 종합하여 '선천적 단계'에 피드백 하면 품종 개량, 수확, 선 가공 방법, 로스팅 과정 등에서 유용하게 활용할 수 있다.

호주의 어느 카페에 있는 커피 로스터

Part 7 맛있는 커피를 만드는 만능 공식

로스팅한 원두를 분쇄하고 커피를 추출하는 과정을 '후천적 단계'라고 한다. 이때는 바리스타가 주인공으로서 스포트라이트를 받으며 '화룡점정(畵龍點睛)'을 찍는 매우 중요한 단계다. 이때 커피의 진가가 드러나고 선천적 단계에서 쏟았던 모든 노력이 결과로 나타난다. '후천적 단계'는 고객이 커피의 진정한 맛을 최대한 느낄 수 있도록 신중하고 철저하게 커피 고유의 독특한 향미를 살리는 과정이다.

'후천적 단계'는 반드시 선천적 단계를 기반으로 한다. 선천적인 요소가 든든하게 받쳐주지 않으면 후천적인 단계에서 한 모든 노력은 뜬구름처럼 허황된 일이 되고 만다. 모난 옥도 깎고 다듬으면 그릇이 되듯이, 바리스타는 후천적 단계에서 장인정신을 바탕으로 바리스타로서의 신성한 사명을 다해야 한다.

이 과정을 그림으로 보면 더 분명하고 완벽하게 이해할 수 있다. (그림 7-1)

그림 7-1 커피의 선천적 단계와 후천적 단계

바리스타 커피와 사랑에 빠지다

3. 맛있는 커피를 만드는 만능 공식

사실 맛있는 커피를 만드는 만능 공식은 따로 있다. 이 공식을 잘 따라하면 맛있는 커피를 만드는 절대적인 비밀을 자신의 것으로 만들 수 있다. 이게 바로 만능 공식이다.

> 맛있는 커피 = 탁월하고 독특한 향미 × 알맞은 농도

커피의 만능 공식에 담긴 의미

맛있는 커피를 만드는 두 가지 요소는 '탁월하고 독특한 향미'와 '알맞은 농도'다. '탁월하고 독특한 향미'는 선천적 단계에서 노력한 결과고, '알맞은 농도'는 '후천적 단계에서 이룬 목표다.

만약 선천적 단계에서 후천적 단계로 넘어가는 과정에서 아무런 문제가 없다고 가정하면(예를 들면 원두 보관 문제 등), 두 요소 사이의 '곱하기'는 커피의 맛을 완벽하게 하는 역할을 한다.

호주 멜버른에 있는 어느 카페의 바리스타

● 한 명의 바리스타가 동일한 조건에서 향미의 차이가 미미한 두 종류의 커피를 만들 때, 두 잔의 농도를 완전히 똑같이 맞춘다고 장담해도(사실은 가능성이 희박하다) 마지막에 맛을 보면 틀림없이 차이가 나타난다. 이는 곱하기가 맛의 차이를 두드러지게 만든 것이다.

● 향미가 같은 동일한 원두를 한 명의 바리스타가 계속 만든다고 해도, 매번 만드는 과정이 조금 다르거나 빠지는 부분이 있으면 커피 농도에 차이가 생기고 커핑 결과도 완전히 다르게 나

온다.

● 향미가 같은 동일한 원두로 여러 바리스타가 커피를 만드는 경우, 바리스타들은 각자 서로 다른 기술을 사용하고 심지어 똑같은 기준이나 절차를 따르지도 않는다. 오로지 자신의 경험과 판단에 따라 마음껏 실력을 발휘한다. 커핑 결과도 당연히 천차만별이다.

독특한 향미는 어떻게 생길까?

그렇다면 커피의 독특한 향미는 어떻게 생기는 걸까? 답은 '선천적 단계'에 있다. 커피콩은 선천적 단계를 거치면서 고유의 독특한 향미가 지니게 된다. '살림 잘하는 아내도 쌀이 없으면 밥을 못 짓는다.'는 옛말처럼 제아무리 기술이 뛰어난 바리스타라도 품질이 나쁜 원두를 사용하면 맛도 없고 목으로 넘기기도 힘든 커피를 만들 수밖에 없다.

그런 까닭에 품질이 우수하고 독특한 향미를 지닌 원두를 고르는 것이 맛있는 커피를 만들기 위한 선결 조건이다. 더불어 바리스타는 기초적인 기술과 지식을 충분히 습득하고 연습하여 기본적인 기량을 갖추어야 한다. 원두의 품질을 감정할 줄 모르고 오로지 커피를 만드는 데만 집중하는 바리스타는 바리스타로서 자격이 부족하다. 그러니 명품 바리스타나 바리스타 장인이 되는 것은 당연히 꿈도 꾸지 못할 일이다.

커피의 농도 조절하기

커피의 만능 공식에 대해 계속 얘기해보자. 만약 품질이 우수한 원두를 골랐지만 원두 보관 과정에서 문제가 생겼다면 커피의 농도를 조절하면 된다.

원두에는 물에 녹는 물질이 일정 비율을 차지하고 있고, 물에 녹지 않는 섬유질은 그보다 더 많다. 그러나 물에 녹는 물질은 종류가 많고 복잡하며 용해 특성도 각각 다르다. 미시적으로 보면, 원두의 성분이 '물에서 용해'되는 현상은 원두의 여러 성분이 커피에 종합적인 영향을 끼치는 매우 복잡한 과정이다. 게다가 인위적으로 물과 커피가루의 비율을 조절하여 커피의 농도를 맞추기란 결코 간단하지 않다. 머릿속으로 계산이 아주 빨라야 하고 기술도 상당히 좋아야 한다.

사진 속의 터키식 커피 외에 중력을 이용하는 브루잉 커피나 고압에서 추출하는 에스프레소를 만드는 법 모두 바리스타의 기본 과제다. 다음 장에서 이에 대해 하나하나 살펴보겠다.

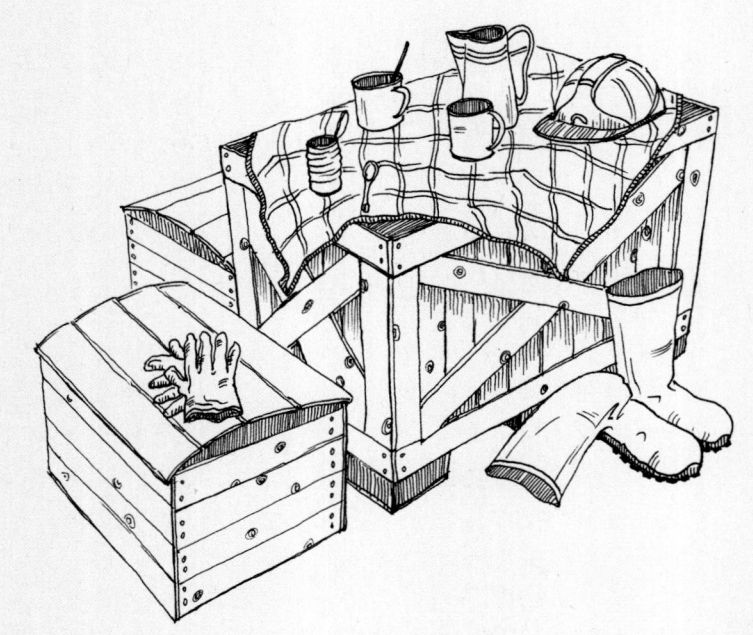

Part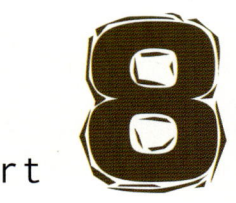

커피의 농도와 바리스타의 만능 공식

이번 장에서는 바리스타의 주 무대인 커피 카운터를 중심으로 커피를 만드는 과정을 이야기하겠다. 커피 추출수율과 골든 컵(Golden Cup, 커피와 물의 이상적인 비율) 추출구간을 중점적으로 살펴보고, 나아가 추출한 커피의 품질에 대해 종합적으로 분석하겠다.

1. 커피의 농도

지금부터 바리스타의 '핵심 영역'에 대해서 이야기를 시작하겠다. 탁월한 향미를 지닌 신선한 원두를 로스팅하여 적당히 숙성시켰다고 가정할 때(커피콩의 품종, 로스팅 정도, 로스팅 프로파일, 재배 지역에 따라 원두의 숙성기간이 달라진다), 커피의 농도(Strength)를 정확하게 조절할 수 있는 방법은 무엇일까? 특별한 전제 조건이 없으니 뜨거운 물로 추출하는 블랙커피를 대상으로 생각해보자.

커피의 농도란, 커피 액의 총량 중 커피에서 추출된 물질이 차지하는 양을 말한다. 액체는 온도가 달라지면 부피에 변화가 생겨 부피 퍼센트 농도로는 정확하게 측정하기 쉽지 않으므로, 이는 무시하고 질량 퍼센트 농도로 문제에 접근하겠다.

커피의 농도 계산 공식 :

$$커피의농도 = \frac{용질의\ 질량\ (g)}{용액의\ 질량\ (g)} \times 100\%$$

커피의 농도는 어떻게 측정할까?

농도를 측정하는 방법은 두 가지다.

방법 1 : 추출하기 전에 커피 가루의 중량을 정확히 측정한다. 이를 a_1(단위 g) 이라고 한다. 커피를 추출하고 남은 커피 찌꺼기를 말린 다음에(바람에 자연스럽게 말려도 되고 오븐 같은 기구를 이용해도 된다) 완전히 말린 커피 찌꺼기의 중량을 다시 잰다. 이것은 a_2(단위 g) 라고 한다. 커피액 속에 용해된 커피 추출 물질의 질량(커피액 속에 남아 있는 용질의 질량) 을 n 이라고 하면, $n = a_1 - a_2$ 이다.

그리고 커피 액의 총질량을 측정하여 A *라고* 하고, 커피 한 잔의 농도를 C 라고 하면 아래와 같은 공식이 성립한다.

엉성한 방법 같지만 실제로 측정해보면 꽤 정확하고 실용적이다.

$$C = \frac{n}{A} \times 100\%$$

Part 8 커피의 농도와 바리스타의 만능 공식

방법 2 : 전문적인 커피 농도 측정기 익스트랙 모조(Extract MoJo) 를 사용한다. 이 기기를 사용하면 빨리 측정할 수 있고 정확도가 상당히 높다. 또 기기와 호환되는 소프트웨어를 이용해서 추출수율을 계산하면 완벽한 추출 기술 데이터를 가질 수 있다.

앞에서 얘기한 커피의 질량 퍼센트 농도 공식을 다시 보자.

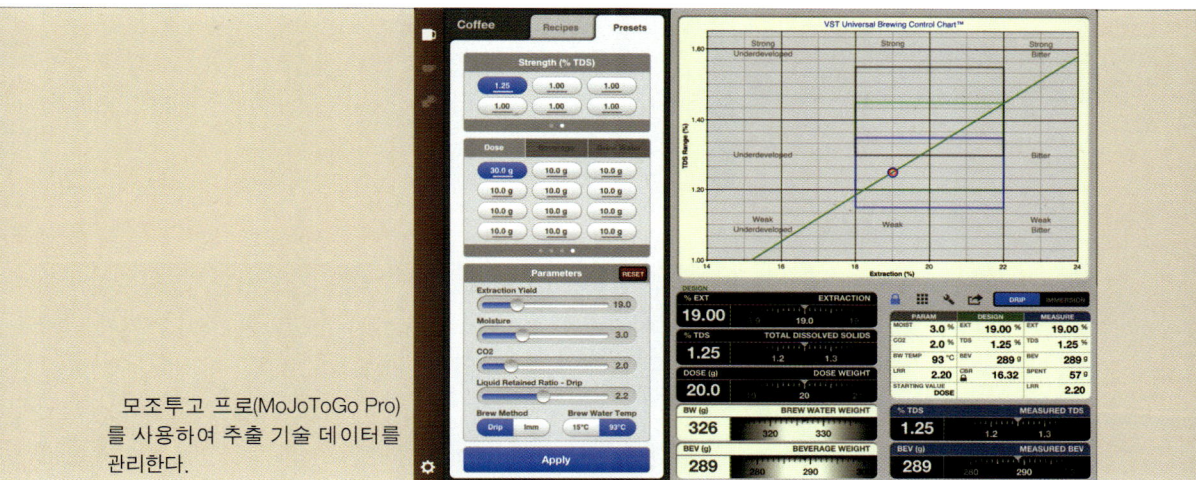

모조투고 프로(MoJoToGo Pro)를 사용하여 추출 기술 데이터를 관리한다.

$$c = \frac{n}{A} \times 100\%$$

여기에는 두 가지 핵심이 있다.

첫째, 커피 액에 용해된 커피 추출물의 질량이 변하지 않는다고 가정할 때(분자 n이 변하지 않음), 커피 액의 총질량이 적어질수록(분모 A가 적어짐) 커피의 농도는 높아진다.

둘째, 커피 액의 총질량이 변하지 않는다고 가정할 때(분모 A가 변하지 않음), 커피 액에 용해된 커피 추출물이 많아질수록(분자 n이 많아짐) 커피의 농도는 높아진다.

바리스타 커피와 사랑에 빠지다

브루잉 커피(Brewing Coffee)의 농도

우리는 일상생활에서 끓여서 추출하는 터키식 커피와 고압으로 추출하는 에스프레소를 제외하면 주로 커피메이커, 프렌치 프레스, 핸드드립, 사이펀, 에어로 프레스, 스위스골드 KF300 등을 이용해서 여과 방식으로 추출한 브루잉 커피를 마신다.

대부분의 소비자가 즐겨 마시는 브루잉 커피의 농도는 1.5% 이하이고, 커피 액의 98.5% 이상을 차지하는 것은 물이다. 맛있는 커피 한 잔을 마시면서 깊고 강렬한 느낌을 받았다고 하더라도 그 커피 속에 녹아 있는 커피 추출물의 비율은 실제로 상당히 낮다.

미국 스페셜티 커피협회(SCAA)의 기준에 따르면, 브루잉 커피의 최적 농도는 1.15~1.35% 구간이다. 이 수치는 현재 중국인들의 입맛에도 가장 알맞은 기준이다. 블룸 커피 칼리지가 여러 해 동안 카페를 시범 운영하고 조사한 결과에서도 중국인이 좋아하는 커피의 농도는 1.15~1.25% 구간에 집중되어 있었다.

유럽 스페셜티 커피협회(SCAE)가 제시한 최적의 농도는 1.2~1.45% 구간이다. 유럽 사람들은 훨씬 진한 커피를 좋아한다는 사실을 알 수 있다. 익스트랙 모조가 추천하는 농도와 노르웨이 커피협회(NCA) 등 관련 기관이 추천한 농도 기준이 더 있지만 과유불급이란 말처럼 기준이 너무 많으면 오히려 더 헷갈린다. 바리스타들은 대부분 미국 스페셜티 커피협회의 기준을 기본으로 삼고, 유럽 스페셜티 커피협회의 기준은 적당히 참고하면 된다고 한다.

커피를 배우고 실습하는 과정에서는 익스트랙 모조를 사용하면 농도를 즉시 측정할 수 있고, 그 데이터를 근거로 다른 기술도 조정할 수 있다. 그러나 기술이 능숙해지고 추출에 대한 기본적인 개념이 확립되면 익스트랙 모조를 사용하지 않고 온전히 즐기면서 커피를 만들게 된다.

에스프레소의 농도

커피머신으로 고압에서 추출하는 에스프레소는 중후하고 풍부한 맛을 지니고 있어서 브루잉 커피에 비해 농도가 훨씬 진하다. 최적의 농도는 8~12% 구간이다. 에스프레소를 만드는 기술은 난이도가 높지만 배울 만한 가치가 있다. 바리스타로서 에스프레소 기술과 지식을 완벽하게 마스터하고 최적의 농도로 추출하려면 상당히 긴 시간 동안 노력하고 연습해야 한다.

브루잉 커피와 마찬가지로, 연습하는 동안은 익스트랙 모조를 사용해서 농도를 즉시 측정하고 데이터를 활용할 수 있지만 언젠가는 반드시 익스트랙 모조에서 손을 떼야 한다. 고객에게 자신이 직접 만든 커피를 선보이는 바리스타가 익스트랙 모조의 검증에 의지한다는 것은 좀 우스꽝스럽고 고집스러워 보인다.

2. 추출비율

☕ 추출비율

우선 앞에 나온 커피의 농도에서 알게 된 두 가지 핵심 중에서 첫 번째 핵심부터 분석해보자. 커피 액에 용해된 커피 추출물의 질량이 변하지 않는다고 가정할 때(분자 n이 변하지 않음), 커피 액의 총질량이 적어질수록(분모 A가 적어짐) 커피 액의 농도는 높아진다고 했다. 커피 액의 총질량이 적어진다는 말은 브루잉에 사용되는 물의 양이 적어진다는 뜻이므로 당연히 커피의 농도는 높아진다. 그러므로 물과 커피가루의 비율을 조절하면 커피의 농도는 금방 달라진다.

두 번째 핵심은, 커피 액의 총질량이 변하지 않는다고 가정할 때(분모 A가 변하지 않음), 커피 액에 용해된 커피 추출물이 많아질수록(분자 n이 많아짐) 커피의 농도가 높아진다고 했다. 어떻게 하면 커피 액에 추출물을 최대한 많이 용해시킬 수 있을까? 추출할 때 커피가루를 많이 넣을수록 커피 액에 용해되는 추출물의 양이 많아진다. 이는 요리할 때 짠맛을 더 내려고 소금을 추가하는 것처럼 아주 단순한 이치다. 커피가루를 더 넣는 방법은 결국 물과 커피가루의 비율을 조정한다는 의미다. 첫 번째 핵심은 농도 공식의 분자(커피가루 양)에 변화를 주는 것이고, 두 번째 핵심은 분모(물의 양)에 변화를 주는 것이다. 이를 종합하면 '추출비율(Brewing Ratio)'이라는 새로운 개념이 생긴다. 추출비율이란 커피를 추출할 때 사용하는 물의 양과 커피가루 양의 비율을 말한다.

☕ 물의 부피 변화

추출비율은 바리스타라면 반드시 알아야 하는 주요 개념 중 하나다. 유럽 스페셜티 커피협회의 골든 컵 기준(SCAE Gold Cup Standard)에서 제시한 비율은 물 1L당 커피가루 50~65g이다. 여기서 주의해야 할 점은 물의 온도다. 물의 온도가 4℃일 때 정제수 1L의 질량은 1,000g이다. 물의 온도가 상승하면 물의 질량은 20℃일 때 998.203g, 40℃일 때 992.212g까지 감소한다. 물의 질량이 감소한 이유는 물의 밀도가 작아져서 가벼워졌기 때문이다. 물의 온도가 높을수록 물 분자의 운동이 활발해져서 물의 밀도는 작아지고 물의 부피는 증가한다. 브루잉할 때 91~94℃의 뜨거운 물을 사용하면 물 1L의 질량이 약 960g까지 줄어든다.

추출비율의 전제 조건

추출비율이 성립하려면 전제 조건이 있다.

1. 수질이 좋고 물의 TDS 수치가 150ppm(150mg/L)이어야 한다. 보통 카페나 가정에서 커피 브루잉을 할 때는 주로 고급 정수기(역삼투막 정수기)의 물을 사용한다. 정수기 물의 TDS 수치는 보통 30ppm 이하여서 커피 성분이 과다추출 된다. 이런 경우엔 원두를 좀 굵게 갈고 물의 온도를 낮추면 된다.

> Total Dissolved Solids(TDS) 는 총용존고형물이라고 하며, 물속에 용해되어 있는 무기염류와 유기물질을 함께 일컫는 용어다. 주요 성분은 칼슘과 마그네슘 이온이고, 나트륨, 칼륨, 탄산 이온 등도 포함된다.
>
> TDS 측정기는 적은 돈으로도 살 수 있으므로 측정기로 물의 전도율을 측정해서 TDS 수치를 확인한다. 단, TDS 측정기의 원리에는 한계점이 있다. 같은 물이라도 물의 온도가 올라가면 TDS 수치도 높아져서 간혹 사실과 다른 결과가 나올 수 있다는 점이다. 그러므로 상온일 때 측정하는 것이 좋다.
>
> 보통 TDS 수치 30mg/L 이내의 물은 연수, 30~80mg/L 은 저경수, 80~200mg/L 은 보통 경수, 200~450mg/L 은 고경수, 450mg/L 이상인 물은 극고경수라고 한다. 물의 경도와 TDS 가 반드시 관련이 있는 것은 아니지만, TDS 수치가 높으면 물의 경도도 높다. 물의 경도가 높으면 TDS 수치도 높을 가능성이 크다.

2. 로스팅 정도가 약한 원두를 사용한다. 우리가 평소에 주로 사용하는 원두는 로스팅이 좀 강한 편이므로 원두를 굵게 갈고 물의 온도를 낮추면 추출 정도를 조절할 수 있다.
3. 추출하는 물의 온도는 91~94℃가 알맞다.
4. 추출할 때의 실내 온도는 20℃를 유지한다.

이론상으로는 커피가루와 물의 비율이 1:15에서 1:19 사이가 적당하다고 하지만 실제로도 융통성 없이 무조건 이론대로 해야만 하는 건 아니다. 평소에 핸드드립(V60 필터, 케맥스(Chemex) 등을 사용)으로 커피를 추출할 때는 '분쇄는 굵게, 물의 온도는 낮게, 추출비율은 낮게' 하는 것이 브루잉을 잘하는 비결이다.

3. 핸드드립과 바리스타의 만능 공식

핸드드립 커피의 원칙

실제로 바리스타들은 평소에 핸드드립으로 브루잉을 할 때 항상 아래의 몇 가지 원칙을 지킨다.

1. 원두는 미디엄이나 미디엄보다 약간 굵은 정도로 분쇄한다. V60 드리퍼로 추출하는 경우, 미국의 인텔리젠시아 커피(Intelligentsia Coffee)가 권장하는 분쇄 도는 sand-like-grind(모래알처럼)이다.

2. 브루잉에 사용하는 물의 온도는 85~94℃ 사이에서 조절한다. 90℃ 이상 되는 고온의 물로 브루잉을 하면 추출물이 많아져서 맛이 더 진하고 쓰며 향도 강해진다. 주로 로스팅을 약하게 한 원두를 사용할 때 물의 온도를 높여서 브루잉을 하는 것이 좋다. 로스팅을 약하게 한 원두는 로스팅 과정에서 세포 조직이 크게 손상되지 않았기 때문에 물의 온도가 높으면 추출이 잘된다. 이와 같은 이유로, 고지대에서 생산된 단단한 원두로 커피를 추출할 때도 고온의 물을 사용한다.

추출에 가장 적절한 물의 온도는 85~90℃이다. 특히 로스팅 정도가 조금 강해서 세포벽의 손상이 심한 원두를 사용할 때 적당하다. 만약 이런 원두에 고온의 물을 사용하면 추출물이 많아지고 대분자량의 쓴 물질이 추출되어 마시기도 힘들 정도로 맛이 써진다.

물의 온도가 너무 낮아도 안 된다. 브루잉에 사용하는 물의 온도가 80℃ 안팎일 때는 시고 떫은맛만 난다고 실험으로 증명되었다. 추출수율이 낮아서 소분자량의 신맛이 나는 물질만 다량 추출되고 중분자량이나 대분자량의 물질은 추출량이 적기 때문이다. 그러면 커피에 신맛, 단맛, 쓴맛, 짠맛 등 다양한 맛이 고루 나타나지 않고 당연히 맛도 없다.

3. 커피가루와 물의 비율은 1:15~1:17이 적당하다.

요즘은 개인 카페의 경우 드립스탠드에 전자저울을 끼워 넣을 수 있도록 주문제작하기도 한다. 드리퍼에 커피가루를 넣고 물을 부으면 커피가루가 물을 흡수한다. 이때 흡수된 물의 양은 전자저울로 직접 측정할 수 없으므로 드립포트에 남은 물의 양을 계산해서 커피가루와 물의 비율을 정확하게 산출한다. 대부분 바리스타는 이런 방법으로 커피가루와 물의 비율을 계산한다. 이렇게 계산하면 커피가루와 물의 비율이 앞에서 말한 비율과 달리 대략 1:11~1:13이 된다.

에스프레소 커피의 비율은 브루잉 커피와 다소 차이가 있다. 에스프레소에 대해서는 뒤에서 자세히 소개할 예정이므로 여기서는 생략하고 언급하지 않겠다.

바리스타의 만능 공식

커피의 농도와 관련하여 앞에서 언급한 두 가지 핵심 중 두 번째 핵심을 계속 분석해보자. 만약 추출비율을 정했을 때, 다시 말해, 커피 액의 총질량이 일정하고 커피가루의 양도 일정할 때, 어떻게 하면 커피 액에 추출물을 최대한 많이 용해시킬 수 있을까? 여기서 바로 커피 추출 기술과 전략이 필요하다. 추출과정을 관찰하면서 상황에 따라 추출물의 총량을 조절하면 된다. 즉, 추출 상황에 따라 추출수율을 조절해야 한다.

여기에서 우리는 바리스타만이 적용할 수 있는 공식을 얻을 수 있다. 이 공식은 바리스타의 만능 공식이라도 불러도 좋다.

$$\text{커피의 농도} = \text{추출비율} \times \text{추출수율}$$

Part

추출수율, 분쇄, 추출 품질

이번 장에서도 바리스타의 주 무대인 커피 카운터를 중심으로 커피를 만드는 과정을 얘기하겠다. 커피 추출수율과 골든 컵 추출구간을 중점적으로 살펴보고, 나아가 추출한 커피의 품질에 대해 종합적으로 분석하겠다.

1. 추출수율과 골든 컵 추출구간

이미 앞에서 얘기한 것처럼, 바리스타의 기술이 아무리 뛰어나다고 해도 품질이 좋고 신선한 원두를 사용하지 않으면 삼키기조차 힘든 맛없는 커피가 만들어진다. 맛있는 커피를 만들기 위한 가장 기본적인 조건은 품질이 우수하고 독특한 향미를 지닌 원두를 사용하는 것이다. 원두를 양호한 상태로 잘 포장하고 보관하는 건 원두 고유의 향미를 좀 더 오래 지속시키는 데 도움이 될 뿐이다. 바리스타는 커피 추출 기술과 비법을 활용해서 커피를 추출하고 커피 액의 농도를 정확하게 조절할 줄 알아야 한다.

바리스타마다 커피를 추출할 때 중점을 두는 부분이 다르다. 다양한 생수를 사용하기도 하고, 갖가지 도구를 구비하기도 하고, 외적인 것보다 기술을 최적화하는 데만 집중하기도 한다. 이렇게 각자 방식은 다르지만 목표는 같다. 바리스타는 커피의 농도와 추출수율을 미세하게 조정하는 기술에서 자신의 능력을 최대한 발휘해야 한다.

추출수율

경험이 풍부한 바리스타나 커피전문점은 원두의 종류와 추출 도구에 따라 추출비율을 별도로 정해둔다(혹은 어떤 명확한 비율을 참고로 하여 소폭 조정한다). 이 추출비율은 추출 기술을 표준화하는 기준이다.

앞으로 설명할 내용도 고정된 추출비율이 있다고 전제하고, 추출수율에 대해서 전문적으로 다루겠다. 우선 추출수율의 계산 공식부터 보자.

$$\text{추출수율 (Extraction\%)} = \frac{\text{추출된 커피안에 녹아 있는 커피 성분 (Extracted Mass)}}{\text{추출한 커피가루 (Dry Mass)}}$$

로스팅한 원두가 100% 수용성 물질이 아니라는 점은 이미 잘 알고 있을 터이다. 원두를 분쇄한 커피가루와 인스턴트 커피가루는 전혀 다른 것이다. 아라비카종 원두에 함유된 수용성 물질은 30%를 넘지 않고 나머지 70%는 모두 물에 녹지 않는 섬유질이라는 사실이 실험을 통해 이미 여러 차례 증명되었다.

다음 그래프에서 커피 로스팅 정도에 따른 침출율의 변화를 살펴보자. (그림 9-1)

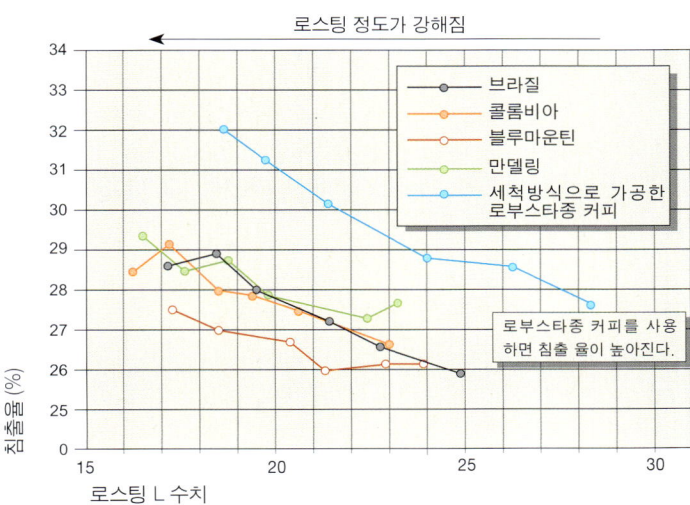

그림 9-1 커피 로스팅 정도에 따른 침출물 비율 비교

주 : 로스팅 L 수치는 SCAJ(일본 스페셜티 커피협회)에서 정한 로스팅 정도를 나타낸다. SCAA의 에그트론 수치와 비슷하며, L 수치 20~21은 에그트론 수치 #55~65에 가깝다.

골든 컵 추출구간

커피 성분 중에서 물에 용해될 수 있는 물질을 전부 다 추출해 내면 어떨까? 만약 그렇게 된다면 아마 틀림없이 굉장히 쓰고 이상한 맛이 나서 마실 수 없을 것이다. 사람들의 입맛에 맞지 않는 물질들도 남김없이 모조리 추출되었기 때문이다. 이렇게 성분을 지나치게 많이 추출하는 것을 과다추출(Over-Extracted)이라고 한다.

수용성 물질을 아주 적은 양만 추출하면 어떨까? 5%나 10%만 추출한다면? 그러면 우리 입맛에 맞는 꼭 필요한 물질이 추출되지 않아서 맛이 싱겁고 밍밍하고 커피 맛이 나지 않을 것이다. 이처럼 추출을 너무 적게 하는 것은 과소추출(Under-Extracted)이라고 한다.

실험 결과에 따르면, 아라비카종 커피의 추출수율은 이상적인 추출 범위(Ideal Extraction Yield) 안에 속한다고 한다. 만약 모든 기술과 수단을 동원해서 이상적인 추출 범위 안에 들도록 추출할 수 있다면 커피 추출에 대한 잠재력을 충분히 발휘한 셈이다. 사람들이 좋아하는 알맹이 물질은 최대한 많이 추출하고 쓸모없는 찌꺼기 물질은 최대한 적게 추출해야 한다. 그래야 커피

고유의 독특한 향미가 살고, 쓴맛, 신맛, 심지어 짠맛, 단맛까지 모든 맛이 조화를 이루어 균형 잡힌 맛이 난다.

이상적인 추출 범위는 18~22%이며, 이를 골든 컵 추출구간이라고 한다. 중력을 이용해서 추출하는 핸드드립 커피도, 에스프레소 머신으로 고압에서 추출하는 커피도 모두 추출수율이 18~22% 구간에 있으면 골든 컵이다.

유능한 바리스타가 되려면, 실제로 커피를 만들 때 기술과 비법은 물론 효율성까지 두루 고려하여 추출수율이 골든 컵 추출구간 안에 들도록 커피를 추출해야 한다. 일부 스페셜티 카페에서는 특정한 신맛을 없애려고 일부러 과소추출하기도 한다.

브루잉 커피를 기준으로 작성된 브루잉 컨트롤 차트를 참고하면 추출수율에 대해 전체적으로 파악할 수 있다. (그림 9-2)

그림 9-2 커피 브루잉 컨트롤 차트 (Coffee Brewing Control Chart)

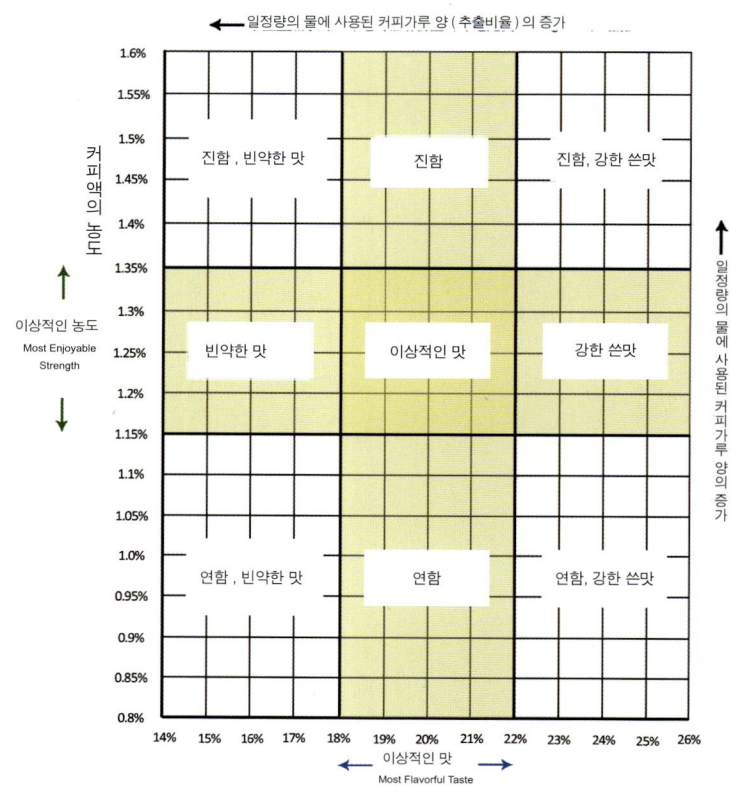

커피 추출수율 (추출된 커피 성분이 커피가루 총량에서 차지하는 비율)

2. 추출수율 조절하기

커피를 추출하는 짧은 몇 분 동안 효율적이고 정확하게 추출수율을 조절해야 한다.

추출수율에 영향을 미치는 몇 가지 요인

수많은 실험과 실습을 통해서 추출수율은 아래의 요인들과 밀접한 관계가 있다는 것을 알았다. 이것도 바리스타가 반드시 알아야 하는 비법이다.

1. 커피가루 입자 크기(Ground particle size) : 원두를 굵게 갈아서 입자가 크면 물과 접촉하는 총면적이 적어져서 추출 속도가 느려지고 추출수율도 낮아진다. 원두 입자가 고우면 물과 접촉하는 총면적이 넓어져서 추출 속도가 크게 빨라지고 추출수율도 높아진다.

2. 물의 온도(Brewing Temperature) : 물의 온도가 높아지면 물 분자의 에너지가 증가하여 분자의 움직임이 활발해지고 커피콩의 세포 조직이 강한 자극을 받아 추출 속도가 빨라진다. 또 커피의 가용성 물질도 상대적으로 많이 녹아 나와서 이런 점들이 모두 추출수율에 영향을 미친다. 바꾸어 말해, 커피의 추출수율을 높이려면 물의 온도를 높이면 된다.

앞에서 추출하기에 알맞은 물의 온도(85~94℃)를 제안했으나 추출 과정에서 여러 변인이 생길 수 있으므로 이에 따라 융통성 있게 조절해야 한다. 커핑 단계에서 충분히 알 수 있듯이, 수온이 적정 온도보다 낮으면 날카로운 신맛이 나면서 밍밍하고, 적정 온도보다 높으면 쓰고 떫은맛이 나서 삼키기 힘들다. 커피가루와 물이 만나기 전에 물의 온도를 적절히 맞추는 것만이 정확한 방법이 아닐 때도 있다. 추출 과정에서 공기, 커피가루, 추출 도구, 커피 잔은 온도를 떨어뜨리는 작용을 하므로, 이 점을 반드시 주의하고 고려해야 한다.

3. 물과 커피가 접촉하는 시간 또는 추출 시간(Contact Time) : 추출 시간이 길수록 원두에 포함된 성분이 전부 추출되어 추출수율이 높아지고, 추출 시간이 짧을수록 원두의 성분이 완전히

추출되지 않으므로 추출수율이 낮아진다.

예를 들어 에스프레소를 추출할 때, 일정 시간 동안 추출한 커피에서 신맛이 강하게 난다면 추출 과정에서 부족했던 점이 무엇인지 알아내야 한다. 이때 원두의 원래 향미가 신맛이 강한 것인 경우와 로스팅을 약하게 한 경우는 배제한다. 다른 조건에 변화를 주지 않고 추출 시간을 적당히 늘려서 물과 커피가루가 접촉하는 시간이 길어지도록 추출하면 추출수율이 높아진다. 이렇게 추출 과정에서 부족했던 점을 바로 잡으면 강한 신맛의 문제를 빠르게 해결할 수 있다.

4. 교반(Agitation) : 추출 과정에서 교반을 강하게 하면, 다시 말해 물과 커피가루가 접촉하여 서로 활발하게 뒤섞이면 추출수율이 높아진다. 반면에 교반을 차분하고 부드럽게 하면 추출수율이 낮아진다.

'교반'은 그 범위가 꽤 넓다. 예컨대 핸드드립을 할 때, 주전자의 주둥이가 커피가루와 멀리 떨어져서 수직을 이루면 물이 떨어지는 속도가 빨라지고 물이 커피에 닿는 충격이 커진다. 이런 경우를 교반이 강하다고 한다. 그러므로 바리스타는 핸드드립을 연습할 때 가급적 물줄기의 높이와 굵기 및 교반 강도를 일정하게 유지하여 추출수율도 적정 수준을 유지하도록 한다.

5. 로스팅(Roasting) : 로스팅 정도가 강하면 커피 성분 추출량이 많아지므로 추출수율을 높이는 데 도움이 된다. 로스팅 정도가 약하면 커피 성분 추출량이 적어지므로 추출수율이 낮아진다.

그 밖에 갓 로스팅한 원두를 사용하면 커피 성분 추출량이 늘어나서 추출수율이 높아지므로, 원두를 선택할 때 로스팅한 날짜도 고려한다.

□ TDS 수치가 150ppm 정도일 때의 수질이 가장 이상적이다. 수질이 깨끗하면 추출수율이 높아지고 수질의 경도가 높으면 추출수율이 낮아진다. 그러므로 수질이 깨끗하면 원두를 굵게 갈고, TDS 수치가 높으면 원두를 곱게 간다.

3. 추출 품질 높이기

추출수율에 대해 알고 나니 마치 큰일을 마친 것 같지만 실은 그렇지 않다. 추출 품질(Extraction Quality)도 고려해야 한다. 더 정확히 말하면, 산출된 추출수율에 따른 추출 품질이다. 추출수율에만 주의를 기울이고 추출 품질을 간과하는 것은 바람직하지 않다.

추출 품질의 중요성

추출 품질에 대해 이야기하기에 앞서 우선 추출한 커피의 추출수율이 골든 컵 구간인 18~22%에 속한다고 가정하자.

유능한 바리스타로서 완벽한 추출 기술을 갖고 싶다면 반드시 추출 품질에 신경을 써야 한다. 한 걸음 더 나아가 미시적인 관점에서 생각해보자. 커피가루의 알알이 모두에서 똑같은 비율로 성분이 추출될 수 있다고 장담할 수 있는가? 이는 상당히 중요한 문제다. 만약에 커피가루 각 입자의 추출수율 간에 격차가 크고 과다추출 된 것도 있고 과소추출 된 것도 있다면 수치상으로는 아마 총 추출수율이 골든 컵 구간에 속할 것이다. 하지만 커피의 향미와 질감이 심각하게 왜곡되어 있을 것이다. 원래의 향미를 잃은 커피를 두고 어떻게 향미의 특별함을 설명할 수 있겠는가? 여기에서 바로 추출 품질과 밀접한 관련이 있는 추출의 균일성(Uniformity Of Extraction)을 고려해야 한다. 추출의 균일성이란 미시적인 측면에서 커피의 각 입자의 추출수율을 균일하게 하여 커피 고유의 향미와 질감을 그대로 살리는 것이다. 균형 잡힌 맛, 즉 향기와 맛과 질감 등이 모두 한쪽으로 치우치지 않고 적절해야만 완벽한 추출이라고 할 수 있다.

추출 품질에 영향을 주는 요인

추출 품질에 영향을 주는 요인은 매우 많지만 그중에서 몇 가지만 알아보자.

첫째, 원두의 분쇄 정도가 균일해야 한다. 보통 원두를 분쇄하고 나서 커피가루 입자의 균일도 분포(Ground Particle Size Distribution)를 확인하면 모두 방추형이다. 크기가 서로 비슷한 대부분의 입자는 방추의 가운데에 집중되어 있지만 굵은 입

자(boulders)와 가는 입자(fines)는 방추의 양쪽 끝에 분포하고 있다. 굵은 입자나 가는 입자가 많으면(특히 가는 입자) 추출에 부정적인 영향을 준다. 또한 입자가 굵으면 과소추출 되어 떫고 싱겁고 날카로운 맛이 난다. 반대로 입자가 가늘면 과다추출 되어 커피 액이 혼탁해지고 쓴맛이 강해져서 추출 품질이 형편없어진다.

커피가루의 각 입자를 모두 같은 크기로 분쇄하는 것은 이론상으로만 가능한 일이다. 실제로는 크기가 들쭉날쭉한 입자들이 모여 바디 감을 풍부하게 한다. 특히 에스프레소를 추출할 때 이런 면이 충분히 표현된다.

분쇄 정도가 균일하지 않은 커피가루 입자 (60배 전자현미경으로 관찰)   분쇄 정도가 균일한 커피가루 입자 (60배 전자현미경으로 관찰)

둘째, 사이펀으로 커피를 추출할 때는 균일하게 추출하기 위해서 로드에 담긴 물과 커피를 알맞은 정도로 계속 저어준다.

셋째, 핸드드립으로 추출할 때는 원을 그리며 물을 붓는 방법과 추출 시간에 주의해야 한다. 물을 부을 때 천천히 한쪽 방향으로 돌리며 침착하게 붓지 않고 뒤죽박죽 부으면 아예 추출이 안 되거나 과소추출 되는 부분이 생기고 또 어떤 부분은 과다추출 된다. 만약에 물을 빨리 부으면 물이 곧장 수직으로 떨어져서 커피가 추출되지 않으므로 추출 품질에 영향을 준다. 추출 시간이 너무 길면 아래쪽에 있는 커피가루에서 과다추출 되어 추출 품질이 나빠진다.

넷째, 추출 도구 케맥스를 사용해서 많은 양을 추출할 때는 보통 두 단계로 나누어 추출한다. 우선 필터에 커피를 담고 커피가루가 충분히 젖을 만큼 뜨거운 물을 적당량 붓는다(커피가루 1g

은 2~3g의 물을 흡수한다). 그런 다음에 빠르게 몇 번 휘저으며 30~60초 정도 뜸을 들인다. 뜸 들이기가 끝나면 두 번째 단계로 들어가서 추출을 다시 시작한다. 왜 뜸을 들일까? 커피가루에 내포된 이산화탄소를 배출시키고(커피와 결합하고 있는 많은 양의 이산화탄소는 뜨거운 물에 잘 녹지 않기 때문에 뜨거운 물을 부어 뜸을 들이면 대량으로 방출된다) 커피가루가 동시에 균일하게 물에 젖도록 하려면 뜸을 들이는 시간이 필요하다.

다섯째, 에스프레소를 추출할 때는 탬핑(Tamping, 추출할 때 물이 고르게 통과하도록 포타필터(Portafilter, 커피가루를 담아 커피머신의 그룹헤드에 장착시키는 부분)에 담은 커피가루를 강하게 다지는 동작) 기술이 매우 중요하다. 이 기술은 완벽하게 숙달될 때까지 반복적으로 연습해야 한다. 커피가루를 평평하게 잘 담고 탬퍼(Tamper, 커피가루를 다져주는 도구)를 돌려가며 표면을 고르게 잘 다져야 커피가루가 서로 밀착하여 견고해진다. 그렇게 하지 않으면 고압으로 커피를 추출할 때 커피가루 사이에 틈이 생기고, 이 틈으로 물이 많이 통과하면 커피성분이 과다추출 된다. 그리고 나머지 부분은 과소추출 되어 추출 품질이 떨어진다. 사실 에스프레소 머신의 그룹헤드(Group Head, 커피를 추출하는 장치)에서 사전 주입(pre-infusion, 추출을 시작하기 전에 뜨거운 물을 미리 주입하여 커피가루를 적시는 과정)을 하는 것도 성분을 균일하게 추출하기 위한 방법이며 추출 품질을 개선하는 중요한 과정이다.

4. 원두 분쇄도의 중요성

원두 분쇄도가 중요하다

원두에서 고유의 향미와 좋은 성분을 추출해내려면 원두를 분쇄해야 한다. 원두 분쇄는 원두의 세포조직을 열어 그 안에 꽉 찬 방향물질과 향미를 살리는 지방성분 등을 뽑아내기 위한 과정이다.

원두를 분쇄하는 과정은 단순해 보여도 지식이 많이 필요한 일이다. 사람들이 직접 커피를 추출해서 마실 때 어딘가 부족한 맛이 느껴진다면 그건 원두의 품질이 나빠서가 아니다. 로스팅에 문제가 있는 것도 아니고, 신선도가 떨어져서 그런 것은 더더욱 아니다. 원인은 바로 원두를 분쇄하는 과정에서 허점이 있었기 때문이다.

원두를 분쇄하면 원두의 세포벽이 완전히 파괴되어 세포조직이 열린 상태가 된다. 이때 커피 향은 사방으로 퍼져나감과 동시에 빠른 속도로 흩어져 사라진다. 또 공기와 맞닿는 면적이 늘어나서 산화가 빨리 진행되므로 원두의 신선도도 떨어진다. 그렇기 때문에 분쇄한 원두를 보관했다가 사용하지 말고 반드시 추출하기 직전에 분쇄해야 한다.

커피 추출 도구별로 그에 알맞은 분쇄도가 각각 정해져 있다. 다음 장에서 추출 도구에 대해 알아보기 전에 먼저 원두의 분쇄 정도를 확인해보자. (표 9-1)

난초 아카데미 플래티넘 커피 컵은 커피맛의 안정성을 확보하기 위해 전문 커피 분쇄 장치를 사용한다.

표 9-1 원두의 분쇄 정도와 입자 크기

분쇄도	분쇄도 크기	전자 현미경으로 관찰한 입자
굵은 분쇄 (Coarse Grind)	흰 설탕에 가까운 크기. 원두 한 알이 약 100~300개 입자로 분해.	굵은 분쇄를 한 커피가루 입자와 흰 설탕 입자 크기 비교 (60 배 전자현미경으로 관찰)
중간 분쇄 (Medium Grind)	누룩가루보다 굵고 흰 설탕보다 가는 크기. 원두 한 알이 약 500~800개 입자로 분해. 직경은 약 0.5mm.	중간 분쇄를 한 커피가루 입자와 흰 설탕과 누룩가루의 입자 크기 비교 (60 배 전자현미경으로 관찰)
가는 분쇄 (Fine Grind)	소금보다 굵고 누룩가루보다 가는 크기. 원두 한 알이 약 1,000~3,000 개 입자로 분해.	가는 분쇄를 한 커피가루 입자 (60 배 전자현미경으로 관찰)
에스프레소 분쇄 (Espresso Grind)	밀가루보다 굵고 소금보다 가는 크기. 원두 한 알이 약 3,500 개 입자로 분해. 직경은 약 0.05mm.	에스프레소 분쇄를 한 커피가루 입자 (60 배 전자현미경으로 관찰)
터키식 분쇄 (Turkish Grind)	밀가루와 비슷한 크기로 최대한 가늘게 분쇄. 원두 한 알이 약 15,000~35,000 개 입자로 분해.	터키식 분쇄를 한 커피가루 입자 (60 배 전자현미경으로 관찰)

Part **10**

브루잉 커피 : 프렌치 프레스, 사이펀, 에어로 프레스, 드리퍼

브루잉 커피란 중력을 이용해서 수작업으로 추출하는 커피를 말한다. 현재 카페에서 바리스타들이 주로 사용하는 도구는 프렌치 프레스, 사이펀, 에어로 프레스, 드리퍼 이 네 가지가 대표적이다. 이번 장에서는 이 도구들을 중심으로 브루잉 커피에 대해 자세히 알아보겠다.

1. 활기를 되찾은 브루잉 커피

☕ 추출 방식에 따른 분류

맛있는 커피 한 잔을 만들 때, '브루잉' 커피는 커피가루와 물이 접촉하는 방식에 따라 네 종류로 나뉜다.

1. 끓인 커피(Boiled Coffee) : 커피가루와 물을 같이 넣고 약한 불에서 직접 끓이는 방식으로, 터키식 커피가 전형적인 끓인 커피다.

2. 중력으로 여과한 드립커피(Drip Brewing Coffee 또는 Filtered Coffee) : 현재 가장 유행하고 바리스타가 선호하는 V60 드리퍼를 사용하여 핸드드립으로 추출한 커피다. 가정과 사무실에서 많이 사용되는 미국식 커피메이커도 여기에 속한다.

3. 우려낸 커피(Steeping Coffee) : 프렌치 프레스(French Press)와 에어로 프레스(Aero Press)를 사용하여 추출한 커피가 대표적이다.

4. 압력으로 추출한 커피(Pressurized Percolation) : 에스프레소가 가장 대표적이며, 대다수의 바리스타가 이 방식을 중심으로 커피를 만든다.

터키식 커피는 비주류에 속해서 보통 카페에서는 찾아보기 어렵다. 기껏해야 카페의 볼거리 중 하나로 구색을 맞추는 정도이므로 여기서는 특별히 다루지 않겠다. 한편 고압으로 추출하는 에스프레소는 바리스타가 갖춰야 할 가장 핵심적인 기술이다. 그러나 에스프레소는 브루잉 커피와는 다른 별도의 체계가 있으므로 다음 장에서 전문적으로 소개하겠다. 이 장에서는 드립커피와 우려낸 커피를 합쳐서 브루잉 커피라고 하고, 이에 대해 중점적으로 살펴보자.

☕ 활기를 되찾은 브루잉 커피

브루잉 커피는 여러 가지 작은 도구와 중력을 이용해서 수작업으로 추출한 커피다. 효율적이지도 않고, 안정적이지도 않고, 연속적으로 만들어내기도 벅찬 이런 '선천적인 단점'이 있는 브루잉 커피를 메뉴에 올릴지 말지 늘 고민하는 카페들도 있다. 하

Part 10 브루잉 커피 : 프렌치 프레스, 사이펀, 에어로 프레스, 드리퍼

지만 스페셜티 커피 운동이 꾸준히 폭넓게 전개되면서 브루잉 커피는 다시 생기를 얻기 시작했다. 차디찬 기계에서 획일적으로 뽑아내는 에스프레소와 비교할 때, 브루잉 커피는 바리스타가 직접 수작업으로 만들어서 훨씬 친근하고 만드는 사람의 가치도 충분히 느껴진다. 게다가 수공 제작을 선호하는 세계적인 추세와도 일치하고 카페가 실현하고자 하는 휴머니즘 정신과도 어울린다.

이런 장면을 한번 떠올려보자. 오픈형의 멋진 바에 인상 좋은 바리스타가 서 있다. 밝고 깨끗한 오픈형 바의 주변에는 커피를 좋아하는 사람들 한 무리가 둘러앉아서 바리스타를 지켜보고 있다. 바리스타는 어느 생산지의 어느 농장에서 가져온 스페셜티 커피를 만드는 중이다. 카페 안에는 향기로운 냄새가 자욱하고, 이따금 칭찬과 환호성, 그리고 웃고 떠드는 소리가 들려온다.

이처럼 브루잉 커피는 품질과 서비스를 중시하는 스페셜티 카페에서 새로운 생명을 얻고 있다. 커피 한 잔 또는 한 포트에 인민폐 몇 십 위안(한화 몇 천 원)에서 몇 백 위안(한화 몇 만 원)까지 하는 블랙커피를 오로지 커피 자체만 경험하려고 돈을 지불하지는 않는다. 작게는 바리스타의 기술과 입담, 그리고 학식과 분위기를 즐기려는 목적이고, 조금 더 나아가서는 카페의 분위기와 휴머니즘 환경을 경험하려는 것이다. 그리고 크게는 대자연이 준 은혜로운 선물인 커피를 진심으로 칭송하기 위해서다.

중력으로 추출한 브루잉 커피는 사람을 끄는 고상한 매력이 있다.

2. 스페셜티 카페에 주어진 과제

고품질의 브루잉 커피를 제공하는 스페셜티 카페는 아래의 몇 가지 과제를 잘 실천해야 한다.

커피 카운터에 관한 과제

에스프레소 머신은 전통 이탈리아식 카페의 핵심적인 설비이며 카운터에서 자리를 가장 많이 차지하는 물건이다. 에스프레소 머신을 설치하는 위치는 어느 곳이더라도 장단점이 다 있으므로 카운터의 앞쪽, 뒤쪽, 옆쪽 어디든지 괜찮다.

에스프레소 머신을 카운터 뒤쪽에 설치하는 경우 : 이탈리아 국내에 있는 대부분의 카페는 머신을 카운터 뒤쪽에 설치해두었다. 그래서 바리스타는 커피를 만드는 동안 어쩔 수 없이 고객에게 등을 지는 무례함을 저지르게 된다. 또 엉망진창인 작업대가 노출되어 카페의 미관을 해치기도 한다. 하지만 좋은 점이 네 가지 있다. 첫째, 상하수도(특히 하수도)를 설치하기에 편리하다. 둘째, 고객이 커피가 추출되는 과정을 투명하게 볼 수 있다. 셋째, 고객들이 카운터 앞쪽 공간에서도 커피를 마시고 이야기를 나눌 수 있으므로 더 많은 고객을 수용할 수 있다. 넷째, 바리스타가 다른 사람의 방해 없이 커피를 만드는 데 집중할 수 있고, 커피가 완성되면 바로 몸을 돌려 고객에게 건네면서 가벼운 소통을 할 수 있다.

에스프레소 머신을 카운터 앞쪽에 설치하는 경우 : 일반적으로 머신을 카운터 앞쪽에 설치하면 바리스타와 고객 사이에 자연스럽게 벽이 생긴다. 이렇게 생긴 바리스타와 고객 사이의 '장벽'은 카페 내부를 '안쪽'과 '바깥쪽'으로, 다시 말해, 성격이 확연히 다른 두 개의 장소로 나눈다.

이렇게 카페 내부가 '안쪽'과 '바깥쪽'으로 엄격하게 나눠지는 구조를 개선하려면, 카운터를 이중구조로 설계하면 된다. 고객 쪽을 향하는 카운터의 바깥쪽은 좀 높이 세워서 미관과 실용성을 추구하고, 바리스타 쪽을 향하는 카운터의 안쪽은 바리스타가 커피를 만드는 작업대로 꾸민다. 이런 구조로 설계하면 세 가지 장점이 있다. 첫째, 엉망진창이 된 작업대가 고객에게 노

Part 10 브루잉 커피 : 프렌치 프레스, 사이펀, 에어로 프레스, 드리퍼

출되지 않으니 바리스타는 여유롭게 작업대를 정리할 수 있다. 둘째, 전원 콘센트를 설치하기에 편리하다. 셋째, 고객은 멋있게 꾸민 높다란 카운터 벽을 감상할 수 있다. 최근 몇 년 사이에 외관이나 색상, 재질까지 상당히 눈길을 끄는 신제품 에스프레소 머신들이 계속 쏟아져 나오고 있다. 이런 머신을 오픈형 카운터의 앞쪽에 설치하면 고객의 관심도 끌 수 있고 커피 전문점 같은 분위기가 물씬 풍길 것이다.

일부 카페의 경우 카운터가 ㄷ자 모양으로 아주 큰 곳이 있는데, 이런 구조일 때는 에스프레소 머신을 카운터 옆쪽에 두면 된다. 머신이 옆쪽에 있으면 고객은 커피를 만드는 전 과정을 구경할 수 있고 바리스타는 고개를 옆으로 돌려 고객과 소통할 수 있다. 그러나 이런 형태의 카운터는 카페 구조상 설치하기가 까다로워서 중국의 중소 규모의 카페에서는 찾아보기 어렵다.

오픈형 카운터의 설계 방법 두 가지

브루잉 커피를 제공하는 스페셜티 카페는 카운터 구조를 오픈형에 '二'자 모양으로 설계해야 한다. 바리스타는 고객을 더 많이 흡수하고 고객들이 카운터를 둘러싸고 구경할 수 있는 환경을 만들고 싶어 한다. 그러므로 '二'자 모양으로 설계하면 바리스타는 커피를 만들면서 동시에 고객들과 교류도 할 수 있다.

오픈형 카운터는 상하수도 설비를 완벽하게 갖춘 바리스타의 무대다. 어떤 카페는 카운터를 75~80cm 높이로 설치한다. 그러면 바리스타가 카운터 뒤에서 커피를 만들기도 편리하고 고객이 주변에 앉아서 커피를 마시면서 구경하거나 이야기 나누기도 좋다. 어떤 카페는 오픈형 카운터를 아주 높게 세운다. 이유는 여러 가지가 있다. 예를 들면, 몇몇 카페에서는 하수관의 배수를 원활하게 할 목적으로 카운터를 고객들이 있는 공간보다 훨씬 높이 설계했다. 이렇게 카운터가 높으면 카운터에 앉는 고객들의 의자도 같이 높아져야 한다. 국내외 많은 카페들을 대상으로 실험한 결과, 고객의 의자가 높고 앉아 있을 때의 높이와 서 있을 때의 높이가 비슷하면 사람들 사이에 서로 교류하고 소통하려는 마음이 강해진다고 한다. 어쩐지 요즘 카운터와 의자를 높게 설계하는 곳이 많아지더라니 그런 이유가 있었던 것이다.

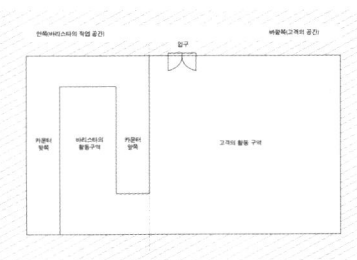

카운터 설계 안내도

오픈형 카운터를 설계하는 방법에는 두 가지가 있다. 어떤 카페는 널찍한 구조만 믿고 '사치'스럽게 '1+1 모델' 카운터로 설계한다. 전통적인 에스프레소 카운터와 오픈형 카운터를 각각 독립적으로 설치하는 것이다. 에스프레소 카운터에서는 에스프레소 머신을 설치하여 인간과 기계의 합작품인 에스프레소와 에스프레소를 베이스로 한 카페라테를 만든다. 그리고 오픈형 카운터에서는 사이펀, 드리퍼, 케맥스, 프렌치 프레스 등의 추출도구를 구비하여 핸드드립으로 브루잉 커피를 만든다.

또 어떤 카페는 하나의 카운터를 한쪽은 에스프레소 카운터로, 다른 한쪽은 오픈형 카운터로 사용하도록 두 유형을 합친 구조로 설계한다. 이렇게 하면 공간도 절약되고 짜임새가 있어서 작업 능률성이 좋아지므로 멀티 바리스타에게는 최적의 카운터다.

같은 저장 조건에서 2개월 동안 보관했을 때, 로스팅을 강하게 한 원두는 상대적으로 품질이 현저히 떨어졌다.

로스팅 신선도가 좋은 스페셜티 원두

두 번째 과제는 로스팅 신선도가 좋은 스페셜티 원두를 선택하는 것이다. 로스팅한 원두의 질감이 파삭하고 표면에 구멍이 많으면 이산화탄소와 방향물질이 다량 산실되고 산소가 침투한다. 원두를 장시간 보관하면 원두 고유의 향미와 품질이 변질되므로 가능한 빠른 시간 안에 다 사용해야 한다. 원두의 변질 속도를 최대한 늦추기 위한 방법으로 새로운 방식이나 기술을 채택하기도 하지만 자본금이 많이 든다.

저장 조건이 적정한 경우, 기간별로 원두의 신선도를 알아보자.(표 10-1)

Part 10 브루밍 커피 : 프렌치 프레스, 사이펀, 에어로 프레스, 드리퍼

표 10-1 기간별 원두의 신선도

원두의 신선도	기간	보충 설명
숙성 시기	1~2일	갓 로스팅한 원두를 바로 사용해도 되지만 맛이 최적의 상태는 아니다. 탄산가스를 배출하는 밸브와 빛 차단 기능이 있는 포장 봉투에 담아서 며칠 두는 것이 좋다.
가장 신선한 시기	2주	원두의 향미가 최고조에 이른 시기로, 맛있는 커피를 마시려면 가능하면 이 시기에 원두를 다 소비해야 한다.
비교적 신선한 시기	4주	원두의 향미가 퇴색하기 시작하여 빠른 속도로 변질되는 시기다. 감각이 예민한 전문가들은 단번에 향미가 부족하다는 걸 알아차린다. 그러나 카페의 고객들은 대부분 뚜렷하게 느끼지 못하기 때문에 사용해도 무방하다.
처치할 시기	4주	원두의 변질이 이미 심해져서 '좋은 커피' 라고 할 수 없다. 다른 첨가물(설탕, 초콜릿 시럽, 시럽, 크림 등)을 많이 넣거나 커피 자체에 대한 기대가 높지 않은 커피 음료를 만들 때 사용한다. 이 시기의 원두는 가능한 빨리 처리하거나 버려야 한다.

적합한 추출도구

마지막으로, 적합한 추출도구를 선택하는 것도 상당히 중요하다. 추출도구는 커피에 생명과 영혼을 불어넣는다. 적합한 추출도구를 선택하는 것은 자본금이 투입되는 일이긴 하지만 바리스타가 표현하고자 하는 풍격과 특징을 충분히 살릴 수도 있는 일이다. 추출도구마다 그에 어울리는 커피가 각각 달라서 각 커피의 향미를 최대한 표현할 수 있다.

프렌치 프레스, 사이펀, 에어로 프레스, V60 드리퍼는 현재 카페에서 가장 많이 사용하는 대표적인 도구여서 사대신기(四大神器)라고 부르기도 한다. 바리스타의 입장에서는 어떤 도구를 사용하더라도 각 도구의 특징을 살려 그에 알맞은 커피를 추출할 수 있어야 한다.

3. 프렌치 프레스

프렌치 프레스는 사용법이 쉽고 간편하다. 여과망이 미세하지 않아서 고체 미립자 부유물이 많으므로 테이스팅 질감이 좋고 바디감이 풍부한 고품질의 커피를 만들기에 최적의 도구다. 스타벅스의 CEO 하워드 슐츠(Howard Schultz)는 프렌치 프레스로 내린 커피를 가장 좋아한다고 한다.

커피가루를 뜨거운 물에 담근 채로 우려내는 방식이므로 커피가루와 물이 계속 밀착되어 카페인 추출량이 상대적으로 많은 편이다. 그래서 프렌치 프레스로 추출한 커피를 마시면 각성 효과가 있다. 프렌치 프레스는 외관이 사람들의 시선을 끌만큼 매력적이지 않고 평범해서 안타깝게도 프렌치 프레스를 좋아하는 카페나 바리스타는 많지 않다.

프렌치 프레스로 추출 시 주의 사항

- 프렌치 프레스는 크기가 다양하다. 카페에서 보통 커피 1~2잔을 만들 때 400ml 용량의 프렌치 프레스를 사용하면 딱 적당하다. 프렌치 프레스는 크기가 작고 여과망을 천천히 내리누르기 때문에 커피의 향미가 짙고 질감이 사는 장점이 있다.

- 프렌치 프레스는 가열하는 방식도 아니고 추출 시간도 길어서 커피를 추출하는 동안 온도가 떨어질 수 있으므로 유의해야 한다. 온도를 유지하려면 이중벽으로 되어 있거나 보온성이 뛰어난 것을 선택하고, 프렌치 프레스에 미리 뜨거운 물을 부어 예열해도 좋다. 어떤 바리스타들은 프렌치 프레스의 바깥쪽을 뜨거운 물수건으로 감싸거나, 아예 뜨거운 물속에 프렌치 프레스를 담근 채로 커피를 우려내기도 한다.

- 뜨거운 물을 붓고 나서 빠르면서 부드럽게 십여 차례 휘저어 커피가루와 물이 충분히 섞이게 한다. 그런 다음에 재빨리 뚜껑을 덮고 여과망 아래쪽을 수면 위에 바싹 붙인다.

- 프렌치 프레스로 커피를 맛있게 우려내려면 여과망을 내리누르는 힘과 속도가 매우 중요하다. 정확한 추출법은 일반적으로 10초 안에 일정한 속도로 천천히 바닥까지 누르는 것이다.

- 프렌치 프레스를 사용할 때는 원두를 좀 굵게 갈아야 한다. 만약 원두 입자가 고우면 커피 액에 커피 찌꺼기가 남아서 질감이 좋지 않고, 커피액 표면의 장력도 강해져서 여과망을 누르면

부드럽게 내려가지 않는다.

여러 해 동안 프렌치 프레스로 커피를 추출한 노하우를 표로 작성했으니 참고하기 바란다. (표 10-2)

표 10-2 프렌치 프레스로 커피를 추출하는 기술 비법

체크포인트	비법 제안	보충 설명
로스팅	미디엄 로스트	1차 크랙 완료 시점
분쇄도	조금 굵게	바라짜 엔코 (Baratza Encore) 전동 그라인더 눈금 22 추천
커피가루 양	22g	추출 전 4분 이내에 분쇄한 것
물의 양	240g	추출에 필요한 물의 양
물의 온도	92℃	추출 시작 직전에 측정한 물의 온도
추출 시간	4분	커피가루와 물이 접촉한 총 시간, 물을 붓기 시작한 때부터 계산

4. 사이펀

사이펀은 아주 오래전부터 꾸준히 유용하게 사용되는 도구다. 마치 화학 실험을 하듯이 커피를 만들고 시각적 효과도 뛰어나서 카페에서 사이펀으로 커피를 추출하는 모습을 흔히 볼 수 있다.

사이펀의 사용법은 어렵지 않지만 능숙하게 다루기는 쉽지 않다. 사이펀을 자유자재로 활용하기란 그리 간단하지 않다. 불의 세기부터 커피가루를 넣는 시기와 휘젓는 횟수까지 전 과정에서 지식이 많이 필요하다. 사이펀에 대해 깊이 연구하려면 아마 몇 년이 걸릴지도 모른다.

커피 액이 위로 올라갔다가 다시 아래로 내려올 때 거품이 많이 생긴다.

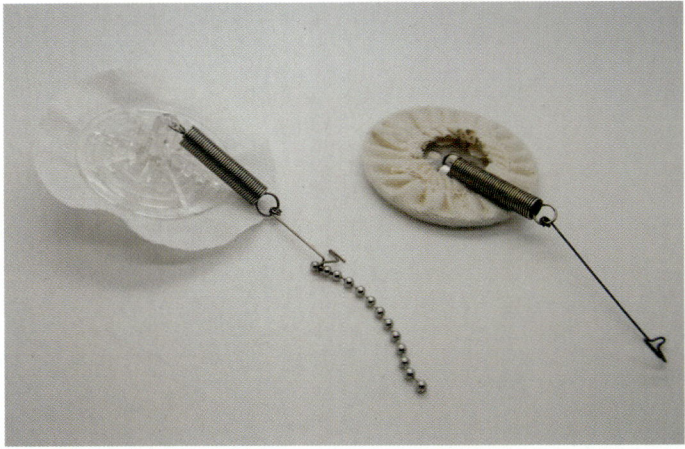

과거의 융 필터 대신 종이 필터를 사용하면 세척이 간편하고 유해물질이 여과되어 건강한 커피를 만들 수 있다.

사이펀으로 추출 시 주의사항

사이펀의 가열 기구는 다양하다. 알코올램프와 가스램프처럼 불꽃을 내는 것도 있고 할로겐램프처럼 불꽃이 없는 것도 있다. 사실 알코올램프가 사이펀에 가장 잘 어울리고 커피 맛도 가장 부드럽지만 불의 세기가 불안정하다. 바람에 따라 불꽃이 흔들리고 겉불꽃과 속불꽃의 온도 차이가 커서 처음 사용하는 사람은 추출할 때마다 커피 맛이 달라진다. 가스램프는 가열 시간이 짧아서 효율적이지만 계속 같은 온도를 유지하려면 불의 세기를 정확하게 조절해야 한다. 할로겐램프는 가열하는 동안 주변 환경의 영향을 받지 않고 불의 세기가 일정하게 유지되어 안정적으로 커피를 추출할 수 있다. 또 다른 램프와 달리 불꽃이 없어서 안전하므로 조건이 열악한 작은 규모의 카페에서 사용하기에 알맞다.

할로겐램프로는 온도를 일정하게 유지하면서 안정적으로 커피를 추출할 수 있다.

아래쪽 플라스크의 온도가 90℃에 이르면 플라스크 위쪽에 로드를 끼운다. 플라스크 안의 공기가 열을 받아 팽창하면 플라스크 안에 담겨있던 물이 압력을 받아 유리관을 통해 위쪽 로드로 올라간다. 플라스크 안의 물은 거의 대부분 로드로 올라간다(플라스크에는 항상 물이 조금씩 남는다). 로드 안에 있는 물의 온도를 측정해서 85℃가 되면 즉시 커피가루를 넣는다. 이때가 사이펀에 커피가루를 넣는 최적의 순간이다. 융 필터를 사용하면 로드 안의 물이 85℃까지 상승하는 데 약 2분 정도 소요되고, 종이 필터를 사용하면 시간이 좀 더 단축된다.

● 커피가루를 물에 충분히 적시려면 스틱으로 정확하고 부드럽게 잘 저어야 한다. 커피와 물이 섞이도록 젓는 횟수, 각도, 세기, 속도는 사이펀 추출에서 매우 중요한 요소다. 추출할 때 너무 빠르고 강하게 저으면 맛이 상당히 써진다.

● 커피가루를 넣는 순간부터 시간을 잰다. 물 위에 떠 있는 커피가루가 모두 수면 아래로 내려가서 물과 충분히 잘 섞이도록 가볍고 부드러우면서 큰 동작으로 여러 차례 젓는다. 이 과정은 추출수율과 추출 품질을 높이는 상당히 중요한 단계다.

● 커피가루를 넣은 지 40초가 되면 십자 모양으로 가볍고 부드럽게 세 번 젓는다.

● 커피가루를 넣은 지 60초가 되면 램프를 치우고 다시 가볍고 부드럽게 원을 그리면서 여러 번 젓는다. 뜨겁지 않은 물수건으로 플라스크 외부를 닦으면 그동안 로드 안에서 우러난 커피 액이 빠르게 플라스크로 다시 내려온다. 이렇게 해서 추출 과정이 끝날 때까지 걸리는 시간은 약 90초다.

여러 해 동안 사이펀으로 커피를 추출한 노하우를 표로 작성했으니 참고하기 바란다. (표 10-3)

표 10-3 사이펀으로 커피를 추출하는 기술 비법

체크 포인트	비법 제안	보충 설명
로스팅	미디엄 로스트	1차 크랙 완료 시점
분쇄도	중간 분쇄	바라짜 엔코 전동 그라인더 눈금 12
가열 기구	알코올 램프	안정된 불꽃으로 중불에서 가열
커피가루 양	14g	추출 전 4분 이내에 분쇄한 것
물의 양	200g	추출에 필요한 물의 양
물의 온도	> 85℃	로드 안으로 들어간 물의 온도가 85℃일 때 커피가루를 넣음
추출 시간	90초	커피가루와 물이 접촉한 총 시간

5. 에어로 프레스

에어로 프레스가 등장한 지는 아직 10년이 채 되지 않았다. 에어로 프레스는 각종 추출도구의 장점을 모두 취합했다. 커피의 순도가 높고(필터 기능), 농도가 적당하며(중력을 이용하지 않고 적당한 압력을 가함), 탄 맛과 쓴맛이 없고(모카포트(가정용 에스프레소 추출도구)로 추출한 맛과 비슷함), 조작도 간편해서(90초 안에 완성) 지금까지 전 세계적으로 좋은 평가를 받고 있다.

카페에서 에어로 프레스로 커피를 추출하면 추출 속도도 빠르고 향미도 비교적 안정적이므로 추천할 만하다.

에어로 프레스로 커피를 추출하는 단계 (에어로 프레스를 바로 세울 때)

1. 필터 캡에 필터를 넣고 뜨거운 물로 적신다.
2. 필터 캡을 체임버(커피가루와 물을 담는 통)에 끼우고 꽉 조인 다음에 컵 위에 놓는다.
3. 커피가루 15g을 체임버에 담는다.
4. 뜨거운 물 200g을 붓고 5~6회 원을 그리며 젓는다. 플런저(커피가루와 물을 밀어내는 도구)를 체임버에 단단히 끼워 물의 온도가 유지되고 향기가 날아가지 않도록 한다.
5. 30초 동안 가만히 두었다가 플런저를 빼고 다시 5~6회 젓는다.
6. 플런저를 다시 체임버에 끼우고 천천히 플런저를 아래로 누른다. 약 15초 동안 누르면 커피 액이 추출된다.

여러 해 동안 에어로 프레스로 커피를 추출한 노하우를 표로 작성했으니 참고하기 바란다. (표 10-4)

표 10-4 에어로 프레스로 커피를 추출하는 기술 비법 (에어로 프레스를 바로 세울 때)

체크 포인트	비법 제안	보충 설명
로스팅	미디엄 로스트	1차 크랙 마무리 단계에서 완료 직전
분쇄도	중간 분쇄	바라짜 엔코 전동 그라인더 눈금 12 추천
커피가루 양	15g	추출 전 4분 이내에 분쇄한 것
물의 양	200g	추출에 필요한 물의 양
물의 온도	90℃	추출 시작 직전에 측정한 물의 온도
추출 시간	90초	커피가루와 물이 접촉한 총 시간

🫘 에어로 프레스로 커피를 추출하는 단계 (에어로 프레스를 거꾸로 세울 때)

1. 플런저를 아래에 두고 예열한 체임버를 그 위에 끼운다.
2. 커피가루 15g을 체임버에 담는다.
3. 뜨거운 물 200g을 붓는다.
4. 5~6회 원을 그리며 저은 다음에 30초 동안 가만히 두었다가 다시 5~6회 젓는다.
5. 필터 캡에 필터를 넣고 물에 적신 다음에 체임버 위에 끼워 넣고 꽉 조인다.
6. 커피를 담을 용기를 체임버 위에 덮은 채로 뒤집어서 세운다.
7. 플런저를 아래로 천천히 15초 동안 눌러서 커피를 추출한다.

표 10-5 에어로 프레스로 커피를 추출하는 기술 비법 (에어로 프레스를 거꾸로 세울 때)

체크 포인트	비법 제안	보충 설명
로스팅	미디엄 로스트	1 차 크랙 마무리 단계에서 완료 직전
분쇄도	중간 분쇄	바라짜 엔코 전동 그라인더 눈금 12 추천
커피가루 양	15g	추출 전 4분 이내에 분쇄한 것
물의 양	200g	추출에 필요한 물의 양
물의 온도	90℃	추출 시작 직전에 측정한 물의 온도
추출 시간	90초	커피가루와 물이 접촉한 총 시간

Part 16 브루밍 커피 : 프렌치 프레스, 사이펀, 에어로 프레스, 드리퍼

6. V60 드리퍼

핸드드립 커피는 가장 흔하고 편리하고 효율적인 브루잉 커피다. 도구가 간편하고 다루기 쉬우며 외관이 예뻐서 폭넓게 애용된다.
라테아트(Latte Art)와 핸드드립(Hand Brewed Coffee)을 커피 추출에서 가장 핵심적인 양대 기술이라고 보는 바리스타들이 많다.

V60 드리퍼로 추출 시 주의 사항

● 전형적인 타원형의 드리퍼는 아래쪽에 추출구가 한 개 있는 것부터 3개 있는 것까지 있다. 각각 1구형 드리퍼, 2구형 드리퍼, 3구형 드리퍼라고 부른다. 그중 추출구가 한 개인 드리퍼(멜리타(Melitta) 드리퍼)는 다루기가 가장 어렵다. 물을 붓는 시간과 물줄기까지 정확하게 조절할 수 있어야 하고, 물을 부을 때는 한 번에 일관되게 해야 해서 초보자에게는 적합하지 않다.

일본 제품인 하리오(HARIO) V60 드리퍼는 현재 카페에서 가장 많이 사용되는 '표준'적인 제품으로 널리 알려져 있다. 원추형인 V60 드리퍼는 아래쪽에 직경이 비교적 큰 구멍이 하나 있고, 드리퍼 안쪽은 나선형으로 홈이 깊게 파져 있다. 이는 전통적인 드리퍼의 장점을 충분히 살린 디자인으로, 커피가루 층을 두껍게 만들고 원을 그리면서 물을 붓기도 편리하다. 처음에 물을 붓고 뜸을 들일 때 커피가루가 골고루 촉촉하게 젖으므로 커피를 균일하게 추출할 수 있다.

그리고 커피가루가 물에 흠뻑 젖으면 물과 가스가 원활하게 빠져나가므로 융 드립으로 추출한 커피처럼 바디감이 풍부하고 균형 잡힌 맛이 난다.

● 드리퍼에 넣을 필터는 종이필터, 융 필터, 금으로 만든 스위스골드 드리퍼 모두 사용해도 된다. 그러나 종이필터를 선택했다면 이왕이면 표백 처리를 하지 않은 필터를 사용하는 게 좋다. 종이필터를 사용하면 뒤처리가 간편하고(필터와 필터 안에 남은 찌꺼기를 그대로 버린다) 커피 성분 중에서 유해물질이 걸러져서 건강한 커피를 마실 수 있다.

● 핸드드립의 첫 번째 단계는 뜨거운 물 소량을 원을 그리며 부어 커피를 적시는 것이다. 물을 붓고 나서 30~60초 동안(로스팅

바리스타 커피와 사랑에 빠지다

한 지 1주일 이내의 신선한 원두는 40~60초, 1주일이 지난 원두는 20~40초 동안 뜸을 들인다) 가만히 둔다. 충분히 젖은 커피가루는 발효하는 것처럼 위로 부풀어 오른다. 커피가루가 부풀어 오르면 원두가 신선하다는 증거다. 이렇게 잠시 뜸을 들이면 커피 속에 남아 있던 불필요한 이산화탄소가 배출되어 커피가 안정적으로 추출된다.

● 뜸 들이기가 끝나면 다시 물을 붓는다. 시계 방향으로 원을 그리며 안쪽(중심)에서 바깥쪽으로 촘촘하게 연속하여 물을 붓는다. 원을 바깥쪽까지 그렸으면 다시 시계 방향으로 원을 그리며 중심으로 들어간다. 이렇게 한 번 하고 나면 커피가 완성된다. 커피가루의 양이 많으면 이 과정을 한 번 더 반복하면 된다.

● 원을 그리며 물을 붓는 것은 고난도의 기술이 필요하다. 물줄기의 세기나 속도를 잘 조절하지 못해서 물줄기가 강했다가 약했다가 또 속도가 빨랐다가 느렸다가 일관성이 없으면 추출 품질에 영향을 준다. 한마디로, 물을 천천히 부어야 뜨거운 물이 수직으로 내려가면서 커피가 추출되어 잔으로 떨어진다.

가장 최악의 경우는, 뜨거운 물이 아래로 내려가지 않고 드리퍼 안에서 커피가루와 엉겨 뭉치는 것이다. 이렇게 뭉친 상태가 지속되면 탄 맛과 쓴맛이 강해진다. 간혹 원두를 굵게 갈면 커피가루 입자 사이에 틈이 많이 생겨서 추출된 커피가 아래로 빨리 떨어진다.

● 타이머로 커피 추출 시간을 완벽하게 조절하는 바리스타들도 있다. 추출시간이 너무 길어지면 드리퍼 아래쪽에 있던 커피가루에서 커피 성분이 과다추출 된다.

핸드드립의 첫 번째 단계는 적절한 시간 동안 충분히 뜸을 들이는 것이다.

Part 10 브루밍 커피 : 프렌치 프레스, 사이펀, 에어로 프레스, 드리퍼

여러 해 동안 V60 드리퍼로 커피를 추출한 노하우를 표로 작성했으니 참고하기 바란다. (표 10-6)

표 10-6 V60 드리퍼로 커피를 추출하는 기술 비법

체크 포인트	비법 제안	보충 설명
로스팅	미디엄 리스트	1차 크랙 완료 시점
분쇄도	중간보다 조금 굵게	바라짜 엔코 전동 그라인더 눈금 18 추천
커피가루 양	20g	추출 전 4분 이내에 분쇄한 것
물의 양 1	220g	드리퍼를 드립스탠드에 놓고 추출하여 드립서버에 추출된 커피 액의 양을 측정한 값
물의 양 2	260g	드리퍼와 드립서버를 같이 전자저울 위에 놓고 추출에 사용한 물의 총량을 측정한 값
물의 온도	88℃	추출 시작 직전에 측정한 물의 온도
추출 시간	2분	뜸을 들이기 시작한 시간부터 커피가루와 물이 접촉한 총 시간. 초반의 뜸 들이는 시간은 30~45초.

로스팅을 약하게 한 원두는 분쇄를 곱게 하여 고온의 물로 단계적으로 추출하고 여러 번 저어주어 추출이 고르게 되도록 한다. 이 방법은 원두를 절약할 수 있고 어려운 기술도 필요치 않아서 스페셜티 카페에서 사용하기에 알맞다.

7. 브루잉 커피의 기술 체계

앞에서 자주 사용되는 네 가지 추출도구를 차례대로 살펴보았고, 바리스타에게 도움이 되는 기술 비법도 알아보았다. 브루잉 커피를 추출하는 기술은 서로 관련 있는 각각의 기술이 모여 하나의 큰 체계를 이루고 있다. 추출과정에서 이런 각각의 기술은 서로 제약하기도 하고 영향을 주기도 하므로 구체적인 수치에 너무 연연하지 않도록 한다.

브루잉 커피의 기술 체계

카페나 바리스타의 입장에서는 항상 일정 수준의 추출 결과물을 얻는 것이 중요하며, 기술 체계의 요소 하나하나에 얽매일 필요는 없다. 일정한 범위 안에서 어떤 한 요소에 미세한 변화가 생기면 곧 다른 요소에 영향을 미쳐 예상과 다른 결과물이 나온다. 이런 점을 제대로 파악해야 실력이 발전한다.

아래는 바리스타가 합리적으로 제한된 범위 안에서(미세조정만 가능한) 자주 접하는 상황과 그에 대처하는 기술이다.

1. 커피가루의 입자가 가늘 때 : 커피가루와 물이 닿는 접촉면이 넓어지므로 물의 온도는 낮게, 또는 물의 양을 많게, 젓는 횟수를 적게, 추출 시간을 짧게 조절한다. 반대의 경우는 모두 반대로 적용한다.

2. 커피가루의 양이 많을 때 : 커피가루와 물이 닿는 접촉면이 넓어지므로 물의 온도는 낮게, 또는 물의 양을 많게, 젓는 횟수를 적게, 추출 시간을 짧게 조절한다. 반대의 경우는 모두 반대로 적용한다.

3. 커피 로스팅이 강할 때 : 커피에서 추출되는 성분이 많아지므로 물의 온도는 낮게, 또는 물의 양을 많게, 젓는 횟수를 적게, 추출 시간을 짧게 조절한다. 반대의 경우는 모두 반대로 적용한다.

4. 커피가루가 신선할 때 : 커피에서 추출되는 성분이 많아지므로 물의 온도는 낮게, 또는 물의 양을 많게, 젓는 횟수를 적게, 추출 시간을 짧게 조절한다. 반대의 경우는 모두 반대로 적용한다.

원두의 품종, 생산지, 재배조건이 다르면 품질도 다르고 함유된 물질도 다르다. 또 같은 정도로 로스팅을 해도 추출되는 가용성 물질의 특성이 다르다. 예컨대, 똑같은 조건으로 로스팅한 자메이카 블루마운틴과 인도네시아 만델링을 같은 농도로 추출하려면 블루마운틴 커피가루를 조금 더 넣어야 하는 것처럼 말이다.

추출 결과에 영향을 주는 기타 변수

앞에서 말한 추출 기술 외에 추출 결과에 영향을 주는 변수들이 많다. 변수가 생기면 상황을 구체적으로 파악하여 면밀하게 분석해야 한다. 예를 들어, 커피가루 20g을 추출할 양의 물을 준비했는데 커피가루의 양이 30g으로 늘었다면 필터 안의 커피층이 두꺼워서 물이 순조롭게 내려가지 않고 지체된다. 그러면 추출 시간이 길어져서 커피의 농도와 맛에 영향을 주므로 예상과는 전혀 다른 결과물이 나온다.

이런 경우는 원두 분쇄도를 조절하면 커피가루와 물이 접촉하는 시간도 조절되어 원하는 결과물을 얻을 수 있다. 이를 테면, 커피가루를 조금 굵게 분쇄하면 커피가루 입자 사이의 틈이 많아져서 물이 지체되는 시간이 줄고 추출 속도가 빨라진다.

브루잉 커피는 케맥스(좌)와 융 드립(우)으로도 추출할 수 있다.

Part

에스프레소 추출 실전

이번 장은 에스프레소 관련 기술, 추출 과정, 설비 등을 체계적으로 이해하는 에스프레소 추출 실전에 관한 내용이다. 에스프레소는 카페의 핵심적인 메뉴인만큼 중요한 내용이 많다.

바리스타 커피와 사랑에 빠지다

1. 에스프레소의 개념과 기본 기술

🫘 에스프레소의 개념

　에스프레소 추출에는 특별한 기술과 방법이 따로 있다. 에스프레소는 뜨거운 물이 강한 압력으로 커피 층을 투과하면서 추출된 농축 음료(Concentrated Beverage)이며, 보통 30~60ml만 추출하여 바로 마시는 블랙커피다.

　에스프레소는 학문적으로 뿌리가 깊고 지식 체계가 방대하다. 수십 개의 다른 분야 및 산업과도 관련이 있어서 '미니 자동차 산업'이라고 불린다. 과학기술의 중요성과 실천하는 행동력이 바탕이 된 에스프레소에는 시인 같은 로맨틱함이 있다. 또한 인간과 기계의 조합을 완벽하게 구현한 산물이며, 화려한 비즈니스 무대에서 주목을 받지만 강한 휴머니즘을 지향한다. 뛰어난 맛, 성공 가능성, 신선함을 두루 갖춘 에스프레소는 이제 겨우 100년을 달려왔을 뿐, 앞으로 찾아내야 할 신비가 더 많이 남았다.

　요즘 브루잉 커피가 다시 고개를 들고 있다고 해도 바리스타가 가장 먼저 배워야 하는 필수 과정은 여전히 에스프레소를 중심으로 하는 이탈리아식 커피다. 에스프레소는 카페를 안정적으로 운영하고 성장시킬 수 있는 중요한 기둥이다.

Part 11 에스프레소 추출 실전

브루잉 커피는 커피전문점에서 만든 커피나 커피 애호가가 만든 커피나 결과물의 차이가 생각만큼 그리 크지 않다. 커피를 좋아하는 사람은 연습을 많이 하면 집이나 사무실에서 만들어도 커피전문점의 커피보다 맛있게 만들 수 있다. 돈을 조금 투자해서 여러 가지 도구들을 구비하고 향미가 좋고 신선한 스페셜티 원두를 준비하면 충분히 가능한 일이다.

그러나 에스프레소는 브루잉 커피와 다르다. 또한 에스프레소나 에스프레소를 베이스로 사용하는 이탈리아식 커피는 반드시 전문적인 설비가 갖춰져야 한다. 입문에 필요한 설비만 해도 돈이 꽤 든다. 게다가 상하수도 공사도 해야 하고 공간도 많이 필요해서 평범한 커피 애호가들이 뜻대로 실행하기 쉽지 않다. 이런 이유들 때문에 최고의 에스프레소를 마시려면 커피전문점이나 카페에 가야 한다. 가정에서 간편하게 만드는 기본적인 에스프레소는 모두 '준 에스프레소'에 속한다. 에스프레소는 커피전문점의 존재 가치를 한층 더 높이는 중요한 커피다.

바리스타에게 에스프레소 기술이 얼마나 중요한지는 짐작하고도 남을 것이다.

"Espresso Italiano" 의 표준

우선 국립 이탈리아 에스프레소 협회(IENI, Italian Espresso National Institute)가 정한 기준인 '에스프레소 이탈리아노(Espresso Italiano)'부터 알아야 한다. (표 11-1)

표 11-1 에스프레소 추출 기술 데이터

1	커피가루의 양	7 ± 0.5g
2	물의 온도	88 ± 2℃
3	물의 압력	9 ± 1 bar
4	추출 시간	25 ± 2.5초
5	추출된 커피 액의 총량	25 ± 2.5ml
6	추출된 커피의 온도	67 ± 3℃
7	총 지방 함량	〉2 mg/ml
8	카페인 함량	〈100 mg/cup
9	45℃일 때 커피 액의 점도	〉1.5 mPas

그런데 이런 표준 기술을 맹신하고 따라하면 이론과 실제 사이에서 발목이 잡혀 이러지도 저러지도 못한다. 전 세계 곳곳의 카페에서 만드는 에스프레소의 용량은 모두 제각각이다. 어떤 곳은 양이 너무 적어서 겨우 맛만 볼 정도고, 또 어떤 곳은 양이 많아서 물배를 채워도 될 정도다. 이처럼 카페마다 자신들이 정한 추출 기준이 다 다르다.

최근 십여 년 동안 세계의 비즈니스 업계는 카페 경영에 앞장설 뿐만 아니라 월드 바리스타 챔피언십 같은 세계적인 바리스타 대회를 적극적으로 추진하고 있다. 또한 스페셜티 커피에 관한 이론이 급속도로 발전하면서 에스프레소의 기술표준 면에서도 큰 파장이 일어나 기술을 개선해야 하는 상황에 이르렀다. 게다가 앞에서 제시한 기준은 모두 이미 시대에 맞지 않는 데이터가 되어버렸다. 지금 우리가 해야 할 일은 에스프레소의 본질과 정신을 파악하고 변화를 받아들이며, 융통성 있게 다시 커피를 만드는 것뿐이다.

이런 상황을 예로 들면 이렇다. 미국의 바리스타는 에스프레소를 추출할 때 표준 데이터와는 달리 92~96℃의 물을 선호하고 항상 커피가루를 많이 넣는다. 커피가루가 물을 흡수하는 동시에 물의 온도를 떨어뜨리므로 결과적으로 추출하는 동안 온도가 내려가서 평균적인 추출 온도와 비슷해진다는 생각에서 비롯된 방법이다. 미국인들은 커피가루를 많이 넣어서 커피가루 층이 두꺼우면 탬핑을 적당히 해도 추출이 잘된다고 생각한다. 그러나 이탈리아 사람은 싱글 오리진 에스프레소를 만들 때 커피가루 층을 얇게 만들고 탬핑 기술이 상당히 좋아야 한다고 생각한다.

바리스타에게는 맛있는 커피 한 잔을 만들어내는 일이 유일한 목표이자 영원한 목표라는 것을 명심해야 한다. 그 외에 다른 것은 모두 뜬구름일 뿐이다.

2. 에스프레소 추출용 원두

에스프레소를 추출하는 원두로는 보통 로스팅 정도가 강한 것을 사용한다. 그래야만 향미를 충분히 살릴 수 있고, 균형 잡힌 맛과 깔끔하고 진한 맛이 나며 지방성분인 크레마가 많이 생긴다. 물론 로스팅을 약하게 한 원두를 사용하는 사람들도 많다.

에스프레소 추출용 원두로는 어느 특정 생산지나 특정 품종의 원두를 쓰기도 하고 여러 생산지에서 재배된 원두를 섞은 블렌딩 원두를 쓰기도 한다.

만약 단일 품종의 원두를 쓴다면 품종의 특성에 맞게 로스팅 정도를 특별히 조절해야 한다. 그러면 독특하고 향이 진하며 크레마가 풍부한 커피가 추출되어 사람들에게 깊은 인상을 남길 수 있다. 에스프레소 블렌드(Espresso Blend)라고 부르는 블렌딩 원두는 좀 복잡한 내용이지만 에스프레소를 이해하는 데 매우 중요한 부분이다. 내가 10년 전에 커피를 처음 접했을 때 가장 먼저 마음에 새겨두었던 것이 '완벽한 에스프레소의 50%는 블렌딩 기술에 달려 있다'는 말이었다. 블렌딩 기술은 곧 블렌딩 비율이다. 즉, 블렌딩 비율에 따라 향미와 품질이 얼마든지 달라진다는 뜻이다.

대형 커피 회사는 브랜드의 개성과 특징을 부각시키고 경쟁력을 기르기 위해 독창적인 에스프레소 블렌딩을 연구 개발하는 데 열중하고 있다. 다섯 종류나 혹은 그보다 더 많은 종류의 원두를 블렌딩하는 경우도 흔하다.

에스프레소 블렌딩 원두는 반드시 아래의 세 가지를 동시에 충족시켜야 한다.
1. 매력적인 풍부한 향기
2. 조화롭고 독특한 향미
3. 깔끔하고 진한 맛과 풍부한 바디감

바리스타 커피와 사랑에 빠지다

이탈리아 사람들은 '4M'이라고 불리는 4대 요소가 에스프레소의 맛을 결정짓는다고 한다. 4M 중 한 가지의 M(Miscela)이 바로 블렌딩이다. 영어로는 '혼합'이라는 뜻의 'Mixture'라고 표현한다.

이탈리아의 에스프레소 추출 4 대 원칙 (The principle elements of making espresso)
1. Mano dell' operatore (hand of the operator), 바리스타의 손
2. Macinadosatore (grinder-doser), 그라인더 (분쇄된 원두가 담기는 도저 포함)
3. Miscela (coffee blend), 블렌딩
4. Macchina espresso (espresso machine), 에스프레소 머신

로스팅 기술이 발전하고 농장 스페셜티 커피가 꾸준히 등장하면서 커피 브랜드(또는 카페 브랜드)마다 브랜드만의 독특한 맛을 추구하려는 경향이 생겼다. 그래서 전처럼 블렌딩 기술에 의지하기보다 원두의 품질과 로스팅 기술 수준을 높이는 데 더 많은 노력을 기울이고 있다.

특히 스페셜티 커피의 개념이 등장함에 따라 바리스타는 본고장의 맛을 더 강조하려고 한다. 그래서 단일 품종의 원두를 사용하고, 심지어는 약하게 로스팅한 원두를 다량으로 사용하여 싱글 오리진 에스프레소(Single Original Espresso, SOE)를 만든다. 이런 현상은 아마 하나의 트렌드가 될 것이다.

3. 에스프레소 그라인더

에스프레소 추출은 예술이다. 추출 과정을 보면 서양 사람들의 치밀한 논리와 정량을 분석하는 태도를 발견할 수 있다. 앞에 나온 '에스프레소 추출 기술 데이터'로 알 수 있듯이, 에스프레소 추출은 마음대로 행동하는 데 익숙한 중국인들에게는 아마 작은 도전이 될 것이다.

추출에 적합한 원두 분쇄도

작은 잔에 담는 싱글 오리진 에스프레소는 몇 모금이면 배 속으로 다 들어간다. 이는 중국인이 차를 음미할 때와 상당히 비슷하다. 어떻게 하면 적은 양으로 진한 맛을 낼 수 있을까? 해답은 원두를 분쇄하는 방법에 있다.

유럽과 미국의 바리스타는 "커피 그라인더는 에스프레소의 탁월한 향미를 내는 열쇠다(Coffee grinder is key to exceptional espresso)."라고 한다. 그리고 이탈리아의 에스프레소 4M 중에서 두 번째 M인 Macinino(또는 Macinadosatore)가 여기에 해당한다. 영어로 옮기면 Grinder, 원두 그라인더를 말한다 (Macinadosatore에는 사실상 도저도 포함된다).

에스프레소 추출용 원두는 앞에 나온 원두 분쇄 정도 다섯 단계 중 네 번째 단계인 에스프레소 분쇄 굵기로 갈아야 한다.

에스프레소 분쇄를 하면 커피콩 한 알이 약 3,500개 입자로 분해되는데, 그 크기는 밀가루보다 굵고 소금보다 가는 정도이다.

그러나 앞에서도 얘기했듯이 이 기준은 절대적인 것이 아니며, 조절 가능한 범위 안에서 분쇄 정도를 조정할 수 있다. 또 원두의 품질, 그라인더, 커피머신, 커피의 양, 압력 등에 따라 그에 알맞은 해법을 찾아야 한다. 바리스타는 매일 출근해서 영업을 시작하기 전까지 테스트용으로 커피를 세 잔 정도 추출하여 맛을 보면서 분쇄 정도를 미세하게 조정해야 한다. 이 작업을 시간 낭비라고 생각하면 안 된다. 굉장히 훌륭한 직업 습관이므로 크게 칭찬받아야 할 일이다.

커피머신과 동급의 그라인더를 사용한다.

고품질의 에스프레소는 고급 에스프레소 머신과 에스프레소용 그라인더가 만나서 만들어낸 합작품이다(사람의 역할은 제

외). 그라인더를 더 좋은 제품으로 바꾸면 커피의 맛도 더 좋아진다. 심지어 커피머신을 바꾸는 것보다 더 눈에 띄는 좋은 변화가 생긴다.

경영 체계가 안정된 유럽과 미국의 카페에서는 매일 커피를 만드는 양에 따라 다른 종류의 커피머신을 사용한다. 더불어 커피머신의 가격대와 기술 등급이 맞는 그라인더를 사용한다. 예컨대 매일 커피 3백 잔을 만드는 카페와 2천 잔을 만드는 카페가 있다면, 두 카페는 당연히 서로 다른 종류의 커피머신과 그에 걸맞은 그라인더를 사용한다는 것이다.

에스프레소 그라인더의 가격대는 에스프레소 머신 가격의 20% 수준이면 적당하다. 현재 중국의 많은 카페에서는 체면상 커피머신에 투자를 많이 한다. 그런데 그라인더에 투자하는 돈은 커피머신의 약 10% 정도밖에 되지 않는다. 이는 낡은 부품으로 명차를 만들겠다는 심산이다. 반드시 생각을 바꾸어야 한다.

에스프레소용 그라인더 관련 용어를 알아보자. (표 11-2)

표 11-2 에스프레소용 그라인더 관련 용어

주요 용어	용어 해설
Power	출력. 보통 250~2,000W
Volts (V)/ Frequency (Hz)	규정전압과 주파수. 220V/50Hz 와 110V/60Hz 두 종류
Net weight	중량. 20kg 이상
Grinding blades	칼날 (Burr 버). 표기 ∅ 80mm 는 칼날 지름 80mm
Grinding blade speed	칼날 회전속도. Revolution per min. 1,050rpm은 1분 당 회전속도 1,050회
Bean Container capacity	호퍼 (원두를 담는 통) 의 용량
Grounds Container Capacity	도저 (분쇄된 원두가 담기는 통) 의 용량
Production rate	분쇄효율. 단위 kg/h. 시간 당 분쇄량을 kg 로 표시
Noise factor (dBA)	소음지수. 분쇄할 때 나는 소음 데시벨. 실제로는 제품에서 제시한 수치를 초과한다.

에스프레소용 그라인더는 그라인더의 구조에 관계없이 단계적으로 원두를 분쇄한다. 우선 원두를 굵게 부순 다음에 분쇄가 본격적으로 시작되며 시간이 갈수록 점점 미세하게 분쇄된다.

에스프레소용 그라인더

에스프레소용 그라인더의 필수 요건

에스프레소용 그라인더는 아래의 몇 가지 요건을 갖추어야 한다.

1. 출력으로 생기는 발열을 최소화한다. 원두에는 휘발성이 강한 방향물질이 많아서 온도가 조금만 높아져도 방향물질이 금방 날아간다. 에스프레소 전용 그라인더는 대부분 토크(torque 회전력)를 높이고 회전 속도를 늦추면 발열을 줄일 수 있다. 해발이 높은 곳에서 생산되는 스페셜티 원두는 해발이 낮은 곳에서 생산된 원두보다 재질이 단단해서 토크를 높여야 분쇄하기에 좋다.
2. 그라인더가 작동할 때 발생하는 열이 최대한 칼날에 전해지지 않도록 하여 발열을 줄인다.
3. 팬이나 기타 열을 식힐 수 있는 장치가 있다.
4. 칼날의 지름이 크면 분쇄하는 범위가 넓어서 유용하다.
5. 미세하게 분쇄 정도를 조절할 수 있다.

에스프레소용 그라인더의 칼날은 평면형인 플랫(flat)과 입체형과 원추형으로 구성된 코니컬(conical) 두 종류가 있다. 플랫은 원두를 중심에서 바깥쪽으로 밀면서 분쇄하고 코니컬은 위에서 아래로 밀면서 분쇄한다.

에스프레소용 그라인더 선택하기

 매일 많은 양의 커피를 만드는 카페는 주로 코니컬 그라인더를 사용한다. 이유는 두 가지다. 첫째, 코니컬은 교체 주기(수명)가 길고 강도가 같은 정도로 유지되지만 플랫은 코니컬에 비해 칼날이 쉽게 무뎌진다. 둘째, 코니컬은 발열이 적어서 커피의 향과 단맛이 충분히 살아나고 추출된 커피 액의 점성도 높다. 커피를 만드는 양에 한계가 있는 중소 규모의 카페는 분쇄 정도가 균일하고 분쇄 통로가 짧아서 낭비되는 커피가루가 적은 플랫을 사용하는 것이 좋다.

 미래의 에스프레소 전문 그라인더는 플랫과 코니컬의 결합형으로 발전하는 추세이므로 주목할 만하다.

 마지막으로, 에스프레소의 향미와 품질이 분쇄 과정의 각 단계에서 어떤 영향을 받는지 알아보자. (표 11-3)

표 11-3 분쇄 과정에서 에스프레소의 향미와 품질에 영향을 주는 요소

영향	분쇄 과정에서 생기는 원인
향미의 변질	호퍼를 장기간 청소하지 않아서 더러움
	도저를 장기간 청소하지 않아서 더러움
	호퍼 안에 원두를 오랫동안 담아둠
	도저 안에 분쇄한 원두를 오랫동안 담아둠
과다추출	너무 가늘게 분쇄함
과소추출	너무 굵게 분쇄함
훈제향 발생	분쇄 과정에서 발열이 심했거나 열을 충분히 식히지 못함

Part 11 에스프레소 추출 실전

4. 에스프레소 머신

반자동 싱글헤드 에스프레소 머신

향미가 탁월한 에스프레소를 만들려면 적정 기준에 알맞은 에스프레소 머신이 있어야 한다. 에스프레소의 4M 중 네 번째가 커피머신(Macchina, 영어로 Machine)이다. 기술형 창업 기업은 에스프레소 머신 덕분에 커피 분야에서 두각을 나타낼 수 있는 기회를 가졌다.

초기 형태의 커피머신

'에스프레소는 20세기의 가장 위대한 커피 혁명이다.'라고 한다면 그 공은 모두 100년의 역사를 지닌 에스프레소 머신의 발명과 기술 혁명에 있다. 초기 형태의 커피머신은 1855년 파리 박람회에서 최초로 등장했다. 그 이후 1901년에 이탈리아 밀라노의 엔지니어 베제라(Bezzera)가 밀폐형 보일러 내부에서 생긴 증기압으로 뜨거운 물을 밀어내 커피액을 추출하는 기계를 발명했다. 이때부터 에스프레소 시대의 서막이 열렸고, 이탈리아 사람들의 공과 노력으로 에스프레소 시대가 발전했다. 한 커피 기술 전문가는 이탈리아 사람의 기술을 섬세하고 정밀하다고 평가하며 그들의 권위를 인정할 만하다고 했다.

에스프레소 머신의 급속한 발전

그로부터 몇 년 뒤에 이탈리아의 라 파보니(La Pavoni) 커피머신이 앞선 시기의 기술 이념을 이어받아 생산되기 시작했다. 이 머신도 밀폐형 보일러 내부의 증기압으로 커피 액을 추출하는 방식이었다. 증기압을 이용하기 때문에 커피가루 조직의 손상이 심하고 지방성분이 거의 남지 않아서 쓴맛이 강하고 카페인도 많았다. 그러나 많은 양의 커피를 빠른 속도로 만들 수 있다는 장점 덕분에 처음으로 에스프레소의 붐이 일기 시작했다.

제2차 세계대전이 일어나기 전, 증기압 대신 물의 압력을 이용하는 방식을 채택하여 에스프레소 머신 안에 피스톤과 지렛대를 추가했다. 피스톤을 들어 올리면 뜨거운 물이 주입되고 피스톤을 아래로 누르면 주입된 물의 압력으로 커피가 추출된다. 추출에 사용하는 물은 끓는점에 도달하지 않은 상

태이므로 증기압을 이용할 때보다 에스프레소의 맛이 훨씬 좋았다. 이런 추출 방식은 증기압으로 천천히 밀어내는 것보다 상당히 앞선 기술이었다. 이는 요즘 유행하기 시작하는 수동식 추출과 방법은 다르지만 결과물은 같으므로 무시해서는 안 된다.

제2차 세계대전이 끝나고 얼마 지나지 않았을 때, 이탈리아의 가찌아(Gaggia)사는 기존의 설계에 피스톤을 조정하는 용수철을 추가한 에스프레소 머신을 개발했다. 용수철의 힘으로 피스톤을 조정하면 이 피스톤의 움직임에 따라 물이 주입되고 빠져나가는데, 이때 생긴 압력으로 커피가 추출된다. 용수철의 기능이 추가되면서 바리스타는 힘을 조금 덜게 되었고, 8~10기압의 압력으로 추출할 수 있게 되었다. 이렇게 추출한 에스프레소는 맛이 진하고 깔끔하며 지방성분도 풍부하고 빛깔도 좋아서 요즘 기술로 만드는 커피와 품질 면에서 차이가 없었다.

전설의 Faema E61

1950년, 이탈리아의 페마(Faema)사는 용수철 대신 전기펌프로 먼저 차가운 물에 압력을 가한 다음에 가열하는 방식을 시도했다. 그리고 1961년에 용수철과 피스톤의 역할을 대신하는 펌프를 장착한 에스프레소 머신을 최초로 생산했다. 이것이 바로 커피업계의 전설과도 같은 Faema E61이다. 머신 안에 장착한 펌프는 주로 물을 뽑아내고 압력을 올리는 작용을 하는데, 이는 오늘날 주로 사용되는 에스프레소 머신의 기술적 기반이 되었다.

펌프를 이용한 열 교환 방식의 에스프레소 머신은 요즘 사용되는 에스프레소 머신의 주요 원리와 같다. 펌프를 작동시켜 물탱크 안의 신선하고 차가운 물을 뽑아내 압력을 가하면 물이 가열관을 통과하면서 데워진다. 이렇게 데워진 물이 그룹헤드로 이동하여 고품질의 에스프레소가 추출된다. 이와 비슷한 수준의 커피머신으로는 1971년 이탈리아의 라 마르조코(La Marzocco)사가 출시한 GS계열 머신이 있다. 이 회사의 커피머신은 물을 가열하여 증기를 발생시키는 스팀 탱크와 커피를 추출하는 에스프레소 탱크 두

개를 설치한 듀얼 보일러 방식을 채택했다.

펌프는 유형에 따라 전자기진동 펌프(Vibratory Pump)와 고압회전 펌프(Rotary Vane Pump) 두 종류가 있다. 전자기진동 펌프는 전자석이 피스톤을 움직여서 생긴 진동이 에너지로 사용되므로 효율성이 떨어지고 소음이 큰 편이다. 부피가 작고 출력이 불안정해서 가정용이나 소규모 상업용으로 적합하다. 고압회전 펌프는 효율성이 높고 출력이 안정적이지만 부피가 커서 공간적 제약이 있다. 효율적이고 연속적으로 가동할 수 있으며, 머신에 대한 요구 조건이 엄격한 전문적인 상업용으로 적합하다.

상업용 에스프레소 머신의 특징

상업용 에스프레소 머신에는 몇 가지 특징이 있다.
1. 대형 보일러 탱크가 있어서 연속적이고 안정적으로 커피를 추출할 수 있다.
2. 커피를 연속적으로 추출할 때 추출에 사용될 물은 그룹헤드에서 정확하고 일정한 온도로 유지된다.
3. 커피를 연속적으로 추출할 때 펌프의 압력이 안정적이다.
4. 커피를 연속적으로 추출할 때 스팀노즐의 압력이 항상 일정하고 늘 건조한 상태로 유지된다.
5. 추출 품질을 개선하는 뜸들이기 기능이 있다.

이 다섯 가지는 가장 기본적인 기술이므로 특별할 것이 없다. 그보다는 그룹헤드에서 압력과 온도를 조절할 수 있는 새로운 기능이 훨씬 중요하다. 에스프레소 머신에 이런 기능이 추가되

기를 바라지만 쉽지는 않을 것이다. 특히 뜨거운 물이 그룹헤드에서 항상 같은 온도로 유지돼야 하는 문제는 꼭 해결되어야 한다. 현재 전 세계의 카페에서 주로 사용하는 에스프레소 머신은 열 교환 방식이다(영어로 Heat Exchange Espresso Machine 이라고 하며, 바리스타들은 간단히 줄여서 HX 라고 부른다). 물의 온도는 보일러 내의 기압을 조절함으로써 간접적으로 조절되고 압력 밸브는 열팽창과 냉수축 원리로 조절된다. 보일러 내의 압력이 높아져서 보일러 내부의 물의 끓는점이 높아지면 뜨거운 물

액체에서 기체로 변하기 시작하는 끓는점은 외부의 압력과 밀접한 관계가 있다. 외부 압력이 높으면 끓는점이 높아지고 압력이 낮으면 끓는점도 낮아진다. 우리가 가정에서 사용하는 압력솥에 음식물을 넣고 가열하면 솥 안의 압력이 높아지면서 물의 끓는점도 무려 200℃까지 올라간다. 또 해발 약 1,900 미터 되는 고원 지역인 쿤밍(昆明) 에서 차나 커피를 우리는 데 사용할 물을 끓이면 94~95℃에서 이미 끓기 시작하므로 이것도 문제가 된다. 이를테면, 열 교환 방식인 에스프레소 머신을 쿤밍에 설치하려고 그곳에서 성능 테스트를 하면 베이징이나 상하이에서 테스트한 것과 다른 결과가 나온다.

열 교환 방식의 에스프레소 머신에서 보통 보일러 내의 증기압을 1~1.3bar(중력 제외) 로 조절하면 물의 온도가 122.8~126.1℃로 조절된다.

과 수증기의 온도는 올라가고 가열 속도는 더뎌진다. 이처럼 열 교환 방식의 에스프레소 머신은 온도 조절 기능에서 다소 부족한 점이 있지만 큰 문제가 될 만한 단점은 없다.

바리스타들은 보통 에스프레소 머신의 전원을 켜고 잠시 기다렸다가 포타필터를 그룹헤드에 끼운 다음에 추출을 시작하기 전에 몇 초에서 몇 십 초 동안 물을 흘려보낸다. 이렇게 하면 포타필터를 예열하는 효과가 있고, 그룹헤드의 수온이 추출에 알맞은 온도로 조절된다. 이런 방법으로 추출하려면 보일러 탱크가 커야 한다. 보일러 탱크가 너무 작으면 물을 미리 흘려보내도 원하는 결과를 얻지 못한다.

신형 에스프레소 머신은 PID(Proportional Integral Derivative controller) 온도 조절 장치가 있는 듀얼 또는 멀티 보일러 방식이다. PID는 온도 측정, 분석, 조절이 모두 가능한 지능형 장치로, 물의 온도를 정확하게 조절하여 수준 높고 안정적인 추출이 가능하다. 단위 시간당 커피 추출량이 많은 카페와 수시로 수온을 미세하게 조절하여 추출해야 하는 전문가에게는 의미 있는 장치다. 그러나 짧게는 몇 분, 길게는 몇 십 분 만에 한 잔씩 드문드문

추출하는 카페에서는 사실 별 의미가 없는 장치다.

열 교환 방식의 에스프레소 머신 내부 구조를 보자. (그림 11-1)

그림 11-1 열 교환 방식의 에스프레소 머신 내부 구조

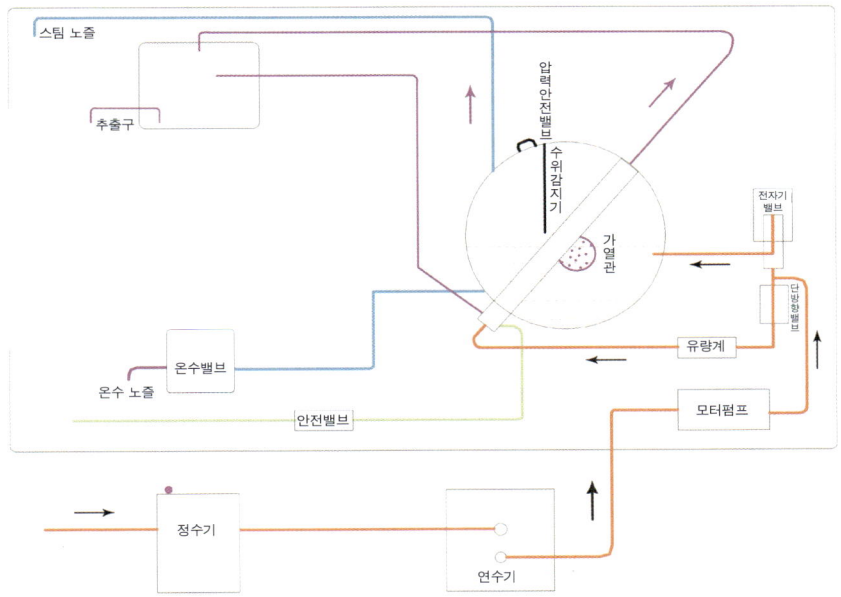

5. 에스프레소와 바리스타

많은 사람들이 에스프레소의 4M의 가치를 격찬하는 까닭은 바로 마지막 M, 즉 커피를 만드는 사람의 Mano(영어로 Hand)가 중요하기 때문이다. 원두를 갈고, 필터에 담고, 탬핑을 하고, 추출하는 모든 과정을 정확하게 처리할 유능한 바리스타가 없다면 맛있는 에스프레소 한 잔은 꿈도 꿀 수 없다. 심지어 에스프레소 예술은 사람과 기계가 하나가 되는 일이며, 최고 경지에서 최상의 맛을 탐색하는 일이라고도 한다. 그러므로 에스프레소에 입문하기는 쉽지만 높은 수준까지 오르기는 쉽지 않다.

왜 그럴까? 바로 고압으로 추출하는 추출방식 때문이다. 커피가루는 고압 상태에서 물에 대한 저항력이 생기지만, 커피가루 입자 하나하나는 최대한 물과 골고루 접촉하려고 한다. 그러나 물은 관성이 있어서 장애가 적고 이동하기 쉬운 통로를 찾아 빠져나가려고 한다. 압력을 가한 상태에서 물의 관성을 극복하고 최상의 커피 추출물을 얻는 것은 그리 간단한 일이 아니다.

분쇄, 도징, 탬핑

바리스타는 원두를 분쇄하고 도징(dosing, 분쇄원두를 포타필터에 담는 동작)하고 탬핑을 하면서 인간과 기계의 결합을 완벽하게 구현한다. 이 과정은 커피가루를 일정한 양과 두께만큼 담아 조밀하고 단단하게 균일화하는 작업이다. 커피 층 가장자리에 빈틈이 없어야(커피가루와 물이 만나면 커피가루가 팽창하여 서로 맞물린다) 커피가 고압의 뜨거운 물과 만났을 때 균형 있게 추출되므로 꼭 필요한 절차다.

물은 원래 가지고 있는 관성 때문에 도징 양이 적거나, 분쇄 정도가 굵거나, 탬핑이 약해서 잘 다져지지 않았으면 저항이 약한 통로를 찾아내서 신속하게 빠져나간다. 포타필터의 가장자리까지 꼼꼼히 다지지 않았거나, 기술이 부족해서 균일하고 평평하게 다듬지 않았거나, 탬핑을 했지만 육안으로 발견할 수 없는 빈약한 부분이 생겼을 때도 마찬가지다. 이렇게 되면 물이 너무 빨리 내려가서 예상 추출시간(보통 25초 내외)이 되기도 전에 이미 예상 추출량만큼 추출되고 추출된 커피의 색도 옅다. 정리하면, 커피가루 사이에 틈이 생기면 이 틈은 물이 내려가는 통로가 되고, 물이 이 통로를 통해 빨리 빠져나가면 결과적으로 추출이 균일하게 되지 않는다는 말이다. 그래서 틈이 생긴 부근

Part 11 에스프레소 추출 실전

의 커피가루는 과다추출 되고, 나머지 부분은 과소추출 되거나 추출되지 않아서 원하는 결과물을 얻지 못한다. 또한 커피의 향미를 살리는 방향물질도 추출되지 않아서 시고 떫은맛만 나므로 마시기 힘들다.

  이와 반대로 도징 양이 지나치게 많거나, 분쇄 정도가 너무 가늘거나, 탬핑이 강하면 물이 내려가면서 저항을 많이 받는다. 특히 커피가루 양이 많아서 커피 층이 두꺼우면 커피층 표면과 물이 흘러나오는 샤워 스크린 사이의 공간이 좁아져서 사전 주입에 문제가 생긴다. 이런 상황들은 모두 커피 추출 속도를 지연시켜서 정상적인 추출에 지장을 준다. 결과적으로 예상 추출 시간 안에 추출된 커피 액의 추출수율이 높아진다. 커피가 추출될 때 눈물방울처럼 천천히 뚝뚝 떨어지면 삼키기 힘들 정도로 맛이 진하고 써진다.

  알맞은 정도로 분쇄한 커피가루를 적정량 담고, 정확하게 탬핑해서 커피 층을 평평하고 반듯하게 만들고, 가장자리의 틈도 메우면(가장자리에 커피가루가 묻는 건 상관없다), 추출이 끝나고 나서 커피 퍽(coffee puck, 커피 찌꺼기)을 꺼냈을 때 평평하고 반듯한 모양이 그대로 유지된다.

관찰시간, 유속(流速), 색

  자동 커피머신은 대부분 추출시간이나 추출할 물의 양을 설정할 수 있고, 추출 전 과정에서 소요되는 시간을 자동으로 계산한다. 반면에 수동 커피머신은 육안으로 추출 유속을 관찰하며 추출시간을 직접 확인하고 조절해야 한다. 에스프레소를 추출할 때 커피 액의 물기둥이 가늘고 길면서 점도가 있고, 호랑이 무늬 같은 갈색을 띠고(벌꿀 같은 질감), 추출 진행에 따른 색의 변화가 크지 않은 시간은 약 25초 동안이다. 이 25초는 에스프레소 싱글 샷을 추출하는 데 소요되는 가장 이상적인 시간이다.

  추출 시간도 중요하지만 커피 액의 색깔도 주의 깊게 관찰해야 한다. 커피 액의 색깔이 호랑이 무늬 같은 짙은 갈색에서 차츰 노란빛이나 옅은 노란빛으로 변하며 옅어지는 현상을 블론딩(Blonding)이라고 한다. 이 현상이 일어나면 커피에서 추출할 수 있는 성분이 모두 추출되었다는 뜻이며, 이때부터 커피의 향과 향미가 떨어지기 시작한다. 그냥 두면 물이 다량 투과되면

서 쓴 물질이 계속 추출되므로 재빨리 잔을 치우고 추출을 멈춰야 한다. 이때 추출시간이 21~22초밖에 지나지 않았더라도 추출을 중단해야 한다. 만약 추출 도중에 갑자기 노란빛의 물줄기가 섞여 나온다면, 이는 뜨거운 물이 커피 층을 뚫고 나오는 동안 채널링(Channeling, 물이 밀도가 낮은 한쪽으로 쏠림) 현상이 일어나서 추출이 제대로 되지 않았다는 증거다. 추출이 끝나고 나서 커피 퍽을 살펴보면 아마 중간에 틈이 생겼거나 갈라진 부분이 분명히 있을 것이다.

갓 로스팅한 신선한 원두일수록 이산화탄소를 많이 함유하고 있다. 그래서 에스프레소를 추출할 때 그룹헤드에서 뜸들이기도 하지 않고, 원두의 분쇄 정도, 커피가루의 양, 탬핑 정도 등도 고려하지 않으면 물에 대한 저항이 커진다. 로스팅을 하고 나서 브루잉 커피용 원두보다 에스프레소 추출용 원두를 며칠 더 숙성시키는 것도 바로 이 때문이다.

6. 에스프레소의 농도

에스프레소는 고압으로 추출한 농축 커피다. 에스프레소 샷(A shot of Espresso)은 추출에 사용하는 물의 양이 적어서 브루잉 커피에 비해 농도가 진하다. 브루잉 커피의 농도가 1.5% 이하인데 반해 에스프레소의 농도는 8~12%로 차이가 상당히 크다. 이번에는 에스프레소 추출 실례를 통해 에스프레소의 농도와 추출수율의 관계를 알아보자.

에스프레소 샷(A shot of Espresso)

에스프레소 추출은 체계가 복잡하므로 어떤 한 가지 요소에 미세한 변화만 있어도 최종 결과물에 엄청난 변화가 생긴다. 그러므로 변수를 최대한 줄이기 위해 모든 요소와 설비를 항상 일정하고 안정적으로 설정하고 활용하는 등 추출과정을 철저하게 통제해야 한다.

경험이 풍부한 바리스타와 커피전문점은 에스프레소 추출의 황금 원칙을 가지고 있다. 이를테면, 탬핑은 항상 일정한 강도로 빠르고 안정적으로 하고, 원두 분쇄 정도를 적절히 조절하고, 그 밖의 기타 요소는 모두 정량화, 표준화, 고정화하는 등의 원칙이 있다.

커피머신이 통제하는 상수

1. 추출압력 : 9~10bar. 보일러 내부의 압력이 아니라 펌프가 작동하여 생긴 그룹헤드 쪽의 추출압력이다. 일반적으로 추출압력은 임의로 조절이 불가능하지만 성능이 뛰어난 에스프레소 머신은 정확하고 안정적으로 추출압력을 조절할 수 있다. 요즘 나오는 최신형 에스프레소 머신에도 추출압력을 확인하고 미세하게 조정하는 기능이 있어서 완벽한 품질의 커피를 추출할 수 있다.

2. 추출수온 : 88~92℃. 추출 품질을 좋게 하고 커피에 함유된 휘발성 방향물질을 가능한 많이 보유할 수 있는 온도다. 추출수온은 커피의 방향물질과 밀접한 관계가 있다. 물의 온도가 너무 높으면 방향물질이 빨리 휘발되고 변질되어 탄 맛과 쓴맛이 강해진다. 온도가 낮으면 방향물질이 활동하지 않아서 신맛이 강해진다. 그러나 예외의 경우도 있다. 만약 로스팅을 약하게 했을 때 94~95℃의 온도에서 추출하면 맛있는 커피가 추출된다.

커피가루 양이 많으면 뜨거운 물이 일정량 흡수돼 물의 온도가 낮아지는데 이런 요소도 알아두어야 한다. 추출수온도 압력과 마찬가지로 조절이 불가능하지만 성능이 뛰어난 에스프레소 머신은 정확하고 안정적으로 온도를 조절할 수 있다. 커피머신 구조의 특징을 잘 알면 추출에 도움이 된다. 주로 많이 사용하는 듀얼 보일러를 채택한 열 교환 방식의 에스프레소 머신은 보일러 내부에 추출용 뜨거운 물을 공급하는 동으로 된 가열관이 있다. 가늘고 긴 가열 관에 뜨거운 물이 오래 머무르면 수온이 계속 올라가서 95℃를 넘게 된다. 이렇게 수온이 너무 높으면 에스프레소의 쓴맛이 강해지므로 추출하기 전에 미리 그룹헤드에서 뜨거운 물을 적당량 빼내면 간단하고 효과적으로 문제를 해결할 수 있다.

듀얼 보일러를 채택한 열 교환 방식의 에스프레소 머신 중에서 상업용은 대부분 에스프레소 한 잔을 추출하는 동안 3~5℃의 온도 차이가 생긴다. 이 온도차를 줄이면 추출 품질 향상에 중요한 도움이 된다. 커피머신의 기술과 설계에도 이 점을 반영하고, 머신을 사용하는 바리스타도 이를 융통성 있게 통제할 수 있어야 한다. 한편 PID 온도 조절 장치가 있는 최신형 멀티 보일러 방식의 에스프레소 머신은 추출과정에서 생기는 온도 차이를 유연하게 조절할 수 있다.

상업용 열 교환 방식의 에스프레소 머신으로 추출할 때 그룹헤드의 수온이 어떻게 변하는지 아래의 그래프를 보면 이해가 될 것이다. (그림 11-2)

그림 11-2 상업용 열 교환 방식의 에스프레소 머신 추출과정에서 나타나는 그룹헤드 수온의 변화 곡선

Part 11 에스프레소 추출 실전

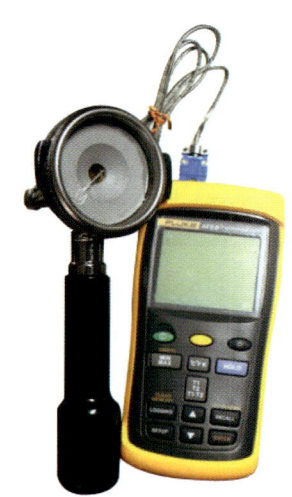

에스프레소 머신 그룹헤드의 수온을 측정하는 전문 기기

포타필터는 열이 금방 식기 때문에 반드시 미리 예열해야 한다. 특히 실내온도가 낮을 때는 더더욱 그렇다. 어떤 바리스타는 습관적으로 포타필터를 그룹헤드에 장시간 끼워두는데, 이렇게 하면 그룹헤드를 보온하는 효과가 있다. 그밖에 실내 온도와 습도(습도가 너무 높으면 커피가루가 부분적으로 응집되어 추출이 지연된다)도 추출에 영향을 미치지만 영향력이 크지 않으므로 자세히 언급하지 않겠다.

에스프레소 샷을 만드는 표준 기술

블룸 커피 칼리지는 오랜 경험을 바탕으로 세계의 에스프레소 발전 경향을 종합하고, 카페의 실용주의 및 기본 원칙들을 결합하여 실전에 필요한 에스프레소 추출 표준 기술을 설정했다. 그 중에는 바리스타가 직접 통제할 수 있는 3대 요소가 포함되어 있다. 3대 요소는 커피가루 양, 추출량, 추출시간이며, 이는 반드시 적절한 수치 범위 안에서 동시에 적용되어야 한다. 카페에서 커피를 만드는 표준 기준을 구체적으로 설정할 때는 반드시 모든 요소를 정량화, 고정화, 표준화해야 한다. 그래야만 수동식 반자동 머신을 사용하더라도 원두 분쇄 정도를 미세하게 조정하여 최상의 품질을 낼 수 있고, 추출과정도 완벽하고 안정적으로 진행된다.

에스프레소 샷을 만드는 간단한 표준 기술 (유속이 알맞게 유지될 때)

1. 커피가루 양 : 8~10g
2. 추출량 : 30~35ml (크레마 포함)
3. 추출시간 : 25 ±3 초

바리스타 커피와 사랑에 빠지다

🫘 바리스타가 통제하는 상수

1. 커피가루 양 : 8~10g. 에스프레소 싱글 샷을 추출하려면 커피가루가 얼마나 필요할까? SCAA가 제시한 표준량은 7~9g이지만 WBC 대회에서는 많은 양을 사용하는 추세다. 그러나 바리스타 대회에서 커피를 만드는 것을 다른 것에 비유하자면, 파리 패션위크가 열리는 패션쇼 무대에 모델로서 오른 것과 같다. 이런 무대는 과감하게 새로운 것을 탐색하고 시험하는 자리다. 모델처럼 꾸미고 차려입은 채로 거리를 활보하는 사람이 누가 있겠는가. 있다면 아마 괴물처럼 보일지도 모른다. 그러므로 바리스타는 대회의 경험을 맹신하고 이를 카페 운영에 똑같이 활용해서는 안 된다.

에스프레소 싱글 샷을 추출할 때는 커피가루 8~10g을 사용하기를 권장한다. 향미의 균형을 잡는 기본 기술을 연습하기에 좋고, 카페의 자본금 운영에도 도움이 되는 현실적인 기준이다. 만약 원두가 신선하고 로스팅 정도가 강한(2차 크랙에 도달한 시점) 경우는 커피가루 8~9g이면 충분하다. 로스팅 정도가 약하거나(1차 크랙 직후, 2차 크랙 시작 직전) 원두의 신선도가 좀 떨어졌다면 커피가루를 9~10g 넣어야 한다.

2. 추출량 : 30~35ml. 추출량은 에스프레소 커피 한 잔의 용량을 말한다. 커피의 크레마가 다르고, 커피 액의 물줄기 높이와 지속성이 다르므로 경험 있는 바리스타만이 눈으로 용량을 확인할 수 있다. 고객에게 제공할 커피가 아니라면(연습용이면) 직접 전자저울 위에 놓고 정확하게 커피 양을 측정하여 그램 수로 읽는다. '추출량'은 곧 '추출 그램 수'다.

추출 기술이 좋으면 표준 추출시간 안에 그램 수로 20~23g 추출할 수 있다. 로스팅을 할 때 1차 크랙이 끝나고 2차 크랙이 시작되면 물보다 가벼운 향미와 지방성분이 많이 생기므로 단위 시간당 에스프레소 추출 그램 수가 적어진다.

3. 추출시간 : 25±3초. 어떤 커피머신은 몇 초간의 사전 주입(pre-infusion) 기능이 있으므로 지켜보고 있다가 에스프레소가 커피 추출구로 나오기 시작할 때부터 시간을 잰다. 그러나 SCAA BGA(미국 스페셜티 커피협회 바리스타 자격 인증) 시스템에서는 커피 추출구가 열리는 순간부터 시간을 재기 때문에 사전 주입 시간도 포함된다. 어쨌든 25초라는 시간은 상당히 중요한 시

간(이를 Brewing flow time이라고 부른다)이며, 대부분의 바리스타와 카페는 25초를 표준 추출시간으로 삼고 있다. 하지만 실제로 추출할 때는 경험을 바탕으로 직접 관찰하다가 유속에 따라 미세하게 조정하여 1~3초 앞당기거나 늦출 수 있다.

수동식 커피머신에 익숙하다고 해서 사전 주입 과정을 생략하면 안 된다. 또한 커피 층을 탬핑할 때 반드시 그룹헤드의 샤워스크린과 커피층 사이의 공간을 어느 정도 확보해 두어야 한다. 커피머신의 모터펌프가 작동하기 시작하면 짧은 몇 초 동안 소량의 뜨거운 물이 흘러내려가서 커피 층과 샤워스크린 사이의 공간을 채운다. 이 물이 커피 층 표면에 고르게 퍼져서 커피가루를 충분히 적시면 뒤이어 나오는 뜨거운 물이 막힘없이 커피가루를 고르게 통과하여 추출이 순조롭게 진행된다. 또 이 과정에서 이산화탄소가 배출되고 커피 층이 평평해지며, 물 분자들이 수소 결합하여 커피에 함유된 좋은 방향물질을 충분히 배출시킨다.

아래는 스캇 라오(Scott Rao)가 자신의 저서 《프로페셔널 바리스타(The Professional Barista's Handbook)》에서 소개한 에스프레소 추출비율 데이터를 표로 나타낸 것이다. (표 11-4)

표 11-4 에스프레소 커피의 추출비율 (Brewing Ratios For Espresso Coffee)

		Dry Coffee 커피가루 양 (g)			Beverage 음료 양 (g)			Brewing Ratio(Dry/Liquid) 추출비율 (가루 / 액체)			Gross Volume Incl. Crema 크레마를 포함한 커피 액 총용량 (oz)	
		Low 소량	Med 중간량	High 대량	Small 소량	Med 중간량	Large 대량	Low 저비율	High 고비율	Typical 표준비율	Low1 저용량	High2 고용량
Ristretto 리스트레토	Single 싱글	6	7	8	4	7	13				0.3	0.6
	Double 더블	12	16	18	9	16	30	60%	140%	100%	0.7	1.3
	Triple 트리플	19	21	23	14	21	38				0.9	1.7
Regular Espresso Normale 레귤러 에스프레소	Single 싱글	6	7	8	10	14	20				0.6	1.1
	Double 더블	12	16	18	20	32	45	40%	60%	50%	1.3	2.6
	Triple 트리플	19	21	24	32	42	60				1.9	3.4
Lungo 룽고	Single 싱글	6	7	8	38	50	67				0.8	1.5
	Double 더블	12	16	18	75	114	150	27%	40%	33%	1.9	3.3
	Triple 트리플	19	21	24	119	150	200				2.5	4.4

주 : Low[1] 은 신선하지 않은 원두, 100% 아라비카종 커피, 스파웃(spout, 추출구)이 있는 포타필터, 수동 레버 커피머신 등을 사용한 경우.
High[2] 는 신선한 원두, 로부스타종 커피, 스파웃이 없는 포타필터, 9 기압 펌프식 커피머신 등을 사용한 경우.

바리스타 커피와 사랑에 빠지다

바리스타가 융통성을 발휘해야 하는 변수

앞에서 이미 언급했듯이 경험이 풍부한 바리스타나 커피전문점에서는 에스프레소를 추출할 때 원두의 분쇄 정도를 조절하여 추출 품질을 통제한다. 이 원두의 분쇄 정도가 유일한 변수이며, 다른 요소는 모두 정량화, 표준화, 고정화한다. 사실 원두의 분쇄 정도와 탬핑 정도는 서로 상응한다. 분쇄 정도가 굵으면 탬핑을 강하게 해서 커피가루 사이에 틈이 생기지 않도록 조절하고, 분쇄 정도가 가늘면 탬핑할 때 힘을 약하게 하여 적절한 정도로 조절한다. 만약 카페에서 커피 맛을 일관되게 유지하는 공통된 기준이 없다면 바리스타가 이런 점을 융통성 있게 처리해야 한다.

탬핑 기술은 강하게 누르는 방법과 약하게 누르는 방법이 있다. 분쇄 정도가 굵을 때 강하게 누르는데, 힘이 많이 들고 매번 같은 크기의 힘을 일정하게 유지하기가 쉽지 않다. 반대로 분쇄 정도가 가늘면 약하게 누른다. 이때는 일부러 힘을 들이지 않고 탬퍼의 무게로 생기는 중력만으로 충분히 누르고 평평하게 다듬는다. 탬핑 기술이 뛰어나서 누르는 힘을 정확하게 조절할 줄 아는 바리스타는 탬핑을 강하게 하는 데 전혀 문제가 없다. 탬핑을 연습할 때는 앉은뱅이저울을 놓고 저울의 눈금을 보면서 힘이 얼마나 들어가는지 테스트하면 도움이 된다. 이런 식으로 연습하면 자신이 탬핑할 때 어느 정도의 힘을 들여야 하는지 정확히 알 수 있고, 힘을 안정적으로 유지할 수 있다. 그러나 커피 판매량이 많고 바리스타가 많은 카페에서 그라인더를 공용으로 사용하면서 분쇄 정도를 일일이 조절하다가는 낭패를 당한다. 분쇄 정도를 자주 조절하다 보면 커피의 품질이 일정하지 않게 되기 때문이다. 그러므로 이럴 때는 가늘게 분쇄하고 약하게 탬핑하는 방향으로 통일하여 각 바리스타의 탬핑 강도를 일치시킨다.

약하게 로스팅한 원두(1차 크랙 종료 시점에 완료)를 로스터에서 꺼낼 때 미세한 온도 차이가 생기면 커피의 향미에 큰 영향을 준다. 게다가 로스팅 기술이 불안정하거나, 로스팅 설비에 한계가 있거나, 커피 생두의 생산 차수에 차이가 있는 경우, 또 자가 로스팅을 하거나 로스팅한 원두를 소량으로 구입하는 스페셜티 카페라면 매일 원두 분쇄 정도를 조절하는 것이 상당히 중요하다. 그러나 커피 판매량이 많은 이탈리아식 브랜드 체인점 카페는 원두 분쇄 정도를 조절하는 것이 그리 중요한 요소는 아니다.

7. 더블 에스프레소

카페에서 더블 에스프레소를 사용하는 빈도가 높아져서 추출구가 2개인 포타필터가 바리스타의 주 무기가 되어가고 있다. 양이 많은 카페라테나 아이스커피에는 반드시 더블 에스프레소가 들어가며 특별히 더블 에스프레소를 찾는 고객들도 있다.

블룸 커피 칼리지는 커피 추출 실험을 위해 중국 취업훈련 기술지도 센터(CETTIC)의 바리스타 강습생 3명을 초대했다. 그중 한 명은 베이징에서 장사가 꽤 잘되는 코스 타에서 이미 1년 동안 전업 바리스타로 일한 경험이 있었다. 그리고 나머지 두 명은 개인 카페에서 일한 적이 있는데 여태껏 만든 커피가 총 5천 잔이 넘는 사람들이었다. 기술 자격은 있지만 뛰어나지는 않은 평범한 바리스타가 실험 대상으로 필요했는데 세 사람은 모두 우리가 원하는 기본적인 요건을 충족하고 있었다.

우리는 그들에게 자신들이 일했던 카페의 표준 기술은 잠시 잊고 한 팀이 되어 우리의 요구대로 커피 네 잔을 만들어달라고 부탁했다. 그리고 완성된 후에는 결과물에 대해 토론을 진행했다.

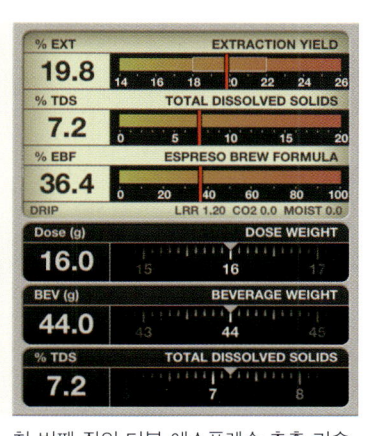

첫 번째 잔의 더블 에스프레소 추출 기술 데이터

첫 번째 잔 : 커피가루 양 16g, 추출시간 25초, 추출량 65ml(크레마 포함), 순 중량 44g. 커피를 직접 만든 바리스타는 느낌이 괜찮다고 했다. 팀원의 평가는 추출 후반부에서 유속이 조금 빨라져서 추출시간이 20초를 경과할 때 이미 블론딩 현상이 나타났다고 했다. 익스트랙 모조로 측정한 농도는 하한선인 8%보다 낮은 7.2%였다. 결과적으로 실패였다.

팀원들은 추출 과정 후반부에서 커피 추출물은 적고 물이 많아 농도가 낮아졌다고 평가했다. 만약에 커피가루 양, 원두 분쇄 정도, 탬핑 강도를 그대로 유지할 경우, 추출 완료 시점을 몇 초 앞당겨서 추출량을 줄이면 농도 8%에 도달할 수 있다. 모조(Mojo)의 소프트웨어를 사용하면 더 자세한 데이터를 얻을 수 있다. 측정 데이터를 보면 추출수율이 19.8%로 골든컵 구간 안에 속하지만 추출비율이 36.4% 밖에 되지 않아서 적정 구간인 40~60%에 못 미친다.

첫 번째 테스트는 물을 너무 많이 사용해서 맛이 싱거워졌다. 여기에서 개선할 사항은 추출시간이 23초 정도(2초 앞당김) 즈

음일 때, 블론딩 현상이 나타나거나 유속이 빨라지기 전에 추출을 멈추는 것이다. 매뉴얼대로 무조건 25초 동안 기다리지 말고 직접 눈으로 확인해서 과감하게 수동으로 추출을 종료해야 한다.

두 번째 잔 : 커피가루 양 16g, 추출시간 22초, 추출량 55ml(크레마 포함), 순 중량 39.5g. 팀원의 평가와 측정 데이터 결과 모두 완벽한 추출이고 농도도 문제없다. 예상대로 익스트랙 모조로 측정한 농도는 8.4%로 농도 하한선 이상으로 도달했다. 추출수율은 20.7%로 역시 골든 컵 구간 안에 들었으며 추출비율도 40.5%로 적정 구간인 40~60%에 들었다.

두 번째 잔의 더블 에스프레소 측정 수치

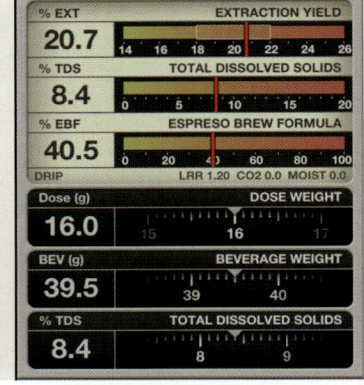

두 번째 잔의 더블 에스프레소 추출 기술 데이터

세 번째 잔 : 커피가루 양 18g, 추출시간 25초, 추출량 50ml(크레마 포함), 순 중량 33g. 팀원은 추출 기술이 완벽하다고 평가했다. 순 중량이 적고 커피 액 속의 수분도 적어서 두 번째 잔보

세 번째 잔의 더블 에스프레소 측정 수치

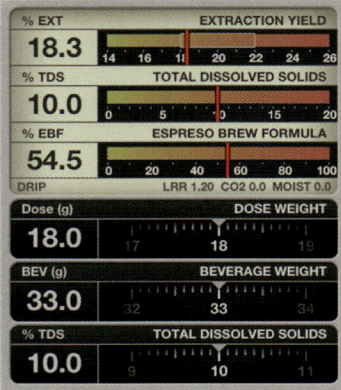

세 번째 잔의 더블 에스프레소 추출 기술 데이터

다 농도가 조금 진하며, 익스트랙 모조의 농도 측정값 10%은 적정 구간인 8~12% 범위에 들었다. 추출수율은 18.3%, 추출비율은 54.5%로 둘 다 적정 구간에 속한다.

네 번째 잔 : 커피가루 양 18g, 추출시간 22초, 추출량 60ml(크레마 포함), 순 중량 44g. 팀원들의 평가에 따르면, 원래 이 잔은 두 번째 잔보다 농도가 낮아야 하는데 유속이 그런대로 괜찮은 편이어서 농도 8% 정도는 나와야 한다고 했다. 평가 결과처럼 익스트랙 모조의 농도 수치가 8.3%로 나와서 적정 구간 범위에 들었다. 추출수율은 18.4%, 추출비율은 45%로 모두 적정 구간에 들었다.

 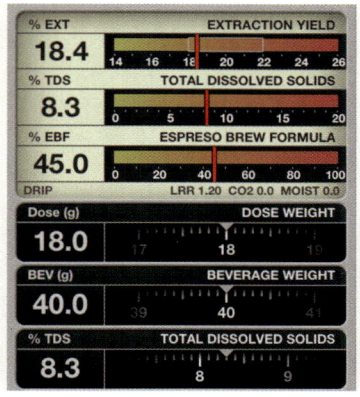

네 번째 잔의 더블 에스프레소 측정 수치   네 번째 잔의 더블 에스프레소 추출 기술 데이터

더블 에스프레소를 만드는 간단한 표준 기술 (유속이 알맞게 유지될 때)

1. 커피가루 양 : 16~18g
2. 추출량 : 50~70ml (크레마 포함)
3. 추출시간 : 25 ±3 초

바리스타 커피와 사랑에 빠지다

8. 에스프레소 테이스팅

에스프레소에 함유된 물질

고압으로 추출한 에스프레소에는 당, 카페인, 단백질, 지방성분, 콜로이드(colloid), 클로로겐산 등 600여 가지의 물질이 함유되어 있다. 그중에는 물에 녹지 않는 물질도 다량 포함되어 있는데 이것들은 유화(乳化)되어 커피 액 표면에 떠 있다. 이런 물질들 덕분에 에스프레소만의 풍부한 향기와 진하고 깔끔한 맛을 느낄 수 있다. 개인적으로 갓 추출한 에스프레소에서 풍기는 최고의 향기가 신선한 원두를 분쇄했을 때 나는 향기보다 훨씬 진하고 풍부하다고 생각한다.

에스프레소 표면을 덮고 있는 지방성분을 '크레마(Crema)'라고 한다. 고압으로 추출할 때 유화된 지방성분이 공기와 접촉하여 산화하면서 생성된 물질로, 미세한 지방성분 입자와 조밀한 기포가 만난 혼합물이다. 크레마는 에스프레소의 향이 빨리 날아가지 않도록 보존하는 '모자' 역할을 하며, 에스프레소의 맛을 평가하고 감별하는 중요한 요소다. 좋은 크레마는 3가지 요소를 충족해야 한다. 첫째, 에스프레소 표면에서 풍부하고 두꺼운 층을 이루어야 한다. 둘째, 색깔은 호박 보석 빛깔이나 짙은 황금색이어야 하고, 다른 색깔의 반점 없이 전체적으로 균일한 빛깔을 띠어야 한다. 셋째, 몇 초 만에 금방 사라지지 않고 오래 지속되어야 한다.

에스프레소의 맛은 복잡하면서도 균형이 잡혀 있다. 향기가 진하고, 맛이 부드럽고 섬세하며, 맛의 여운이 오래 남고, 신맛, 쓴맛, 단맛 등을 고루 갖추고 있다. 단, 테이스터에게 '고통스러운 쓴맛'이라는 나쁜 인상을 남겨서는 안 된다. 맛있는 에스프레소란, 마셨을 때 한 번에 부드럽게 목으로 넘길 수 있어야 한다. 목에 가시가 걸린 것처럼 삼키기 힘들면 에스프레소 품질이 좋지 않다는 의미다.

건강한 에스프레소

에스프레소는 품질이 우수한 아라비카종 커피를 약 20여 초 동안 끓는점보다 낮은 90℃의 물로 추출하므로 한 잔(약 30ml)당 카페인 함량이 적은 편이다. 보통 콜라나 카페인 음료 한 캔에 함유된 양과 비슷하다. 그러므로 에스프레소는 건강한 음료라고 할 수 있으며, 카페인에 민감한 사람들도 잠이 오지 않거나 가슴이 답답하거나 심장이 두근거리는 증상 등을 느끼지 않는다.

에스프레소 마시기

에스프레소는 향이 풍부하고 맛이 진하고 부드럽지만 농도가 진해서 처음 마시는 사람들은 대부분 약간 거부감을 느낀다. 그 중 일부는 꾸준히 계속 마시다가 서서히 에스프레소의 미묘한 맛을 느끼고 차츰 에스프레소를 좋아하게 된다. 또 다른 일부는 에스프레소와는 전혀 인연이 없는 사람들로, 코를 꽉 잡고서 아무 의미 없이 억지로 들이킨다. 유럽과 미국 사람들 중에도 에스프레소가 입에 맞지 않는 사람들이 많다.

뜨거운 에스프레소에 흰 설탕 한 스푼을 넣는 것도 괜찮다. 스푼으로 설탕을 저어 한 모금 마시면 입 안 가득 초콜릿 향을 느낄 수 있어서 아주 만족스러울 것이다. 이탈리아 사람들이 전통적으로 에스프레소를 이렇게 마신다(내가 이탈리아에서 카페 50곳 이상을 다녀보니, 현지인들이 에스프레소를 마시는 방법 중 가장 자주 눈에 띈 것이 설탕을 첨가하는 방법이었다). 설탕을 넣어 마시는 게 입에 맞지 않다면 우유를 섞어 마셔도 된다. 우유를 섞은 카페라테와 카푸치노는 세계적으로 사랑받는 커피 음료다.

에스프레소는 이렇게 사람을 유혹한다.

Part

바리스타를 한층 더 성장 시키는 커핑

커핑은 커피를 감각적으로 평가하는 방법이며, 오묘한 커피의 세계로 들어가는 열쇠이자 커피의 미학을 섬세하게 음미하는 창구다.

바리스타는 커핑 기술을 습득하고 활용함으로써 커피의 향미에 대해 더 깊이 알고, 커피 품종에서 로스팅까지 각 단계별 핵심 기술을 마스터할 수 있다.

바리스타 커피와 사랑에 빠지다

1. 커핑의 베일을 벗기다

커피 커핑(Coffee Cupping)은 커피를 감각적으로 평가하는 신기하고도 간단한 방법이다. 사람마다 다르게 느끼는 지극히 주관적인 평가를 실질적 가치를 지닌 수치로 정량화하여, 사람들이 커피를 사고, 팔고, 경험을 나누는 데 가이드를 제시한다.

신비한 커피의 세계는 커핑이라는 영역이 등장함으로써 마치 외로운 커피 애호가들끼리 공통된 언어를 갖게 된 것처럼 베일을 한 겹 벗고 생기를 띠게 되었다. 블룸 커피 칼리지도 커핑을 교육한 지 이미 1년이 되었다. 바리스타와 커피 애호가 모두 커핑 과정에서 많은 것을 배울 수 있을 것이다. 또 수강생들도 대부분 커핑이 자신에게 가장 큰 도움이 되는 과정이라고 여기고 있다.

커핑의 역사

커핑의 역사는 그리 오래되지 않았다. 원래는 생두 무역상과 커피 로스터 사이에서만 통용되던 것이어서 신비함이 있었다. 생두 무역상은 생두를 선적하여 출하하기 직전과 도착항에서 생두를 내린 직후 두 번에 걸쳐 중요한 샘플 테스트를 진행했다. 이는 운송 과정에서 심각한 품질 저하가 생기지 않도록 관리하고 샘플과 다른 제품이 선적되지 않도록 하려는 조치였다. 그리고 로스터는 매번 생두가 들어올 때마다 향미의 차이나 품질 상태 등을 테스트했다. 또 생두 창고에 저장된 생두도 샘플을 채취하여 품질 검사를 자주 했다. 커핑은 생두 무역상과 로스터에게 반드시 필요한 공정이었다.

　최근 30년 동안 스페셜티 커피 운동과 제3의 물결이라는 새로운 개념이 붐을 크게 일으키면서 커핑도 점점 존재감을 나타내며 커피 산업 전반에 널리 보급되기 시작했다. 특히 커피 산업의 종착지인 카페와 바리스타 및 커피 애호가들에게 커핑은 신비한 커피의 세계를 들여다볼 수 있는 유일한 창구였다. 또한 그들은 커핑은 커피의 미학이며 커핑을 해야만 비로소 커피의 감상 체계가 완성된다고 여겼다.

바리스타가 생각하는 커핑의 의미

　바리스타로서 부지런히 커핑 기술을 익히고 실습하면 커피의 향미에 대해 더 깊이 알고 커피 품종에서 로스팅까지 각 단계별 핵심 기술을 제대로 파악할 수 있다. 커핑에는 대단한 가치가 있다. 그래서 국제 스페셜티 커피 업계는 과거 수십 년 동안 커핑에 대해 지속적인 관심을 보이고 있다. 요즘 시대의 커핑은 초창기처럼 주먹구구식으로 하지 않는다. 모든 기술과 도구와 과정을 표준화하고 정량화하여 신중하게 진행한다. 커핑 전 과정에 서양 사람들의 정량적 마인드가 뚜렷이 엿보인다. '깨달음을 최고'로 여기는 중국의 전통 문화 사상과는 판이하게 다른 점이다.
　커핑은 미신도 아니고 신화는 더더욱 아니다. 감각적인 평가만으로 사물의 진짜 모습이라고 단정해서도 안 된다. 신비한 커피의 세계를 진지하게 탐색하려면 첨단기술을 이용한 과학적인 분석이 필요하며, 미시적인 관점에서 정량적인 방법으로 정확하게 판단해야 한다.

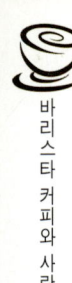

2. SCAA 커핑과 COE 커핑

SCAA 커핑 평가표는 현재 가장 폭넓게 사용되는 전문적인 커핑 평가표다. 미국 스페셜티 커피협회의 영향력이 대단하기도 하지만 모든 과정이 상당히 체계적이기 때문이다. SCAA 커핑을 중심으로 하는 기본 교재(《커피감정사 핸드북(Coffee Cupper's Handbook)》), 학습 재료(커피 향미표(Coffee Taster's Flavor Wheel), 자격 인증(큐 그레이더 자격) 등이 많은 커피 업계 종사자들에게 영향을 주고 있고, 사람들도 이에 큰 관심을 보이고 있다.

Cup Of Excellence를 간단히 COE라고 하며, 이는 최상급 커피라는 뜻이다. COE는 1999년에 브라질에서 최초로 시작된 커피 대회다. 당시 브라질의 커피 생산자들이 유엔의 지원을 받아 개최하였으며 각 나라에서 출품한 커피 중 최고의 스페셜티 커피를 선정하고 있다. 이 대회는 적은 수입에도 고된 노동을 하며 품질이 우수한 커피를 생산하는 커피 재배 농가에 더 많은 혜택을 주기 위해 시작되었다. 이렇게 시작된 COE 대회의 영향력은 하루가 달리 커졌다. 엘살바도르, 콜롬비아, 과테말라, 니카라과, 볼리비아, 파나마, 코스타리카, 온두라스, 르완다 등의 커피 생산국들이 대회를 통해 이익을 봤다. COE의 커핑 평가표는 상당히 과학적이며, 공정하고 공평한 원칙을 적용했다. 이를테면 커피 향(특히 아로마)의 경우, 평가하는 사람마다 개인차가 크고 온도 변화에 따라서 향이 크게 달라지기 때문에 커핑 결과에 참고만 할 뿐이지 점수로 계산하지 않는다.

SCAA와 COE의 커핑 평가표를 구체적으로 살펴보면 알 수 있다. (표 12-1, 표 12-2)

커핑의 기본 목적

- 테스트 결과를 표준화하고 정량화하여 각 원두가 지닌 미세한 맛의 차이를 명확히 구분한다.
- 원두 향미의 특징을 정확히 묘사하여 기록을 남기거나 다른 사람들과 공유한다.
- 원두를 비교하여 원두 구매 계획을 최종적으로 확정한다.
- 커피 업계 종사자(바리스타 등)나 커피 애호가들의 커피에 관한 지식수준을 높인다.

Part 12 바리스타를 한층 더 성장 시키는 커핑

표 12-1 SCAA 커핑 평가표 (SCAA Coffee Cupping Form)

표 12-2 COE 커핑 평가표 (Cup Of Excellence Cupping Form)

바리스타 커피와 사랑에 빠지다

3. 커핑 환경과 커핑 준비

🫘 커핑 환경 (Environment)

1. 적절한 조명(Well Lit) : 카페에서는 주로 노란색 같은 따뜻한 느낌을 주는 조명을 많이 사용하지만 커핑할 때는 밝은 빛의 형광등이나 사무실용 LED 조명을 추천한다. SCAA 측은 환경의 제약이 있으면 커핑 결과에 지장을 줄 수 있다고 여기므로 면적이 110평방피트(약 3평) 이상 되는 공간에서 커핑을 하도록 제안한다.

2. 청결, 다른 향의 간섭 방지(Clean, no interfering aromas) : 로스터가 있는 곳에서 커핑을 하지 않는다. 로스터 주변에는 이미 커피 향이 가득 배어 있기 때문에 커핑 환경으로 적절하지 않다.

3. 커핑 테이블(Cupping tables) : 요즘 대부분의 카페는 카운터에 에스프레소 머신을 놓고 그 옆에 브루잉 커피를 만드는 여유 공간을 충분히 두므로 그 공간을 활용한다.

4. 정숙(Quiet) : 주변이 시끄러우면 불안정하고 집중에 방해가 되므로 커핑 결과에 지장을 준다.

5. 적절한 온도(Comfortable temperature) : 20℃ 안팎의 정상적인 실내온도가 가장 알맞다.

6. 방해요소 제거(Limited distractions) : 휴대폰 전원을 끄고, 방해가 될 만한 요소를 미리 차단한다.

커핑 준비 (Cupping Preparation)

1. 전자저울(Electronic Balance) : 정밀도가 최저 0.5g인 전자저울은 바리스타에게 필수 도구다. 커핑은 물론이고 커피를 추출할 때도 반드시 필요하다.

2. 커핑 잔(Cupping Glasses) : 기본적으로 크기가 일정하고, 아무 냄새가 나지 않는 깨끗한 잔이어야 한다. 용량은 150~180ml가 적당하고 바닥이 두껍고 위쪽이 넓은 유리잔이나 도자기 잔을 준비한다. 조건에 딱 맞는 잔이 없을 때는 임시로 작은 공기나 종이컵을 대신 사용해도 괜찮다. 커핑 대회나 원두 품평회에서는 공평하고 공정하게 평가하고 임의적인 요소들을 배제하기 위해 각 샘플마다 4~5잔씩 추출한다. 동일한 샘플로 추출한 각 잔의 향미가 일치하는지도 검사 항목에 포함된다.

3. 잔 뚜껑 : 커핑 잔 수량만큼 뚜껑을 준비한다. 원두의 방향물질이 날아가고 산화되는 것을 최대한 방지하도록 원두를 분쇄하자마자 바로 뚜껑을 덮어둔다.

4. 커핑 스푼(Cupping Spoons) : 스테인리스 제품이어야 하며, 국자처럼 충분한 양을 담을 수 있도록 아래가 둥그랗고 바닥이 깊으며 손잡이가 길어서 쥐기도 편하고 마시기도 편리한 스푼을 사용한다. SCAA에서는 커피 액을 4~5ml 정도 담을 수 있는 스푼을 추천한다. 좀 더 구체적으로 말하면, 순은으로 된 스푼을 사용하는 것이 가장 좋다. 철로 된 스푼은 철 냄새가 나서 커피 향미를 감별하는 데 방해가 되지만 순은 스푼은 다른 냄새가 전혀 나지 않고 열전도율도 좋아서 커핑 용도로 알맞다.

5. 전기 포트(Electric Kettle) : 추출 도중에 뜨거운 물이 부족하면 번거로워지므로 즉시 가열할 수 있고 용량이 넉넉한 전기 포트를 준비한다. 어떤 전기 포트는 최대 온도가 95℃로 설정되어 있어서 그 온도가 되면 저절로 전원이 꺼진다. 포트의 전원이 꺼지면 이내 커피 추출의 적정 온도로 내려가므로 이 점을 주의해야 한다.

6. 커핑 평가표 (Cupping Forms)와 펜 : SCAA와 COE가 자

체적으로 만든 커핑 평가표가 있다. SCAA는 각 샘플마다 5잔을 준비하도록 권장한다. 그렇게 해야 전체적으로 면밀하게 측정할 수 있다고 한다.

7. 온도계 : 디지털 탐침 온도계를 사용해야 추출 수온을 빠르게 측정할 수 있다.

8. 커핑용 물 : 신선하고 깨끗하고 다른 맛이 없으며 pH가 중성인 물을 사용한다. TDS 수치 150ppm(150mg/L)이 가장 적당하며, 75~250ppm 범위 안에 들면 다 괜찮다. 수질이 안 좋거나 경도가 높으면(250ppm 이상) 과소추출 되고, 수질이 유난히 깨끗해서 경도가 너무 낮으면(75ppm 이하) 과다추출 되므로 커핑용으로 부적합하다. 예를 들어, 중국 남방의 어느 도시는 수돗물 TDS 수치가 기준치에 해당하지만 베이징을 포함한 북방 지역 도시의 수돗물 TDS 수치는 250~350ppm이므로 이런 수질의 차이를 고려해야 한다.

> 2006년 자료에서 중국의 생활 상수도 수질 표준이 TDS 수치 1,000ppm 이하라는 규정을 보고서 사실 말이 나오지 않았다. 유럽에서는 보통 수돗물을 그냥 마시고, 심지어 독일은 수돗물 위생 기준이 갓난아기도 직접 마실 수 있는 수준이라고 한다.

9. 샘플 원두(Coffee Beans) : 커핑용 샘플 원두는 표준화된 샘플 로스터(Sample Roaster)로 로스팅하기를 권한다. 로스팅 정도, 로스팅 프로파일, 로스팅 시간, 냉각 방법, 숙성 기간 등 모두 커핑 결과에 영향을 주는 요소이므로 각별히 주의를 기울여야 한다. 당연히 신선한 원두를 사용해야 하고 로스팅 시간은 8~12분이 적당하다. 또 로스팅한지 8~24시간 이내의 원두를 사용하는 것이 가장 좋다. 로스팅 정도는 일률적으로 조금 약하게 한다. 그래야만 커피 고유의 독특한 향미가 제대로 살아난다. 전문 바리스타는 SCAA의 로스팅 색도판(Agtron/SCAA Roast Color Classification System)과 대조하여 에그트론의 로스팅 색도 수치 #55(#55~#65 구간에서 조절)인 것을 사용한다.

10. 그라인더(Grinder) : 그라인더가 한 대밖에 없으면 샘플 원두를 분쇄할 때마다 다른 원두 가루가 섞이거나 남아 있지 않도록 깨끗하게 닦아야 한다. 그렇지 않으면 향미가 섞여서 고유의 향미가 사라진다. 수동 그라인더와 회전형 칼날이 장착된 그라인더는 사용하지 않는 것이 좋다. 수동 그라인더는 효율성이 떨어지고, 회전형 칼날이 장착된 그라인더는 분쇄도가 정확하지 않아서 분쇄 도중에 향미의 손실이 크다.

11. 커핑 패드(Cupping Pad) : 커핑 패드는 원두 샘플에 번호를 매겨 표시하는 용도로 쓴다. 같은 샘플을 놓고 여러 명이 커핑을 할 때, 간혹 원두를 들어 살펴보고 원래 있던 자리가 아닌 다른 자리에 잘못 놓아 샘플이 섞이는 경우가 있으므로 이를 방지하기 위해 사용한다.

12. 양치용 컵 : 커핑할 때는 반드시 입안을 깨끗이 헹구고 청결하게 유지해야 하므로 양치용 컵을 항상 준비해둔다.

13. 얼음통 : 커핑을 하고 나서 입안에 든 커피를 뱉는 용도로 사용한다. 그 밖에 커피 찌꺼기나 버릴 물을 담는 데 유용하다.

4. 커핑 과정

🫘 커핑 과정(Cupping Process)

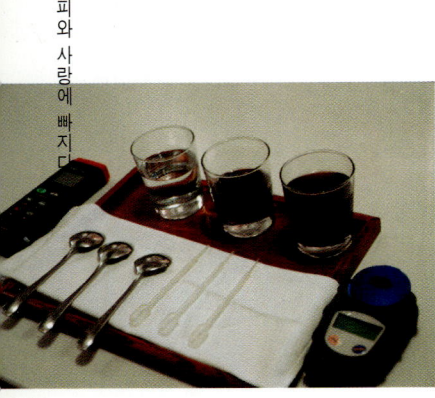

1. 원두 분쇄 : 커핑에 사용할 샘플용 원두는 분쇄 정도가 모두 똑같아야 한다. 가정에서 흔히 사용하는 커피메이커에 알맞은 분쇄 정도를 A라고 하고, 프렌치 프레스에 알맞은 분쇄 정도를 B라고 한다면, A보다 굵고 B보다 가늘게 분쇄하면 가장 적절하다.

당연히 모카포트나 사이펀으로 추출할 때는 훨씬 가늘게 분쇄해야 한다. 분쇄 정도는 사실 수질에 따라 조정이 가능하다. 이를테면, TDS 수치가 너무 낮으면 좀 굵게 갈아서 과다추출을 방지하고, TDS 수치가 너무 높으면 좀 가늘게 갈아서 과소추출을 방지해야 한다.

2. 커피가루 양 : SCAA가 규정한 표준량은 뜨거운 물 1ml당 0.055g, 또는 커피가루 1.63g당 뜨거운 물 1온스(fluid ounce)다. 용량이 150ml(5.07 fluid ounce)인 표준 커핑 잔을 사용하면, 커피가루는 8.25g이 필요하다. 커피가루 질량에서 ±0.25g의 오차는 허용하므로, 8~8.5g이면 적당하다.

3. 마른 향기 감별 : 잔의 뚜껑을 열고 커핑 잔을 들어 코에 가까이 대고 분쇄된 커피가루에서 나는 향기를 맡는다. 이 향기를 마른 향기라고 한다. 이때 몇 가지 주의할 점이 있다. 첫째, 조금씩 힘껏 흡입한다. 그러면 더 많은 향기 분자가 콧속 깊이 후각 수용체가 있는 부분까지 들어간다. 보통 일상생활에서 호흡할 때 공기가 드나드는 통로에는 후각 수용체가 분포되어 있지 않으므로 깊이 들이마셔야 한다. 둘째, 신중하게 세 번만 흡입한다. 후각은 금방 지치기 때문에 반복적으로 냄새를 맡으면 감별력이 떨어진다. 마지막으로, 코를 커피에 너무 가까이 대지 않는다. 잘못하면 커피가루가 콧속으로 들어가는 난감한 상황이 생긴다.

4. 물 붓기 : 뜨거운 물을 붓기 시작할 때의 온도가 92~94℃(SCAA의 커핑 규정에서 권장한 추출수온은 200F±2F, 즉 92.2~94.4℃이다)여야 하고, 각 커핑 잔의 온도를 모두 같은 온도로 맞춘다.

잔의 용량이 크면, 각 잔의 바깥쪽에 물 높이를 동일하게 표시하여 같은 양의 물을 붓도록 한다. 전자저울이 있으면 잔을 저울에 올려놓고 같은 무게로 물을 붓는다.

5. 기다리기 : 잔에 뜨거운 물을 부은 다음에는 커피가 우러나도록 3~5분 동안 가만히 두고 기다리며, 스틱으로 젓거나 잔을 흔들지 않는다. 블룸 커피 칼리지에서는 4분 동안 손대지 않고 기다리기를 권장한다. 시간이 지날수록 커피 액 표면에 크러스트(Crust, 커피가루 부유물)가 생긴다. 크러스트는 커피 향이 금방 날아가지 않도록 막아주고, 공기와 접촉하여 산화되는 것을 방지하는 등 효과적인 기능을 한다.

6. 크러스트 깨뜨리기 : 기다리는 시간이 끝나면 커핑 스푼을 든다. 커핑 스푼의 머리 쪽이 아래를 향하도록 수직으로 세우고, 오목한 부분이 자신 쪽을 향하고 볼록한 부분이 반대쪽을 향하도록 쥔다. 그런 다음에 스푼을 자기 앞에서부터 바깥쪽으로 밀면서 크러스트를 깨뜨린다. 스푼으로 크러스트를 몇 번 밀면서 동시에 코를 잔에 가까이 대고 잔 밑바닥에서 올라오는 향까지 깊이 들이마신다. 이 향기를 아로마(Aroma)라고 한다. 이때는 자주 사용하는 코 앞쪽의 후각으로 맡는다.

7. 찌꺼기 걷어내기 : 커핑 스푼을 오목한 부분은 위로 향하고 볼록한 부분은 아래로 향하도록 가로로 쥐고 커피액 표면을 시계방향으로 열 번 이상 젓는다. 스푼으로 저으면 커피액 표면에 떠 있던 커피 찌꺼기가 대부분 아래로 가라앉는다. 가라앉지 않고 떠 있는 찌꺼기는 바로 스푼으로 걷어낸다. 이때 스푼 두 개를 이용하면 훨씬 효과적이다. 찌꺼기를 걷어낼 때는 최대한 빨리 해야 과다추출이 되지 않는다.

8. 슬러핑 : 스푼으로 커피 액을 한 스푼 떠서 입술에 대고 공기와 함께 힘껏 빨아들인다. 이렇게 후루룩 소리를 내면서 맛을 보는 것을 '슬러핑(slurping)'이라고 한다. 슬러핑은 요란한 소리 때문에 고상함은 없지만 전문 감별사가 꼭 갖추어야 할 기술이다. 이렇게 커피 액을 공기와 함께 입안으로 힘껏 빨아들이는 데는 중요한 이유가 있다. 커피액이 공기와 함께 입안에 분사되어 혓바닥 전체에 골고루 퍼진다. 또 방향물질 같은 기체화된 물질이 공기에 떠밀려 입안으로 들어온 다음 비강을 통해 거슬러 올라

가서 후각을 자극한다.

  자주 사용하는 코 앞쪽 후각은 예민하고, 코 뒤쪽 후각은 향을 운치 있게 느낀다. 그러므로 코 앞쪽과 뒤쪽 후각을 모두 사용해야 후각적으로 완벽한 체험을 했다고 할 수 있다. 다도 전문가가 차의 맛을 감별할 때, 소믈리에가 와인 맛을 감별할 때, 미식가가 국물을 마실 때 모두 이런 방식으로 음미한다. 니코틴 중독자가 담배를 피울 때 눈을 감고 콧구멍으로 두 줄기의 연기를 뿜어내는 것도 바로 이런 이유 때문이다.

  9. 음미하고 입 헹구기 : 혀의 각 부위에 분포된 미뢰의 종류, 밀도, 수량이 달라서 부위마다 다른 맛을 느끼고 민감도도 다르다. 입안에 들어온 커피는 혀로 천천히 음미하고, 음미가 끝나면 물로 입안을 헹군다. 그러면 커피 액이 혓바닥 전체의 각 부위에 고루 퍼져서 커피의 풍부한 맛을 정확하게 감지할 수 있다. 그러나 한 가지 주의할 점이 있다. 커피 액의 농도가 높고 맛이 진할 때는 혀에서 오랫동안 음미하면 좋지 않다. 그럴 때는 잠시 입에 물고 있다가 삼키거나 뱉어야 감별을 정확하게 할 수 있다.

  10. 커핑 평가표 작성하기 : 8번과 9번 단계는 커피의 온도가 상온이 될 때까지 여러 번 더 진행하여 정확하게 평가한다. 평가가 끝나면 자신이 느낀 대로 커피 향미의 특성을 항목별로 커핑 평가표에 기록하여 주관적인 감상을 정량화하면 커핑이 완료된다(커핑 평가표는 커핑 전 과정이 하나로 연결되도록 작성해야 하므로 각 단계를 진행하면서 그때그때 기록한다). 사람마다 각자의 생각이 다르기 때문에 커핑 결과를 무조건 신뢰할 수도 없고 누구의 평가가 더 실질적인 가치가 있다고 할 수도 없다. 다만 어떤 통일된 기준으로 정량화하여 평가하고 비교 가능한 숫자로 환산함으로써 서로 소통하고 교역하는 데 큰 역할을 할 뿐이다. 전문적인 커핑이 필요한 이유는 바로 이 때문이다.

5. 커피의 향과 맛

커피 향은 어떻게 맡을까?

> 커피 액의 기체 성분과 커피의 지방성분 중 휘발성 성분이 커피의 향을 내는 기체 분자다.

> 호흡을 통해 커피 향기가 콧속 깊이 들어가서 후각 상피세포에 도달하면 후각감지 체계(인간의 몸속에는 384 종류의 후각 수용체 단백질이 있다)가 작동하여 이를 대뇌의 중추신경으로 전달하고, 대뇌는 이를 구체적인 향기로 인식한다.

커피가 입에 맞지 않는다는 사람은 있어도 커피 향이 싫다는 사람은 거의 없다. 어떤 사람은 커피 향이 가장 친근한 향이라고 한다. 커피 향의 분자는 원래 생두에 함유된 비휘발성 물질이었는데 로스팅 과정에서 화학적 변화가 일어나서 휘발성(커피 액의 기체 성분과 커피의 지방성분 중 휘발성 성분)을 갖고 매혹적인 향기가 되었다.

커피의 향미는 와인보다 휘발성이 훨씬 강해서 물에 녹지 않고 커피 속에 향기로 존재한다. 이 때문에 커피를 마실 때 보다 와인을 마실 때 신비한 미각 체험을 더 많이 하게 되고, 와인을 마실 때 보다 커피를 마실 때 후각적으로 다양한 도전을 하게 된다. 로스팅한 원두는 커피나무 품종, 재배기후, 생장토양, 재배기술, 선 가공 방법, 로스팅 방법 등에 따라 향기의 질과 양이 달라진다. 딱딱하고 단단한 생두는 보관하기에는 좋지만 장기간 저장하거나 저장 방법에 문제가 있으면 지방질 탄화수소, 휘발성 알데히드, 디히드록시아세톤(dihydroxyacetone) 같은 물질이 생성되어 커피의 품질을 저하시킨다. 이렇게 품질이 나빠지면 커핑 과정에서 좋지 않은 향기가 나서 커피의 품질 수준이 금방 들통 난다.

SCAA 커피 향미표 (SCAA Coffee Taster's Flavor Wheel)

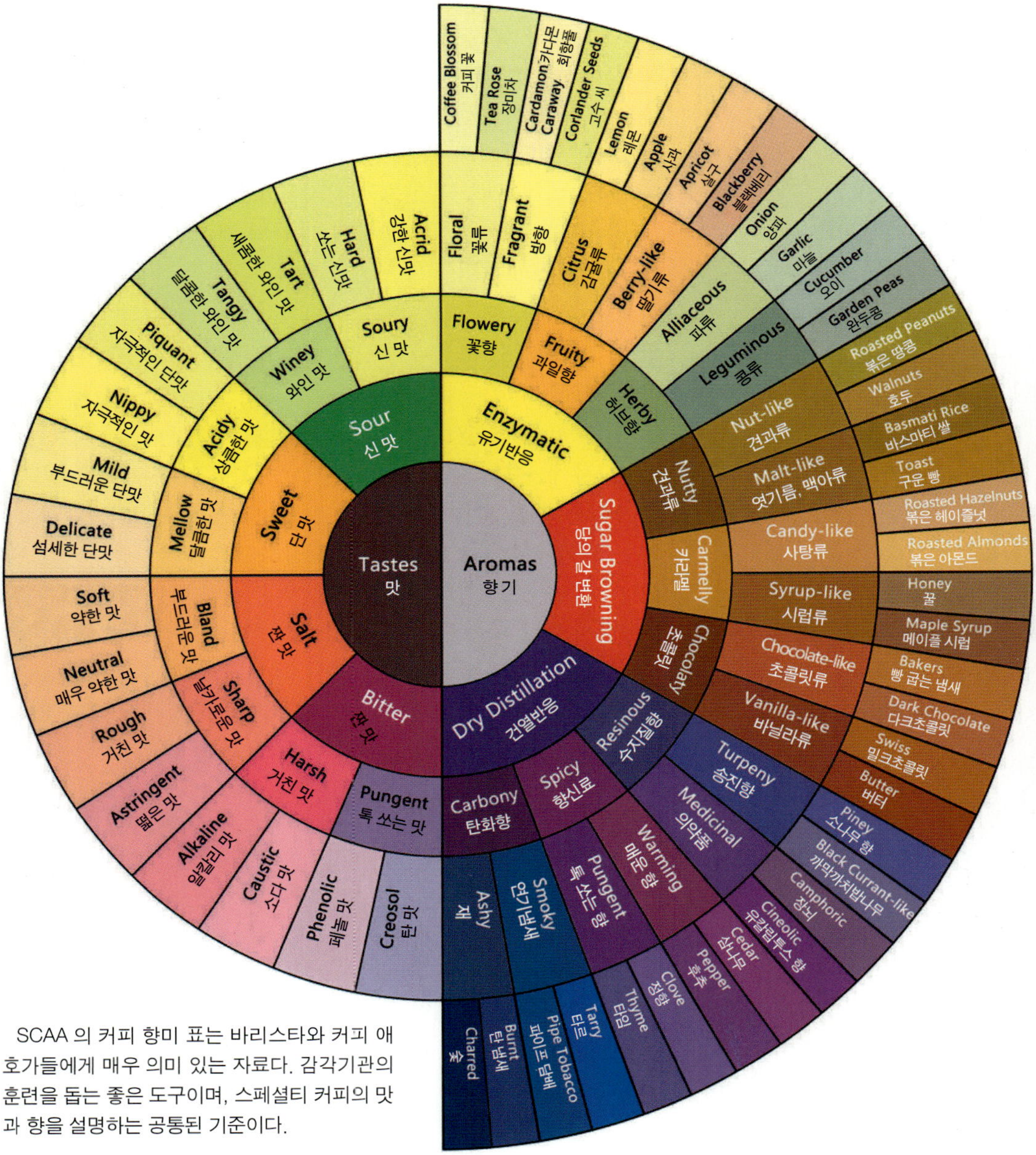

SCAA 의 커피 향미 표는 바리스타와 커피 애호가들에게 매우 의미 있는 자료다. 감각기관의 훈련을 돕는 좋은 도구이며, 스페셜티 커피의 맛과 향을 설명하는 공통된 기준이다.

Part 12 바리스타를 한층 더 성장 시키는 커핑

마른 향기(Fragrance)

마른 향기는 로스팅한 원두와 분쇄한 커피가루에서 나는 향으로, 보통 '향기'라고 한다. 이 향기는 주로 이산화탄소에 용해된 유기물질로 구성되었으며 에스테르 종류의 물질이 여기에 해당한다. 그래서 이산화탄소가 발산되는 과정에는 늘 향기가 동반하고 발산 과정 내내 향기가 지속된다. 특히 갓 로스팅한 원두에서는 이산화탄소가 짧은 시간에 다량 방출되므로 강렬하고 매혹적인 향기를 풍긴다.

가장 먼저 감지되는 향기는 휘발성도 가장 강하다. 커피 구분 테스트(Triangulation)를 해본 바리스타나 커피 애호가들은 알 것이다. 세 잔의 커피 중에서 다른 종류의 커피 한 잔을 골라내는 테스트에서 가장 기본적인 판단은 냄새를 맡는 것이다. 그 이후에 체험하고 관찰하는 데 필요한 감각은 보조적인 역할을 할 뿐이다.

특별히 주의할 점은, 비중이 크면서 활동성이 뛰어난 방향물질은 원두를 분쇄한 직후 5분 안에 휘발되므로 가능한 빨리 향기를 맡아야 한다. 커핑 잔을 손으로 받쳐 들고 손으로 잔을 가볍게 치거나 흔들면서 향기를 맡는 것도 좋은 방법이다. 공기와 커피가루가 외부의 자극을 받으면 마찰이 심해져서 더 많은 방향물질이 빠르게 발산된다.

향기는 '질'과 '양'의 두 가지 측면에서 평가하지만 '질'에 더 중점을 두어야 한다. 즉, 향기의 품질이 사람들이 좋아할 만한 것인지가 더 중요하므로, 향기가 강한지 약한지 '양'에만 집중하지 않도록 한다.

아로마(Aroma)

각종 기체 분자를 감지하는 후각 수용체 단백질은 미각 수용체 단백질과 망막에서 빛을 감지하는 수용체 단백질과 비슷하므로 과학자들은 이를 아울러서 G- 단백질 결합수용체라고 한다.

아로 마는 커피 액 속의 물 분자가 기화될 때 섞여든 유기물질이 방출된 것으로, 범위가 넓고 복잡하다. 과일 향과 허브식물향도 있고 견과류향도 두드러진다. 아로마는 커피 액에서 방출되는 향기이므로 마른 향기와 크게 구별된다. 뜨거운 물로 추출하기 전과 후의 커피 향을 비교하면 상당히 재미있다. 물의 온도가 추출에 미치는 영향이 커서 COE 대회에서도 이를 참고로 할 뿐이지 점수에 산입하지는 않는다. 하지만 '

바리스타는 전문 도구를 사용하여 커피 향을 감지하는 훈련을 한다. 블룸 커피 칼리지는 강습에서 이를 활용하여 큰 효과를 얻고 있다.

색, 향, 맛'을 체계적으로 감별하는 활동에서 커피의 가장 큰 매력인 향기를 평가하여 기록하지 않는 건 바람직하지 않다고 생각한다.

아로마도 마른 향기와 마찬가지로 '질'과 '양' 두 가지 측면에서 평가하고, 향기의 세기보다 품질을 더욱 중시한다. 마른 향기는 단순히 코를 가까이에 대고 코의 앞쪽 후각을 이용해서 향을 맡지만 아로 마는 앞쪽 후각뿐만 아니라 뒤쪽 후각도 이용해야 한다. 다시 말해, 슬러핑을 하면서 기체 분자를 함께 흡입하고, 입안으로 흡입된 기체가 비강을 통해 콧속으로 거슬러 올라가면 후각이 이를 감지한다. 코 앞쪽 후각은 향을 민감하게 감지하고, 코 뒤쪽 후각은 향을 음미한다.

향미(Flavor)

향미는 커피 액이 입안으로 들어가서 혀 전체를 뒤덮음으로써 느껴지는 모든 미각적 경험(General Taste Experience)을 말한다. 단맛, 짠맛, 신맛, 쓴맛 네 가지 기본적인 맛을 포함하여 이와 상호 결합하여 생긴 미각적 산물이다. 기체화되지 않으면 냄새를 맡을 수 없고, 액체화되지 않으면 맛을 볼 수 없다. 어떤 물질이든지 액체에 용해되어야만 맛을 느낄 수 있고 맛에 대한 정보를 식별할 수 있다.

사람의 혓바닥에는 아주 작은 크기의 혀 유두가 빽빽하게 분포되어 있다. 혀 유두는 막 피기 직전의 꽃봉오리 모양의 미각 수용체이며, 9천여 개의 미뢰(성인에 해당. 유아는 1만여 개)가 혀 유두에 고루 퍼져 있다. 미뢰에는 서로 다른 유형의 미각 수용체 단백질이 굉장히 많다. 각각의 수용체 단백질이 각각 다른 맛과 결합해서 흥분상태가 되면 통로 단백질은 매개 역할을 한다. 예를 들어, 단맛의 수용체가 단맛 분자와 결합해서 흥분상태가 되면 통로 단백질이 이를 중추신경으로 전달하여 단맛을 감지하게 된다. 따라서 혀의 각 부위마다 분포된 서로 다른 유형의 미뢰가 단맛, 짠맛, 신맛, 쓴맛의 네 가지 기본적인 맛(다섯 번째 맛인 '신선도'는 여기서 제외한다)을 감지하며, 감지하는 정도도 각각 다르다.

과학적으로 사람의 혀 중앙 부분에는 맛을 감지하는 기능이 없으며, 나머지 부분에는 각종 미각 수용체가 구역을 나누어 분포되어 있지만 중복되는 구역도 많다고 한다. 이론상으로는 혀 전체의 미각 능력이 완전히 똑같아야 할 것 같아도 실제로 맛을 체험해보면 그렇지 않다. 혀의 끝부분은 단맛, 혀 앞쪽의 옆 부분은 짠맛, 혀 중앙의 옆 부분은 신맛, 혀의 뿌리 부분은 쓴맛에 민감하다.

사람은 보통 쓴맛에 예민하고 단맛에는 덜 예민하다. 그러므로 커피 맛을 감별하는 테크닉에 더 집중해야 하고 진지한 태도로 맛을 감상해야 한다. 사람이 분별할 수 있는 5천여 종의 미각 정보는 모두 네 가지의 기본 맛이 서로 겹치거나 빠지고, 또 서로 맛을 돋우거나 섞여서 형성되었다. 이를 좀 더 세분화하여 연구하면 맛을 1, 2, 3등급으로 나눌 수 있다. 커피 맛을 전문적으로 묘사하는 자료에서는 실제로 맛의 개념을 최대한 정확하게 설명하고 있다.

CQI의 큐 그레이더(Q-grader 커피감정사)가 되려면 22가지 시험을 보는데, 그중에 센서리(Sensory)라는 과목이 있다. 센서리는 신맛, 단맛, 짠맛의 여러 종류와 강도를 구별하고, 이 맛을 서로 조합했을 때의 맛을 정확하게 구별하는 기술이다.

우리는 어떻게 맛을 볼까?

커피 액 속에 용해된 향미 물질 → 커피 액 속의 향미 물질이 혓바닥에 퍼져서 각종 미뢰와 결합하여 서로 짝을 이루면 이것이 대뇌의 중추신경으로 전달되어 맛을 인식할 수 있게 된다. 그중 짠맛과 신맛은 각각 나트륨 이온 통로 단백질과 수소 이온 통로 단백질을 이용하여 전달된다. 단맛과 쓴맛은 이에 상응하는 수용체 단백질과 결합하여 수용체의 변형을 일으키고 또 세포 내에서 생물화학 반응이 일어나면 최종적으로 신경 신호를 보낸다.

사실 혀로 수용성 물질의 맛을 느낄 때 후각도 휘발성 기체를 감지하므로 미각과 후각은 서로 분리될 수 없는 감각이다. 예를 들면, 망고를 먹을 때 망고의 새콤달콤한 맛과 독특하고 풍부한 향을 동시에 느끼며 망고의 향미를 완벽하게 체험하는 것처럼 말이다. 만약 후각을 사용하지 않고 미각만 사용하면 음료를 한 모금 마셨을 때 커피와 차를 명확하게 감별하기 어렵다고 한다. 이는 실험을 통해 증명된 사실이다.

그렇기 때문에 향미는 후각과 미각이 공동으로 작용하여 형성된 체험이다. 향미는 커핑의 핵심적인 평가 요소 중 하나다. 품종이 우수하고 지역적 특색이 있는 스페셜티 커피는 향미 면에서 단연 우세하며 사람들의 큰 관심과 집중을 받는다.

마지막으로 표를 통해 커피 맛의 근원을 알아보자. (표 12-3)

표 12-3 커피 맛의 근원 분석표

기본맛	맛 감지 부위	맛의 근원	보충 설명
단맛	혀 끝	캐러멜	생두에 포함된 자당 등이 로스팅 과정에서 캐러멜화 반응과 마이야르 반응을 거쳐 생성된 물질이다. 커피의 수용성 물질 중에서 차지하는 비율이 가장 높다.
		아미노산	아미노산과 자당 등이 로스팅 과정에서 캐러멜화 반응과 마이야르 반응을 거쳐 생성된 단맛 물질이다.
짠맛	혀 앞쪽의 옆 부분	미네랄	산화칼륨, 산화칼슘, 산화마그네슘, 산화나트륨, 황산칼륨 등의 미네랄이 짠맛을 낸다. 이 물질들이 차지하는 비중은 적지만 신맛, 단맛, 쓴맛보다 강하다. 커핑할 때 짠맛이 분명하게 느껴지면 좋지 않다. 또 로스팅이 강한 원두는 유기산이 많이 소실되어 짠맛이 두드러진다.
신맛	혀 중앙의 옆 부분	유기산	클로로겐산 분해물 중 하나인 커피의 타닌산 등 비휘발성 유기산과 초산 등 휘발성 유기산이 결합하여 방대한 양의 산 성분이 생성된다. 주석산, 레몬산, 사과산, 젖산, 초산, 포름산 등 지방산의 농도가 높으면 커피 액의 신맛이 강해지고 대량의 수소 이온이 발생하여 맛이 산뜻해지고 향이 짙어진다. 커피콩의 선 가공 단계에서 발효가 지나치면 초산과 젖산 등 사람들이 좋아하지 않는 산 성분이 생긴다. 자당이 로스팅 과정에서 만들어낸 지방산은 로스팅 도중에 농도가 높아졌다가 나중에 다시 낮아진다. 그래서 자당 함량이 높은 커피는 1차 크랙이 끝난 시점에 로스팅을 완료하면 신맛이 강하다.
쓴맛	혀뿌리	클로로겐산	클로로겐산은 식물체가 산소호흡을 하는 동안 생긴 페놀산으로, 커피의 쓴맛과 떫은맛을 증가시킨다. 커피 외에 두충, 인동, 코코아도 클로로겐산 함량이 높다. 로부스타종 커피는 아라비카종 커피보다 클로로겐산을 많이 함유하고 있어서 아라비카종 커피보다 쓴맛이 강하다.
		클로로겐산 락톤	클로로겐산이 로스팅 과정에서 열을 받아 분해되면 여러 종류의 클로로겐산 락톤이 생성된다. 클로로겐산 락톤류는 로스팅을 약하게 했을 때(2차 크랙 전) 쓴맛을 내는 첫 번째 요소다. 그러나 커피 액 속의 농도는 높은 편이 아니어서 쓰면서도 부드럽고 순하다.
		페닐린데인	페닐린데인은 클로로겐산 락톤이 2차 분해했을 때와 로스팅을 강하게 했을 때(2차 크랙 후) 생성된다. 커핑할 때 강하고 날카로운 쓴맛이 느껴진다.
		알칼로이드	카페인과 트리고넬린 같은 알칼로이드도 커피의 쓴맛을 내는 물질이다. 트리고넬린은 카페인보다 쓴맛이 약하며, 로스팅을 진행할수록 열분해가 일어나서 함량이 적어진다. 그러나 중약 정도로 로스팅을 하면 트리고넬린이 캐러멜과 결합하여 사람들이 좋아하는 달고 쓴맛이 나며, 로스팅을 강하게 했을 때 나는 강한 쓴맛은 없다. 카페인은 녹는점이 238℃이므로 로스팅 정도에 변화를 주어도 카페인이 제거되지 않고 카페인의 쓴맛이 남는다.
		페놀성 화합물	페놀성 화합물은 종류가 매우 많으며 모두 독특한 방향물질을 가지고 있다. 산성이 약하고 항산화활성이 강해서 활성산소를 없애는 기능이 있다. 커피, 차, 와인 모두에 중요한 요소이며 보통 플라보노이드라고 한다.

6. 커핑의 기타 요소

뒷맛(Aftertaste)

뒷맛은 보통 향미를 음미하고 나서 느끼는 여운을 말하며, 커피액을 삼키거나 뱉고 나서 입안에 남는 마지막 느낌이다. 이런 느낌은 아마 비 온 뒤의 무지개를 본 듯이 오래 기억되고, 달콤한 캐러멜 향과 과일 맛이 남아서 얼굴에 행복한 미소가 지어진다. 혹은 예상치 못한 느낌으로 할 말을 잃거나 아니면 아예 몸서리치게 쓰고 떫어서 울고 싶어지기도 한다.

신맛(Acidity)

신맛은 강약의 정도보다 품질을 따져야 한다. 신맛은 보통 호감적인 신맛 또는 비호감적인 신맛, 섬세한 신맛 또는 거칠고 날카로운 신맛, 상큼한 신맛 또는 텁텁한 신맛으로 표현된다. 질 좋은 산이 입에 들어가면 침이 돌 정도의 쾌감이 들고, 혀 중앙의 옆 부분에서 이를 분명하게 감지한다. 인류의 진화 과정에서 중추신경으로 전달된 신맛은 주로 식물이 부패하고 변질되어 생긴 산에서 비롯된 것이므로 사람들은 본능적으로 신맛을 좋아하지 않는다. 그리고 중국인의 경우는 유럽과 미국 사람들에 비해 신맛에 대한 거부감이 심해서 품질이 우수한 커피도 대부분 이유 없이 부정적으로 평가한다. 게다가 '커피는 써야 제 맛'이라는 인식을 가진 사람들이 꽤 많다.

물론 쓴맛이 좋지 않다는 의미에서 한 말은 아니다. SCAJ(일본 스페셜티 커피협회) 회장 다구치 마모루(田口護)는 품질이 우수하고 입에 잘 맞는 쓴맛은 맛있는 커피의 가치를 표현하는 중요한 요소 중 하나라고 했다. 그는 또 쓴맛(Bitterness)을 수치로 평가하여 SCAA와 COE 커핑 시스템 평가 항목에 포함시켜야 한다고 제안했다. 나도 이에 깊이 동감한다.

바디감(Body)

바디감은 커피를 마실 때 혀와 위턱 등 구강 내부에서 느껴지는 무게감(heft), 밀도감(thickness), 점도(viscosity) 등 종합적인 촉감이다. 이런 촉감은 단순히 커피 액이 혀 전체를 내리누르는 느낌 외에 마찰 등 여러 복잡한 상호작용을 통해 느껴진다. 바디감은 커피액의 농도만으로 느낌을 표현하지 않는다. 농도가 똑같은 커피라도 커피액 속에 녹아있는 섬유질이나 단백질 등의 함량에 따라 입안에서 느끼는 바디감이 달라진다.

균일성(Uniformity)

SCAA 커핑 평가표의 '균일성' 항목 칸에는 작은 네모가 다섯 개 있다. 이는 똑같은 샘플 원두로 커피 다섯 잔을 추출해서 평가하라는 뜻이다. '균일성'은 커피 다섯 잔을 각 항목별로 평가하여 추출 품질이 안정적이고 서로 일치하는지를 측정하는 항목이다. 만약 각 잔마다 뚜렷한 차이를 보인다면 커피의 품질이 좋지 않다는 증거다. 커핑할 때 '균일성' 항목에서 점수가 깎이기 쉬운 커피는 어떤 것일까? 분명 핸드 픽을 하지 않아서 결점두가 섞여있는 커피일 가능성이 매우 높다. 평소에 가볍게 커핑할 때는 '균일성' 항목을 측정해도 되고 하지 않아도 무방하다.

밸런스(Balance)

균형감을 밸런스라고 한다. 커피의 다양한 맛의 정도 및 질감이 서로 균형을 이루는 것은 물론, 앞에 나온 여러 요소들이 서로 조화와 균형을 이루는 것을 말한다. 맛에 관한 균형은 쉽게 이해가 되는데 요소들 간의 조화와 균형이 무엇을 말하는지 선뜻 이해가 되지 않을 것이다. 예를 들면 이렇다. 귤나무에 열린 귤이 아직 덜 익어서 새파란데도 안달이 나서 따

다가 한 입 먹었다고 하자. 아마 시고 떫어서 제대로 먹지도 못하고 얼른 뱉을 것이다. 그러나 다 익을 때까지 진득하게 기다렸다가 껍질을 까서 먹으면 귤 향기가 사방에 퍼지면서 새콤달콤한 맛이 나서 입이 즐거워진다. 이때가 바로 단맛과 신맛이 균형을 이루고, 향기와 질감 등 기타 요소도 균형을 이루고, 또 모든 감각적 요소들이 서로 긍정적으로 작용하여 완벽한 조화를 이룬 순간이다. 여기서 말하는 '밸런스'란 바로 이런 의미다.

클린 컵(Clean Cup)

클린 컵은 불쾌한 잡맛과 향이 있는지 평가하는 항목이다. 특히 커피 액의 온도가 내려갈수록 잡맛이 살아난다. 이 항목을 테스트할 때는 한 폭의 아름다운 대자연의 풍경을 상상하는 것도 나쁘지 않다. 이를테면, 파란 하늘에 흰 구름, 푸른 산과 맑은 물, 하얀 눈으로 뒤덮여 끝없이 펼쳐진 길, 꽃망울을 머금은 아름다운 꽃들을 상상해보라. 이런 장면을 상상하면서 커핑을 하면 불쾌한 맛과 향기를 느끼는 순간 이내 아름다운 상상은 깨지고 부정적인 인상이 깊게 남는다.

단맛(Sweetness)

단맛은 커피체리의 완숙도에 따라 달라진다. 커피체리는 익을수록 당분 함량이 높아지기 때문이다. 클린 컵 점수가 높은 커피는 단맛을 쉽게 감지할 수 있다. 단맛도 커피의 온도가 내려갈 때 잘 느껴진다.

결점(Defects)

결점은 평가하기에 좀 어려운 항목이다. 우선 이 결점이 작은 흠(Taint)인지 큰 결함(Fault)인지부터 분별해야 한다. SCAA에서는 샘플 커피 한 잔에 작은 흠이 있을 때는 2점을 감점하고 큰 결함이 있을 때는 4점을 감점한다. 나는 소거법으로 '작은 흠'과 '큰 결함'을 구분했으면 한다. 사실 '작은 흠'이든 '큰 결함'이든 부정적인 영향을 주는 건 마찬가지다. 다만 작은 흠은 아주 사소해서 어쩌면 순간적으로 발견하지 못할 가능성이 있다. 그러므로 불쾌하거나, 말문이 막히거나, 눈썹이 찌푸려지거나, 속이 울렁거리는 등 심각한 반응이 분명히 나타나는 경우는 '큰 결함'이라고 판정하고, 그렇지 않은 경우는 '작은 흠'이라고 하면 된다.

Part **13**

커피와 우유

우유는 커피에게 최고의 파트너다. 다양한 매력이 넘치고 배울 것도 많은 우유는 바리스타에게 주어진 중요한 과제다.

바리스타 커피와 사랑에 빠지다

커피와 우유

여러 해 동안 카페를 실제로 경영하면서 느낀 점은, 커피와 우유는 환상의 짝꿍이며 이 둘의 관계는 바리스타가 연구해야 할 중요한 과제라는 것이다. 우유는 깊이 연구할수록 창의성이 무궁무진하게 생기고 다채로운 매력을 느낄 수 있다.

젖과 우유

우유는 단연 커피의 둘도 없는 최고의 파트너이며, 카페에서 원두 다음으로 매일 재고를 파악해야 하는 핵심 재료다(카페를 운영할 때 바리스타는 날마다 물품과 재료의 재고를 조사하여 표로 작성해야 한다. 그중에서 원두와 우유는 중요한 재고 조사 항목이다). 바리스타는 반드시 우유에 대해 깊이 알아야 한다.

아주 오래전부터 천연건강음료로서 자리매김해 온 우유는 전 인류를 위해 짐작할 수도 없을 만큼 큰 공헌을 했다. 우유는 부족한 칼슘을 보충하는 데 최고의 식품이다. 또 우유에는 우리 몸을 구성하는 기초물질인 단백질(필수 아미노산 포함)이 함유되어 있고 미네랄도 풍부하다.

일반적으로 우유의 주요 성분별 비율은 상대적으로 고정되어 있지만 젖소의 품종과 체질, 계절과 날씨, 사육용 사료 등에 따라 조금씩 달라진다. 경험이 부족한 바리스타는 어느 한 브랜드의 제품만 좋은 품질로 인정하고 융통성 없이 그 제품만 사용한다. 그러나 경험이 풍부한 바리스타는 계절에 따라 다른 브랜드의 제품을 구입한다. 동일한 브랜드의 같은 우유라도 계절이 달라지면 사료의 품질도 달라지기 때문이다. 즉,

어떤 계절에는 목초를 먹이고, 또 어떤 계절에는 말린 사료를 먹이므로 이에 따라 분비물이 달라지고 젖의 품질도 달라진다는 것이다. 특히 우유거품을 만들 때는 우유의 품질에 따른 결과의 차이가 확연하게 드러난다.

우유의 주요 성분 및 효능

우선 우유의 주요성분 구성부터 알아보자. (그림 13-1)

그림 13-1 우유의 주요성분 구성

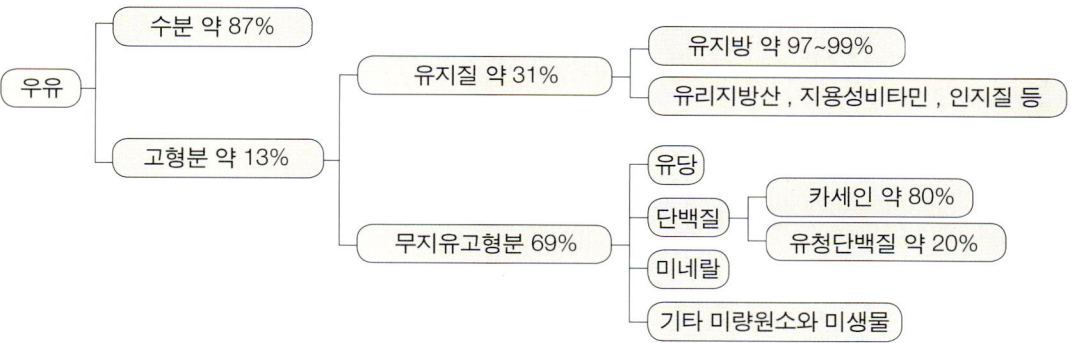

보통 우유는 수분 약 87%와 고형분 약 13%로 구성되어 있으며, 고형 분은 크게 유지질과 무지유고형분으로 나뉜다. 유지질 중에서는 유지방이 가장 중요하고, 무지유고형분 중에서는 단백질이 가장 중요하다. 우유 생산 과정에서 유지방과 단백질에 영향을 주는 중요한 요소는 두 가지다. 하나는 사육 방법(1일 사료량, 사료 혼합 비율, 사료 가공 방법, 젖 생산 단계의 차이 등)이고, 다른 하나는 젖소의 품종이다.

유지질

유지질 중에서 97~99%에 해당하는 성분이 유지방으로, 우리가 늘 얘기하는 우유의 지방성분이다. 유지방은 우유의 품질, 점도, 향미를 결정짓는 주요한 성분이다. 유지방은 단백질 형성에 도움을 주므로 유지방의 함량이 높으면 우유 거품이 잘 생성되고 오래 유지된다.

유지방은 몸에 쌓이지 않고 흡수가 잘 되기 때문에 살이 찌지 않는다. 오히려 소화기 계통에 질병이 있는 사람들에게 유익한 식사가 될 수 있다. 카페에서 우유를 넣은 카페라테와 카푸치노 같은 커피 음료를 주문하면서 탈지우유를 고집하는 사람들이 상당히 많은데 이런 이치를 모르고서 하는 선

> 과학자들은 옥살산이 풍부한 음식물은 우유와 함께 먹으면 좋지 않다고 한다. 우유의 풍부한 단백질과 칼슘이 옥살산과 결합하면 옥살산 칼슘이 생성되는데 이는 칼슘의 흡수와 소화를 방해한다. 시금치 같은 푸른 잎채소, 과일, 찻잎은 물론 커피와 초콜릿(코코아)에도 옥살산이 많이 함유되어 있다. 그래서 어떤 사람은 커피와 우유를 섞어서 마셔도 되는지 염려한다. 사실 갓 분쇄해서 품질이 좋은 커피에는 옥살산 함량이 적어서 우유를 섞어도 몸에 해롭지 않으므로 지나치게 염려하지 하지 않아도 된다.

택이다. '지방'에 대한 거부감 때문에 지방을 함유한 전지우유는 무조건 마시지 않으려고 하는 것이다. 바리스타는 이런 지식들을 반드시 숙지하고 고객들에게 설명해주어야 한다.

사실 카페라테에는 우유가 많이 들어있어서 위를 보호하는데 제격이다.

유지질에는 유지방 외에 다른 종류의 지방(인지질)과 유리지방산, 지용성비타민(비타민A, 비타민D, 카로틴 등)도 많이 함유되어 있다. 소화기 계통의 질환자, 임산부, 수유기 여성, 장시간 컴퓨터 앞에 앉아있는 화이트컬러 직장인들은 비타

> 비타민A 가 부족하면 미각과 후각 등 감각이 둔해진다. 간혹 소수의 바리스타나 큐 그레이더는 무조건 블랙커피만 만들고 우유를 혼합한 커피에는 절대 관심을 두지 않는다. 하지만 그렇게 하다 보면 오랜 시간이 지났을 때 감각이 상당히 둔해져서 커핑할 때 맛과 향을 예민하게 감지하기 어려우므로 주의해야 한다.

민A가 절실히 필요하다. 비타민이 부족할 때는 합성비타민으로 보충하기도 하지만 합성비타민은 완전히 신뢰하기 어렵고 안전하지도 않다. 그러므로 우유를 마시거나 카페라테와 카푸치노 같은 우유를 첨가한 커피를 마시는 것도 비타민A를 보충하는 효과적인 방법이다.

단백질은 우유에 함유된 성분 중에서 유지방 다음으로 중요

저자가 2013년 스위스 알프스의 생태 목장을 방문하여 촬영한 사진

한 물질이다. 단백질에는 사람의 몸에 꼭 필요한 각종 아미노산이 풍부하여 몸에 에너지를 공급한다. 우유의 단백질은 크게 카세인과 유청단백질 두 종류로 나뉜다. 그중 주성분인 카세인이 80%를 차지하고 나머지 20%를 차지하는 유청단백질은 보조적인 기능을 한다. 카세인은 젖에 함유된 단백질 중 함량이 가장 높으며 중요한 식품 원료로 사용된다. 단백질로 만든 제품은 미네랄 유실, 충치, 구루병, 골다공증을 예방하는 등 다양한 효능이 있다.

우유는 단백질 함량이 높을수록 부피가 팽창하기 쉽고 거품이 잘 생긴다. 거품을 만들 때 단백질이 공기를 감싸기 때문에 거품이 조밀하고 풍성하다. 그밖에, 우유를 첨가하는 커피에는 설탕을 많이 넣지 않도록 유의해야 한다. 단백질(아미노산)이 풍부한 우유에 설탕을 많이 넣고 고온에서 가열하면 인체에 유해한 물질이 생겨서 우유의 영양 가치를 떨어뜨린다.

무지유고형분— 유당

유당은 우유의 성분 중에서 특수한 고급 탄수화물이다.

우유에 약간 단맛이 나는 것은 바로 이 유당(자당만큼 달지는 않다) 때문이며 함량은 약 4.5% 정도다. 유당은 우리 몸의 장 속에 있는 유익한 균(유산균)의 번식을 촉진하고 유해균의 생장을 억제하여 칼슘 흡수를 돕는다.

유당을 소화시키는 능력, 즉 락타아제 지속성(lactase persistence)은 인류의 진화 과정에서 생긴 능력이다. 약 7천 5백 년 전, 지금의 유럽에서 처음 발견되었고 뒤이어 다른 지역에서도 발견되기 시작했다. 사실 지금까지도 전 세계의 많은 지역에 유당 소화 능력이 없는 사람들이 있다(중국인도 일정 비율 포함된다). 우리 주변에도 유전적인 원인으로 체내에 유당분해효소인 락타아제가 부족한 사람이 있다. 이런 사람들은 우유를 많이 마셔서 유당을 과다 섭취하면 소화기관에서 이를 분해하여 소화하지 못하므로 설사를 하게 된다.

유당의 함량은 유방의 건강상태와 밀접한 관계가 있다.

유선 염을 앓은 젖소가 생산한 우유에는 유당 함량이 적다. 생산 체인의 운영 계획에 맞추어 급하게 우유를 생산한 젖소

는 유선 염에 걸릴 확률이 높다. 나는 언젠가 내 소유의 생태 목장에서 충분한 휴식을 주고 음악도 들려주면서 기른 젖소가 신선하고 건강한 우유를 생산하는 꿈을 갖고 있다. 그렇게 생산한 우유로 만든 커피는 얼마나 맛있을까!

무지유고형분 — 미네랄

우유에는 칼륨, 칼슘, 인, 나트륨 등 무기질이 풍부하다. 어떤 바리스타는 우유와 두유를 일정 비율로 혼합하여 사용하는 걸 좋아한다. 우유와 두유를 혼합하면 맛도 훌륭할 뿐만 아니라 영양학적으로도 상당히 우수하다. 두유는 우유와 반대로 철분은 많지만 칼슘이 부족하므로 두 가지가 섞여서 상호 보완하면 좋은 품질을 만들어낸다.

우유 1,000ml에는 1,250g의 칼슘이 함유되어 있다. 이 칼슘은 인체에 금방 흡수되는 천연칼슘이다. 우유를 마시면 칼슘이 보충된다는 것은 이미 모두가 알고 있는 상식이다. 커피를 장기간 다량으로 마시면 골다공증에 걸리기 쉽고 칼슘 유실이 많아질 위험이 있다. 건강에 좋은 점이 많은 커피에도 이런 위험 요소가 다소 잠재되어 있으므로 우유와 섞어 마시는 것이 좋다.

내 주변의 중국인 바리스타들 중에는 자신의 전문성을 보여주려고 우유를 혼합한 커피를 절대 만들지 않는 이들이 많다. 그들은 가끔 장딴지에 쥐가 나는 현상을 겪는데 이는 바로 칼슘이 부족해서다. 유럽과 미국의 바리스타에게는 이런 증상이 나타나는 경우가 드물다. 그들은 중국인의 식습관과 달리 매일 우유를 마시고 치즈를 먹으면서 필요한 양의 칼슘을 섭취하기 때문이다. 탄수화물을 주식으로 하는 중국인은 칼슘 보충원이 부족하고, 또 우유가 입에 맞지 않는 사람들도 많으므로 우유를 듬뿍 넣은 커피(카페라테)를 마시면 금상첨화다.

유럽과 미국 사람들은 또 일광욕을 즐기며 칼슘을 흡수한다. 그러나 중국인(특히 여성)들은 유난히 햇빛을 싫어해서 칼슘을 흡수할 기회가 더 적으므로 결국 칼슘이 부족해진다. 외국에서 길을 걷다보면 양산을 쓰고 다니는 여성이 간혹 눈에 띠는데 자세히 보면 열에 여덟아홉은 중국인이다.

무지유고형분 — 미량원소와 미생물

우유에는 비타민 같은 미량원소도 다량 함유되어 있다.

지용성비타민을 포함하여 비타민B_1, 비타민B_2, 비타민C 등 수용성비타민도 풍부하다.

우유 속에 함유된 미생물은 주로 우유의 운송과 가공 단계와 관련이 있고, 우유 생산이 시작되는 젖소의 위생 및 청결 상태와도 밀접한 관계가 있다. 예전에 목장에 참관하러 갔을 때 일하시는 분이 처음으로 짠 소량의 우유를 따로 처리하는 모습을 보았다. 당시에는 도무지 이해가 되지 않았는데 생산 기술자에게 물어보고 나서야 그 이유를 알았다. 처음으로 짜낸 소량의 우유에는 세균이 무척 많기 때문에 이를 따로 처리하지 않으면 우유에 유해한 미생물과 세균이 증가한다는 것이다.

카페를 운영할 때도 위생과 청결은 핵심적으로 고려해야 하는 사항이다. 바리스타의 복장, 손 씻는 횟수, 기기와 도구의 청결상태 등 첫 단계부터 위생에 신경을 써야 한다.

우유의 살균

우유는 제품으로 나오기 전에 반드시 살균처리 과정을 거친다. 살균 방법에는 저온살균과 고온살균 두 가지가 있다.

저온 살균한 우유는 파스퇴르 살균우유라고도 하며, 고온살균한 우유는 멸균우유라고 한다.

저온살균은 현재 전 세계적으로 통용되는 우유 살균법이다. 100℃ 이하의 온도에서 십여 초 동안 두면 우유에 함유된 좋은 성분은 그대로 남으므로 신선하고 건강한 우유를 마실 수 있다. 그러나 품질보증 기간이 짧아서 반드시 냉장 보관해야 한다.

고온살균은 보통 100℃ 이상의 온도에서 아주 잠깐 두면 완료된다. 멸균우유는 품질보증 기간이 길어서 몇 개월 동안 두고 마셔도 되고 냉장 보관할 필요도 없다. 저온유통체계가 발달하지 않은 중국에서 흔히 사용하는 살균법이다. 카페에서 경영의 실질적인 면을 고려할 때, 여러 겹으로 된 종이팩(5~7겹으로 된 두꺼운 종이팩)에 포장한 멸균우유를 사용하면 경비를 절감할 수 있다.

전지우유, 저지방우유, 탈지우유

전지우유는 특별히 탈지 처리를 하지 않은 보통 우유를 말한다. 생우유를 원료로 하여 살균 등 각종 공정을 거친 다음에 냉각처리 하여 포장한 것이다. 전지우유의 지방 함량은 약 3.1% 혹은 그 이상이다. 전지우유는 디카페인 커피와 개념이 비슷하다. 디카페인 커피는 보통 커피콩에 함유된 카페인을 제거하는 처리 과정을 거친 건강한 커피다. 전지우유도 디카페인 커피처럼 건강한 음료이므로 바쁘게 일하는 도시의 성인들은 건강을 위해서 열량과 영양이 풍부한 전지우유를 마시는 것이 좋다.

저지방우유와 탈지우유는 지방을 제거하는 특별한 공정을 거친다. 저지방우유의 유지방 함량은 1~1.5%이며, 탈지우유는 0.5%이하다. 노인들은 열량 소모가 많지 않으므로 저지방우유나 탈지우유를 마시는 것이 좋다.

바리스타라면 저지방우유와 탈지우유 사이에서 갈등하지 말고 우유 속의 항생물질에 더 신경을 써야 한다. 우리 카페에서는 무항생제 우유만 사용한다고 홍보하면 건강을 생각하는 카페라는 인상을 남길 수 있을 것이다.

우유거품 만들기

커피 음료를 만들 때는 우유도 필요하지만 우유로 만든 거품도 필요하다. 에스프레소 머신의 스팀노즐을 통해 뜨거운 공기를 일정한 강도로 우유에 주입하고 간단한 손기술을 병행하면 거품을 만들 수 있다. 공기를 우유에 주입하고 원을 그리며 돌리면 우유의 입자가 서로 부딪치면서 작게 쪼개져서 미세한 거품을 풍성하게 만든다. 입안과 혓바닥에서 벨벳처럼 섬세하고 부드러운 감촉이 느껴지는 거품은 모두 이렇게 만들어진다.

거품의 모양은 스티밍 방법에 따라 차이가 크다. 손기술을 중시하지 않고 스팀노즐을 우유에 깊숙이 넣어서 마음대로 억지로 공기를 주입하는 방법이 있다. 이렇게 하면 공기가 제대로 주입되지 않을 뿐만 아니라 거품이 생성되는 과정에서 공기가 빠져나가서 우유의 온도가 급속도로 올라간다.

이때 생긴 거품은 질감이 미세하지 않고 거칠어서 주로 카페라테를 만들 때 사용한다.

이와 달리 스팀노즐을 주입하는 각도와 손기술을 중시하면 미세하고 부드러운 거품이 만들어진다. 구체적인 방법을 차례대로 보자.

우선 스팀노즐의 끝부분을 우유 표면에 살짝 잠기도록 넣고 정확하게 각도를 맞추어 공기를 주입한다. 공기가 들어가면 우유는 위로 아래로 옆으로 마구 뒤섞이기 시작한다.

이 과정에서 '취- 취-'하는 시끄러운 소리가 나고 뜨거운 공기가 단계적으로 주입되면서 우유의 부피가 늘어난다.

우유의 온도가 사람의 체온 이상으로 올라가면 시끄러운 소리는 멈춘다. 소리가 멈추지 않고 계속 나면 그동안 크고 거친 거품이 우유 표면 위로 올라오므로 이때는 우유가 담긴 스팀피처를 위아래로 조금 움직여 준다. 즉, 스팀 노즐을 우유 속으로 깊숙이 넣고 바깥쪽에서 가운데 쪽으로 들어가면서 돌리면 위쪽에 생겼던 크고 작은 거품들이 차례대로 우유 표면 아래로 끌려 내려가서 잠잠해진다.

우유의 온도가 50℃가 되면 스팀밸브를 끄고 스티밍을 멈춘다(주: 스팀밸브를 끄는 동안에도 우유의 온도는 계속 상승하므로 5℃ 정도 올라갈 것을 미리 예상하여 스팀밸브를 끈다). 스티밍이 끝나고 우유거품의 온도를 쟀을 때 55~65℃ 정도이면 딱 알맞다. 스티밍 단계별로 적절하게 기술을 잘 조절하면 부피가 두 배로 늘어나서 곱고 부드러운 거품이 생기고 온도도 알맞아진다. 이런 거품은 카푸치노를 만들기에 적합하다.

물론 바리스타마다 자신만의 경험을 통해 습득한 스티밍 기술을 가지고 있다. 어떤 바리스타는 먼저 공기를 주입하여 부피를 팽창시킨 다음에 거품을 만들고, 또 어떤 바리스타는 공기 주입과 동시에 거품을 만드는 것처럼 말이다.

우유거품 만들기 핵심 정리

우유거품 만드는 방법을 차례대로 정리해보자.

● 스팀밸브의 끝에는 뜨거운 공기가 나오는 구멍이 있다. 구멍이 4개 있는 것을 선택하면 수증기가 한꺼번에 많이 뿜

어 나오지 않고 공기가 부드럽고 균일하게 분사되므로 거품을 만들기에 좋다. 보일러가 내장된 에스프레소 머신(그룹헤드가 하나 있는 것)은 증기압이 불안정하고 스팀노즐에 수증기가 약간 남는다. 특히 수증기가 많으면 거품 품질이 좋지 않으므로 스팀밸브를 미리 열어서 스팀노즐에 고여 있는 수증기를 우선 빼주도록 한다. 그리고 스팀노즐을 무심결에 우유 표면에 바짝 대고 있다가 증기가 뿜어 나와서 우유와 충돌하면(특히 우유가 이미 따뜻해진 경우) 불필요한 큰 거품들이 마구 생기므로 각별한 주의가 필요하다.

● 냉장고에서 금방 꺼낸 차갑고 신선한 우유를 사용하면 거품이 잘 생긴다. 그러나 한번 사용했던 뜨거운 우유는 다시 차갑게 식었더라도 먹어보면 맛에 차이가 있다. 우유의 온도가 55~65℃일 때 스티밍을 끝내면 스티밍한 우유를 커피에 넣었을 때 단맛이 풍부하고 커피의 향과 우유의 향이 잘 어우러진다.

● 품질이 뛰어난 거품은 큰 거품 하나 없이 표면이 부드럽고 깨끗하며 거울처럼 반사광이 비친다. 그런데 예상과 달리 위쪽에는 거품이 많고 아래쪽에는 우유가 많아서 층이 분리되는 경우가 있다. 이럴 때 경험이 많은 바리스타는 에스프레소를 추출하면서 다른 한 손으로 스팀피처를 들고 계속 흔들면서 우유와 거품이 적절하게 섞이도록 한다. 또 어떤 바리스타는 스팀피처 두 개로 스티밍한 우유를 번갈아가며 몇 번 옮겨 부어서 거품을 고루 섞는다. 이렇게 하면 층이 분리되는 현상을 해결할 수 있다.

🫘 유통기한이 지난 우유 처리하기

카페마다 매일 유통기한이 지난 우유가 조금씩 남기 마련인데 대부분은 그냥 버리고 만다. 그러나 카페에서 이를 유용하게 활용하는 방법이 있다. 바로 직원들의 구두를 닦는 것이다. 우선 구두에 묻은 흙이나 오물을 닦아낸 다음에 거즈로 유통기한이 지난 우유를 찍어서 구두를 닦으면 새것처럼 광이 난다. 바리스타와 점원들이 모두 이렇게 사용하면 쓰레기를 재활용하는 효과도 있고 고객에게 깔끔한 모습을 보여주는 효과도 낼 수 있다.

바리스타 커피와 사랑에 빠지다

초판 1쇄 인쇄 2016년 05월 10일
초판 1쇄 발행 2016년 05월 20일

지은이 치밍
옮긴이 주은주
펴낸이 이범만
발행처 **21세기사**
등 록 제406—00015호
주 소 경기도 파주시 산남로 72-16 (10882)
전화 031) 942-7861 **팩스** 031) 942-7864
홈페이지 www.21cbook.co.kr
e-mail 21cbook@naver.com
ISBN 978-89-8468-658-8

이 책의 일부 혹은 전체 내용을 무단 복사, 복제, 전재하는 것은 저작권법에 저촉됩니다.
저작권법 제136조(권리의침해죄)1항에 따라 침해한 자는 5년 이하의 징역 또는 5천만 원 이하의 벌금에 처하거나 이를 병과(倂科)할 수 있습니다. 파본이나 잘못된 책은 교환해 드립니다.